사자가 소처럼
여물을 먹고

한완상 회고록

사자가 소처럼
여물을 먹고

1판 1쇄. 2017년 5월 8일
지은이. 한완상

펴낸이. 정민용
편집장. 안중철
편집. 윤상훈, 최미정, 이진실, 강소영

펴낸 곳. 후마니타스(주)
등록. 2002년 2월 19일 제300-2003-108호
주소. 서울 마포구 양화로6길 19, 3층(04044)
편집. 02-739-9929, 9930
제작·영업. 02-722-9960
팩스. 02-733-9910

인쇄. 천일 031-955-8083
제본. 일진제책 031-908-1407

값 17,000원

ISBN 978-89-6437-274-6 03300

이 도서의 국립중앙도서관
출판시도서목록(CIP)은 e-CIP 홈페이지
(http://www.nl.go.kr/ecip)에서 이용하실 수
있습니다(CIP제어번호: CIP2017009971).

사자가 소처럼 여물을 먹고

/ 한완상 회고록

후마니타스

이 땅의 민주화와 평화를 위해 헌신한

모든 이들에게 이 책을 바친다.

제1부 젊은 벗들에게 부치는 편지

제1부

젊은 벗들에게
부치는
편지

● 기획 단계에서부터 마무리까지 초고를 함께 읽어 가며, 이 글이 젊은 벗들에게 좀 더 다가갈 수 있도록 애써 준 문지영 박사에게 감사의 뜻을 전합니다.

내 안의
식민지 잔재를
되새기며

1

　　　　　　젊은이들은 흔히 할아버지나 아버지 세대로
부터 자기 세대가 가장 고생을 많이 한 세대라는 이야기를 듣
곤 합니다. 조선조 끝자락에 사셨던 제 할아버지도 당신께서
가장 고된 세월을 살았다고 말씀하시곤 했지요. 서구 열강이
몰려들던 1910년대에, 식솔을 이끌고 북간도 이주까지 각오
하셨던 분이니 그럴 만도 하다는 생각이 듭니다. 또 집안 형편
때문에 당시 경북에서 명문으로 꼽히던 대구상고에 합격하고
도 학비가 전액 지원되는 사범학교에 진학해 평생 선생의 길
을 걸으셨던 제 아버지 역시 나름대로 일제와 한국전쟁 시기
를 거쳐 살아온 험난한 인생을 회고하곤 하셨습니다.

　저는 어떨까요? 민주화 이전 잠시 고초를 겪긴 했지만 서울
대를 나와 서울대 교수를 했던 제 삶도 그랬다고 말한다면, 지
금 젊은 세대는 어떻게 받아들일까요? 꼰대 할아버지의 옛날
얘기나 요즘 유행하는 소위 멘토들의 훈계처럼 받아들여질지
모릅니다. 벌써부터 책장을 덮어 버리려는 젊은이도 있겠지요.
그럼에도 불구하고 저는 제 자식과 손주들에게 제가 살아 온
한국 사회의 역사와 그 속에서 제가 겪었던 일들을 들려주고

싶습니다. 여기에는 일제 강점기 이야기도 있을 것이고, 독재 정권 시절의 이야기도 있을 것이며, 3김 시대에서부터 노무현 정권에 이르기까지 조금 가까이서 정치인들을 바라보며 느꼈던 제 소견도 담길 것입니다. 현재 한국 사회를 살아가는 젊은 이들에게 도움이 되면 좋겠지만, 그들은 또 나름의 "가장 고생 많은" 세대가 될 것이니 이래라 저래라 하고 싶은 마음은 없습니다. 그저 그들이 자신의 고생 많은 삶을 꾸려 가며 고민이 생길 때, 자신이 이 사회에서 왜 이런 삶을 살게 됐는지 성찰해 볼 수 있는 거울이 되면 좋겠습니다.

2

　　　　　아베 신조 일본 총리가 전력戰力 보유를 금지한 헌법 9조의 개정을 자신의 임기 내에 마무리 짓겠다고 천명했다는 소식을 뉴스에서 들었습니다(2015년 2월). 아베 총리로 대표되는 일본의 극우 세력이 제국주의 식민 지배 시절을 그리워하며 일본을 다시 한 번 군사 강국으로 만들겠다는 속셈이라는 걸 모르는 이는 없을 겁니다. 일본의 옛 영광을 되찾겠다고 나선 아베 총리의 모습에서 저는 어린 시절, 제7대 조선총독으로 부임했던 미나미 지로를 떠올리게 되었습니다.

　1930년대 일본 제국주의 정부의 식민 지배와 침략 전쟁에 대해서는 모두가 잘 알고 있을 것입니다. 1919년 삼일 독립운동의 거센 저항 이후 잠시 문화 통치로 지배 전술을 전환한 일본은, 1931년 만주사변을 일으키고 중일전쟁을 촉발하면서 다시 무단통치로 회귀합니다. 중국 대륙에 진출하기 위해 한반도를 병참 기지화하는 정책을 시작한 것이지요. 강렬한 저항을 예상한 일제는 저항 의지를 뿌리째 뽑기 위해 민족 말살 정책을 펼쳤습니다. 한반도 전역에 일본 신사를 세운 것도 바로 이런 정책의 일환이었지요. 일본은 우리 민족의 혼과 얼 대신 일본 귀신의 혼을 주입하려고 신사참배와 동방요배를 강요했습니다. 심지어 우리 얼의 동력인 우리말조차 금하고, 조상으로부터 물려받은 가족의 이름마저 도둑질했습니다.

이와 같은 한반도 무단통치, 민족 말살정책을 추진한 인물이 바로 미나미 총독이었습니다. 제가 태어난 해인 1936년에 제7대 조선총독으로 부임한 그는 부임하자마자 전임 총독 사이토 마코토가 시행했던 이른바 문화 통치를 무단통치로 대체해 버립니다. 내선일체를 앞세워 지원병제도를 실시했고, 창씨개명과 조선어 사용 금지 등 민족 말살 정책을 펼쳤지요. 또 한반도 개혁을 빙자해 서정쇄신, 농공병진 따위의 이른바 개발 지향적 정책도 추진했습니다.●

제 삶은 이처럼 20세기 우리 민족사에서 가장 불행하고 절망적인 상황에 던져졌습니다. 제가 초등학교에 입학한 것이 1943년 봄이었는데, 등교할 때 군가를 부르곤 했던 기억이 아

● 서정쇄신, 농공병진 등의 이데올로기화된 정책이 매우 익숙하게 들리는 것은 박정희 군사 쿠데타 이후 군사독재 통치 기간 군사정부의 공식 정책이었기 때문이다. 박정희 군사정부가 일본 유신 체제의 이데올로기를 직수입했음을 여기서도 대번에 알 수 있다.

직도 생생합니다. 군가 중에 아직도 제 입에서 가끔 무의식적으로 튀어나와 저를 놀라게 하는 노래가 있는데, 그게 바로 〈요카렌予科練의 노래〉입니다.* 가미카제神風 특공대를 칭송하는 군가였는데, 가미카제 돌격대에 들어가기 위한 예비군 같은 것이 바로 요카렌입니다. 요카렌을 영웅시하고, 거기에 들어가고 싶은 충동을 어린 아이들에게 북돋는 노래였지요. 당시에는 어린 초등학생들이 풀을 한 짐 등에 지고 이런 군가를 부르며 등교하곤 했습니다.

학교 교실 흑판 한쪽에는 으레 일본군의 혁혁한 전과가 적혀 있었는데, 어린 저는 일본군은 싸우기만 하면 항상 백전백승한다고 믿게 되었지요. 미국의 폭격에 대비해 시골 학교로 소개되어 가기도 했는데, 그때는 학교에서 공부만 한 것이 아니라 전쟁 물자로 사용된다는 관솔**을 채취하러 이 산 저 산을 헤매고 다녀야 했습니다. 게다가 학교에선 놋젓가락, 놋수저, 놋그릇을 가져오라 해서 어머님을 근심케 하기도 했지요. 때론 사이렌이 울리게 되면 운동장에 이미 파놓은 방공호에 잽싸게 뛰어드는 훈련도 했습니다.

* 이 노래의 원제는 〈젊은 독수리의 노래〉若鷲の歌로 〈요카렌의 노래〉라는 별칭으로 불리기도 했다. 요카렌은 해군 비행 예과 연습생을 줄인 말로 일본 해군의 소년 항공 요원 지망생을 가리키며, 가미카제 특공대를 모집하기 위한 선전 목적으로 만들어졌다. 이 노래는 당시 요카렌의 일상을 그린 영화 〈결전의 넓은 하늘에〉의 주제가로 큰 인기를 끌었다.
** 송진이 많이 엉긴 소나무 가지.

정말 귀찮은 일은 신사참배였습니다. 방학 때면 매일 신사에 가서 도장을 받아 와야 했는데, 당시 온 가족이 열심히 교회에 다니고 있던 저로서는 신사 참배라는 것이 일본 귀신에게 절을 하는 것이라는 생각에 영 어색하고 쑥스러웠습니다. 하지만 개학하면 학교에 참배 도장이 찍힌 종이를 제출해야 했기에 어쩔 수 없었지요. 일본 제국주의는 어릴 때부터 이 같은 제국 신학을 정치 이데올로기로 주입한 것이었습니다. 일왕을 위해서라면 죽음이라도 불사할 수 있는 광기를 갖도록 어릴 때부터 세뇌 교육을 시킨 결과 '천황 폐하 만세'를 외치며 투신하는 광기의 군인들, 일종의 자살 특공대 같은 것이 만들어진 것입니다. 이것이 바로 전체주의 교육이 갖는 광신화의 비극입니다.

3

　　　　　제가 초등학교 3학년이 되던 해, 우리 민족은 이른바 '해방'을 맞았습니다. 저희 가족은 1945년 8월 중순에 대구 시외 시골 학교로 피난을 가 있다가 전쟁이 끝나자 시내로 돌아와 대안동에 조그마한 적산 가옥을 가까스로 구할 수 있었습니다. 집 근처에는 불교 사찰이 있었는데, 그곳의 넓은 마당이 동네 어린이들에게 최고의 놀이터가 되었습니다. 그런데 저는 어느 날 그 마당에서 평생 잊을 수 없는 끔찍한 주검과 마주하게 됩니다.

때는 가을이었습니다. 학교에서 가을 소풍을 다녀오는 길이었는데, 절 마당에 사람들이 모여 웅성대고 있었습니다. 어린 호기심에 어른들을 헤치고 들어가 보니, 마당 한가운데 거적 위에 시신이 엎어져 있었습니다. 낫이나 도끼로 참화를 입은 듯, 두개골이 갈라진 끔찍한 모습이었지요. 어린 저로서는 도저히 눈 뜨고 볼 수 없는 주검이었습니다. 경찰 간부의 시신이라고들 했는데, 가족도 나타나지 않아 시체는 방치되다시피 했습니다. 저희 집에서 멀지 않은 곳의 경찰서 입구에는 미군 장갑차들이 서있었고 경찰들은 무장한 채 삼엄하게 경계를 서고 있었습니다. 이른바 1946년 '대구 10.1' 사건이었습니다.

사실, 해방이 되었다지만, 남한 민중의 삶은 나아지지 않았습니다. 기대와 달리, 해방 정국은 혼란으로 가득했습니다. 특히, 대구 10.1 사건이 발생한 해인 1946년 5월에는, 정판사 위조지폐 사건으로 공산주의자들이 대대적으로 체포되었고, 철도노조를 비롯한 운송 노조가 총파업에 돌입하면서 시국이 이미 뒤숭숭한 상태였습니다. 그 무렵 대구에서는 콜레라가 창궐했습니다. 저희 집 근처에서도 콜레라 환자가 발생했는데, 새끼줄로 이웃과 격리되어 있긴 했지만 어린 마음에 괴질이 주는 공포는 대단했습니다. 질병의 공포가 채 가시기도 전, 철도 파업과 미군정의 배급 정책 실패로 쌀 공급에 차질이 빚어져 농민과 경찰 간에 긴장이 팽배했고, 마침내 흉흉해진 민심이 드디어 폭발한 것이었습니다.

해방의 기쁨을 잠시 누리기도 했지만, 이처럼 해방 정국은 제게 또 다른 의미에서 부조리하고 참혹한 현실로 다가왔습니다. 우리 국민들 역시 이 같은 불안한 시국에서 해방의 기쁨이나 광복의 환희를 마음껏 누리기는 어려웠습니다.

일본이 패망해 식민 지배에서 벗어났음에도 불구하고 우리는 자유로운 통일국가로 일어서지 못했습니다. 8월 15일 이전에 이미 강대국들에 의해 38선으로 분단된 상황이었기 때문입니다. 나치와 싸울 때는 미국과 소련이 연합국이었지만, 나치가 패망하자 미소는 냉전 대결 국면에 들어섰습니다. 소련은 미국의 거듭된 요청에도 태평양전쟁 참전을 주저했습니다. 일제가 공식적으로 항복하기 전, 그러니까 미국의 원자탄 폭격을 맞고 전의를 상실하게 되었을 즈음에야, 태평양전쟁 참전에 부정적이던 소련은 대일전에 참전합니다. 1945년 8월 7일, 소련군은 중·소 국경을 넘어 한반도를 향해 파죽지세로 남하하기 시작했고, 소련군의 빠른 남하 속도에 놀란 미국 정부는 급하게 이 남하를 저지하기로 결정했습니다. 동북아시아 역사와 주변 정세에 둔감했던 미군 대령 두서너 명이 졸속으로 38선을 소련군 저지선으로 긋게 되었죠.

이때 우리 임시정부 요인 누구도 이 같은 미국의 결정을 알지 못했습니다. 한민족으로서 같은 언어, 같은 문화를 갖고 천년 이상 한반도에 살아왔다는 엄연한 역사적 사실을 미국은 조금도 존중하지 않았습니다. 미국은 36년 전 일본의 식민 지배에 병탄되기 전 우리 국가의 국경선을 전혀 고려하지 않았습니다. 우리 민족이 일제 치하에서 겪은 36년간의 고통에 철저하게 무감각했던 것이지요.

민족과 영토의 분할이 일방적으로 졸속 결정되면서, 1945

년 8월 15일 이후 우리 민족은 '식민지 고통'에서 '분단 고통'으로 직행하게 됩니다. 이 시점부터 1948년 8월 15일 단독정부 수립까지, 남과 북은 각기 서로 불신하며 미소 간 냉전 대결을 대행하게 되었지요. 각 체제 안의 정세도 몹시 불안했습니다. 특히 분단 과정에서 남쪽은 일제 청산 및 토지개혁과 같은 국내 개혁에 철저하지 못했기에 정치사회적 분위기가 험악했습니다. 좌우 세력 간의 갈등과 마찰도 끊임없이 터져 나왔지요. 바로 이 기간에 저는 초등학교를 다녔습니다. 10.1사건 때 사찰 마당에서 머리가 두 쪽 난 주검을 보게 된 것도 이런 불안한 사회 분위기 속에서 생겨난 일이었습니다.

제가 초등학교 5학년 때인 1948년 5월에는 제헌 선거가 있었습니다. 초등학교 교감이었던 부친께서 직책상 선거관리위원이 되었는데, 평교사들 가운데 5·10 제헌 선거에 반대했던 분들이 밤이면 교감 사택 지붕에 돌을 던져 부모님을 공포에 떨게 했지요. 이때 부친은 고향 김천에 있는 초등학교로 자진 전근을 가기로 하셨습니다. 좌·우 충돌에서 오는 두려움 때문에 내린 결정이었지요. 저는 부친의 잦은 전근으로 초등학교 내내 무려 여섯 번이나 전학을 다녀야 했습니다. 무엇보다 친구를 깊이 사귈 수 없었을 뿐만 아니라 학교를 옮길 때마다 갖게 되는 긴장감이 항상 저를 불안하게 했습니다. 그때는 왜 그리 자주 신발이 없어졌는지, 집까지 맨발로 장거리 뛰기를 한 적도 많았는데, 어른이 된 후에도 신발을 잃어버리는 꿈을 가끔 꾸게 되더군요. 당시의 당황스러움과 불안감, 그리고 어머니로부터 야단을 맞았던 기억은 오랫동안 저를 괴롭혔습니다.

4

　　　　3학년이 되기 전까지 저는 일제의 교육을
받았습니다. 그런데 그 어린 시절 일본 제국주의 교육의 효과
가 내 존재 깊숙이 들어와 있음을 지금도 때때로 느끼게 되어
스스로 놀라곤 합니다. 여전히 〈요카렌의 노래〉나 "덤벼라 루
스벨트야, 처칠아, 지옥 밑바닥에 거꾸러뜨려 주마" 같은 가사
를 나도 모르게 흥얼거리는 제 자신을 마주할 때면 자괴감이
들기도 하지요. 그럴 때면 마지막 조선총독이었던 아베 노부
유키가 일황의 항복 방송을 듣고 쏟아 냈다는 저주의 말을 새
삼 기억하게 됩니다.

우리는 패배했지만 조선은 승리한 것이 아니다. 장담하건데, 조
선민이 제정신을 차리고 찬란하고 위대했던 옛 조선의 영광을
되찾으려면 1백 년도 더 걸릴 것이다. 우리 일본은 조선민에게
총과 대포보다 무서운 식민 교육을 심어 놓았다. 결국 조선인
은 서로 이간질하며 노예적 삶을 살 것이다. 보라! 실로 조선은
위대했고 찬란했지만 현재 조선은 결국 식민 교육의 노예로 전
락할 것이다. 그리고 나 아베 노부유키는 다시 돌아온다.•

70여 년이나 지난 이런 저주가 그 어느 때보다 지금, 더욱
섬뜩하게 다가오는 건 왜일까요. 지금 아베 일본 정부는 군사
대국으로 나아가려고 발버둥치고 있습니다. 그러나 바로 이런

• 이상각, 『1910년, 그들이 왔다』, 효형출판, 2010, 223쪽.

저주에 대한 당시 조선 민족의 지혜로운 판단력과 혜안도 저는 기억하고 있습니다. "미국 놈 믿지 말고 소련 놈 속지 말라. 일본 놈 일어난다. 조선 사람 조심해라." 생각하는 백성들의 이 같은 예언자적 경고는 해방 70년과 분단 70년을 보낸 지금 더욱 묵직한 울림으로 가슴을 칩니다.

미국과 소련은 우리 민족의 분단을 촉발했고, 한국전쟁을 통해 일본은 경제 강국으로 일어섰지요. 우리가 동족상잔을 겪으며 최악의 후진국으로 추락할 때, 미국의 정치경제적 후원을 받은 일본은 전후의 처참한 상황에서 벗어나 경제 대국으로 비상했습니다. 전범국 일본은 자유로운 통일 국가로 경제 대국의 반열에 올랐는데, 그 전범국의 식민지로 억울하게 고통을 당한 우리는, 해방과 광복은커녕, 민족 분단에 동족상잔의 고통까지 겪었으니 안타깝고 억울하지 않을 수 없습니다. 게다가 남쪽을 70년 가까이 지배해 온 정치 세력이 친일 세력, 냉전 수구 세력임을 새삼 확인하게 될 때마다, 마지막 조선총독의 그 저주를 아프게 기억하게 됩니다. 총과 대포보다 더 무서운 일제 식민 교육의 망령을 우리가 제대로 떨쳐 내지 못하고 있는 게 아닌지 돌아볼 일입니다. 최근 교육부의 국정 교과서 채택 움직임에서도 그 망령의 그림자를 보는 듯합니다.

오늘날 아베 총리의 주도 아래 군국주의가 부활하는 일본의 모습은 저로 하여금 조선 민중의 그 예언자적 소리에 귀 기울이게 합니다. 1941년 12월, 태평양전쟁이 발발했을 때 조선총독이었던 미나미는 강제 징병제도로 당시 제 형뻘 되는 젊은이들을 학병으로 끌고 갔고, 다수의 청장년들은 값싼 노동력으로 징용해 갔습니다. 그리고 제 큰누님뻘 되는 젊은 여성들은 위안부로 징발되었지요. 이 같은 반인륜적 국가 범죄를 오늘의 아베 일본 정부는 여전히 정직하게 시인하지 않고 있습니다. 그러면서 일본 평화헌법을 자의적으로 해석해 또다시 전쟁을 벌일 수 있는 군사 강국으로 일어서고자 몸부림치고 있지요. 그러니 오늘의 아베의 모습에서 미나미를 떠올리는 것이 비단 제 노파심 때문만은 아닐 것입니다. 일본 정부의 병든 양심과 무뎌진 역사의식이 스스로 깨우쳐 회복되기를 기다리기는 요원합니다. 어두웠던 과거의 사건들, 암울했던 역사가 앞으로 반복되지 않기를 바란다면 선조들의 지혜로운 경고를 경청하고, 나아가 우리 자신이 예언자적 지혜와 결단을 발휘해야 할 것입니다.

제 할아버지나 아버지처럼 저 역시 미나미로부터 아베에 이르는 80년에 걸친 제 삶의 아픔을 다음 세대에 이야기하고 싶었습니다. 다음 세대는 저와 같은 아픔을 겪어서는 안 된다고 믿기 때문입니다. 이렇듯 누구나 각자의 삶은 민족사의 굴곡을 따라 부침을 겪습니다. 그러니 자신의 실존적 삶을 돌이켜 성찰하는 일은 그저 개인적 회고에만 머물지 않고 민족사를 반추해 본다는 의미도 가질 것입니다. 오늘 이 시점에서 지난 제 삶을 순간순간 돌아보는 것은 제가 겪었던 아픔과 구조적 부조리로 인한 고통이 적어도 우리 후손들에게 반복되지 않기를 간절히 바라기 때문입니다. 다음 세대는 또 어떻게 이 역사를 반추하게 될까 생각하면, 끊임없이 과거로부터 배워서 현재를 통찰하는 생각하는 사람의 지혜가 다시 간절해지는 요즘입니다.

전쟁의
아픔과
꿈

1

　　최근 몇 년 사이 한국의 10대 청소년들에게
장래 희망을 묻는 여론조사 결과를 보면 연예인, 셰프, 축구
선수, 웹툰 작가 등이 상위권을 형성하고 있다고 합니다. 제가
자라던 시절에는 전혀 듣도 보도 못한, 심지어는 한때 '천대'
받았던 직업이 장래 희망으로 꼽히는 걸 보면, 역시 시대가 많
이 바뀐 모양입니다. 또 최근 몇 년간 부동의 상위권을 달리고
있는 직종은 교사나 공무원 등 안정적인 직종들이라고 합니다.
신자유주의 이후의 불안정한 현실을 반영하고 있는 것이겠지
요. 심지어 '조물주 위의 건물주'라고들 하는 현실을 간파한
듯, 건물주를 장래 희망으로 꼽는 아이들도 있다고 하더군요.
　이렇게 요즘 각광받는 장래 희망의 공통분모는 무엇보다
'안정적이고, 높은 수입'인 것 같습니다. 아이들이 선호하는 장
래 희망은, 어느 순간부터 우리 사회 청년들을 지칭하는 용어
로 굳어진 '3포 세대'의 현실과 맞닿아 있겠지요. 취업 자체가
어려울 뿐만 아니라 취업을 해도 본인의 임금으로는 감당할 수
없는 집값·생활비로 인해 연애·결혼·출산을 포기할 수밖에 없
는 젊은이들의 현실이 다음 세대 어린이들에게 '부자' 되는 꿈

을 심어 주는 것 같습니다. 누군가의 꿈, 특히 청소년기의 꿈은 그 자신이 직간접적으로 경험하는 현실 속에서 싹트게 됩니다. 오늘날 우리 아이들이 '돈 많이 버는 것'을 장래 희망으로 꿈꾼 다면, 아이들이 천박하다고 탓할 일이 아니라, 물질 만능주의 에 찌든 이전 세대들, 그리고 그들이 만들어 놓은 우리 사회를 안타깝게 돌아봐야 할 것입니다.

사회학자로 평생을 살아온 제 어릴 적 꿈은 사회 의사Social Doctor였습니다. 저는 그 꿈을 어느 정도 이룬 행복한 사람입 니다. 사회 의사라는 제 꿈 역시 제가 발 딛고 살았던 불행한 현실을 반영한 것이었습니다. 제가 어린 시절 겪었던 한국 사 회의 질병들, 다시 말해 역사적·사회적 부조리와 정치적 부패, 사회적 억압 등을 그 증상으로 하는 '사회 질병'을 치료하고 싶은 마음에서 생긴 꿈이니까요. 이제부터 그 이야기를 좀 해 보겠습니다.

2

제가 김천중학교 2학년이던 1950년에 한 국전쟁이 일어났습니다. 전쟁이 터지자 우리 가족은 할아버지 께서 사셨던 경상북도 봉산면으로 피난을 나섰습니다. 추풍령 에서 제일 높은 산 아래 계곡에 사셨던 할아버지 댁에서 여름 을 보낼 작정이었지요. 헌데 인민군이 내려오면서 예전에 오 래 살았던 대구 쪽으로 급히 피난을 가게 됐습니다. 우리 가족이 김천을 지날 무렵 인민군은 이미 우리를 앞질러 낙동강으로 진군하고 있었습니다. 약목쯤 왔을 때 미군 폭격기들이 맹렬히 폭격을 퍼붓기도 했지요. 낙동강 전투가 치열하게 벌어지고 있어 도강은 도저히 불가능했습니다. 어느 날 미군 제트기 서너 대가 우리가 집결해 있던 언덕 바로 아래 마을을 공격했는데, 우리 피난민들은 마치 전쟁 영화의 한 장면 같은 폭격 장면을 언덕 위에서 지켜볼 수 있었습니다. 무엇보다 두려운 마음이 들었지만, 한편으로는 어떤 사람들이 다쳤는지도 걱정스러웠습니다. 물론 저희가 그걸 알 길은 없었지요.

그로부터 이삼 일 뒤, 그 지역 근처에 살던 외사촌 자형이 어머님을 찾아왔습니다. 몰골이 말이 아니었습니다. 넋이 나간 모습으로 제 어머님 앞에서 목 놓아 우시더군요. 얼마 전 폭격으로 달덩이 같던 사촌 누님과 두 아들이 모두 죽었다고 했습니다. 어찌 이런 비극이 외사촌 누님 댁에 닥쳤는지, 이 사건을 어떻게 생각해야 할지 저는 도무지 알 수 없었습니다. 무슨 말로 자형을 위로할 수 있었겠습니까. 제 모친은 조카사위의 손을 맞잡고 그저 함께 우실 뿐이었지요. 전쟁이란 무고한 사람들이 대량으로 죽게 되는 비극임을 그때 저는 가슴으로 느꼈던 것 같습니다. 전쟁은 무슨 일이 있어도 반드시 반대해야 한다는 신념도 그때부터 생겨났지요. .

낙동강 앞에서 우리 가족은 다시 추풍령으로 되돌아왔습니다. 돌아오니까 이미 인민군이 마을에 주둔하고 있었습니다. 마침 숙부께서 오랫동안 이장으로 마을을 이끌어 오셨기에 인민군이 들어오자 졸지에 동 인민위원장이 되고 말았습니다.

착하고 과묵하셨던 숙부가 어쩔 수 없이 그 일을 맡게 되었는데, 후일 이 일로 숙부께서 엄청난 고통을 겪게 되었습니다. 수복 이후, 경찰에 끌려가 고문을 당하신 것입니다. 나중에 알게 된 일이지만, 숙부의 이 이력은 제 이력으로까지 옮겨 와서 제가 색깔론 공격을 당하게 되는 빌미가 되었습니다. 중앙정보부에 보관돼 있는 제 신상 정보 파일에 숙부의 이 이력이 수록되어 있음을 나중에야 알게 되었는데, 이 문건은 물귀신처럼 저를 괴롭혔습니다.

할아버지와 숙부가 사시던 추풍령의 그 마을 이름은 돈목敦睦이었습니다. 이름 그대로 동네 사람들끼리 화목하게 가족처럼 상부상조하던 농촌 마을이었지요. 이 마을에 초기에 묵었던 인민군들은 정치적으로 잘 훈련받은 군인들로 민폐를 끼치지 않았습니다. 나무 그늘에서 서너 명이 쉬며 이야기 나누는 것을 들은 적이 있는데, 김일성 장군의 항일 전투 무용담도 들리고 계급 높은 군인이 부하들에게 정치사상 교육을 시키는 것도 같았습니다. 이들이 모두 남쪽으로 내려간 지 얼마 되지 않아 이번에는 후퇴하는 인민군들이 동네로 들이닥쳤습니다. 제대로 훈련받지 못한 노쇠한 군인들로, 아마도 정규 군인이 아니라 졸지에 군으로 차출된 농민들인 것 같았습니다. 남한의 돈뭉치를 똘똘 헝겊에 싸서 허리에 감고 있는 모습도 보였지요.

어느 날, 늙은 인민군이 할아버지께서 애지중지 길러 온 암소를 빼앗아 가더군요. 할아버지께선 결사적으로 저항하셨지요. 다른 물건은 몰라도 소는 안 된다고, 소 없으면 농사를 지을 수 없다고 매달리며 간청했으나 인민군은 기어코 소를 끌고 갔습니다. 할아버지는 소를 놓고 가라고 고래고래 소리를 지르며 늙은 인민군을 따라갔습니다. 저는 덜컥 겁이 났습니다. 인민군이 화가 나서 할아버지에게 총을 쏠지도 모른다고 생각했으니까요. 평생 농민으로 사셨던 할아버지께 소는 단순한 동물이라기보다는 소중한 식구였습니다. 물론 귀중한 재산이기도 했고요. 그래서 할아버지는 인민군이 마치 자식이라도 채가는 듯 총에 맞아 죽을지도 모를 위험까지 무릅쓰신 것 같습니다. 그 애처로운 할아버지의 모습이 지금도 눈에 선합니다. 도대체 전쟁이라는 것이 무엇이기에, 한때는 농민이었을 북한 군인이 남쪽의 같은 농민의 가슴에 못을 박는 짓을 하게 되는지요.

민주주의 제도의 핵심인 의회parliament는 말하는 곳이라는 뜻입니다. 서로 이야기를 나눔으로써 심각한 정치 문제를 풀어내는 장소란 뜻이지요. 하지만 전쟁은 말의 힘을 빼앗고 말의 장소를 제거하려 합니다. 전쟁은 말로써 분쟁을 해결하지 않기에 지속되는 잔인한 비극입니다. 말로 문제를 해결하려 하지 않는 자들이 전쟁을 선호하는 법이지요. 성서에 보면 태초에 말씀이 있었다고 하는데(요한복음 1장), 이는 태초부터 인간 세상에는 전쟁이 들어설 공간이 없었다는 선언이 아니겠습니까. 인간의 가치를 말로 표현하지 못하게 하는 모든 폭력 행동과 폭력적 조치가 바로 전쟁의 민낯입니다. 국민의 언론의 자유를 박탈하는 정부 역시 국민과 전쟁을 하겠다는 야만적 정부지요. 죽고 죽이는 전쟁터는 억울한 고통이 널브러져 있고, 한 맺힌 절규가 끊이지 않는 곳입니다. 하지만 그곳은 각성과 깨달음의 보고이기도 합니다. 전쟁에서 배우지 못하는 민족의 미래는 밝지 않을 것입니다. 어린 저에게 전쟁은 이런 일들로 가슴에 남게 되었습니다.

3

　　　　　1951년 겨울은 혹독하게 추웠습니다. 삶이 팍팍하고 가난의 고통이 심해지면 기후조차 인간을 더 춥게 만드는 것 같습니다. 중공군이 북한 전선에 투입된 1950년 겨울에, 서울 시민들은 다시 남쪽으로 피난을 가야 했습니다. 중공군의 인해전술에 위협을 느낀 이승만 정부는 제2국민병을 징발해 군세를 확충하기로 결정했습니다. 이른바 국민방위군이 창설되었지요. 헌데 방위군 상층부가 국고와 군수물자를 부정처분했습니다. 그 결과 방위군들에게는 식량과 군복조차 제대로 보급되지 않았고, 전쟁에서 싸워 보지도 못한 채 거지떼처럼 처참한 몰골이 되어 버렸습니다. 1951년 12월과 그다음 해 2월 사이에 무려 10만 명의 방위군이 추위와 배고픔으로 길거리에서 죽게 되었지요. 이들은 적군과 싸우다 입은 상처로 죽은 것이 아닙니다. 부패한 군 수뇌부가 자기 부하들을 죽인 것입니다. 방위군병들의 주검은 이승만 정권의 부패와 무능과 위선을 그대로 보여 주는 역사적 범죄였습니다.

　유난히 춥던 그해 겨울, 저는 해골처럼 바짝 말라빠진 방위군들을 길거리나 시장 바닥에서 여러 번 마주쳤습니다. 햇볕

이 쏟아지는 길목 양지 바른 곳에 쭈그리고 앉아 있는 그들은 제 형님뻘 되는 젊은이였지만, 의욕과 생기를 모두 도둑맞아 쪼그라든 늙은이들처럼 느껴졌습니다. 그런데 이 같은 범죄가 국가 공권력에 의해 저질러졌다니, 어린 제 가슴에도 분노의 불길이 치솟는 듯했습니다. 안타까운 주검을 양산한 이 비극은 우리 사회와 국가가 심각하게 병들었다는 증거가 아닌가? 라는 질문이 제 속에서 우러나왔습니다. 그렇다면 이 같은 질병을 고치는 일은 누가 할 수 있는가? 대체 어떤 직업이 이 같은 심각한 국가 범죄와 질병을 치유하는 일을 담당하는가? 혼자 답을 찾을 수 없어 아버님께도 여쭈어 보았지만, 시원한 대답은 들을 수 없었죠. 곧 고등학교 진학을 앞두고 있던 저는, 어떻게 하면 이 같은 사회 질병을 고치는 사람이 될 수 있는지 고등학교에 가면 선생님께 꼭 알아보리라 결심했습니다.

1952년 이른 봄, 저는 혼자 대구로 내려갔습니다. 경북고등학교 입학시험에 응시하기 위해서였지요. 초등학교를 무려 다섯 곳이나 대구에서 다녔기 때문인지, 시험장에선 동창들의 얼굴이 많이 보였습니다. 입학시험에도 합격했지요. 하지만 등록금이 문제였습니다. 부친께서 며칠 늦게 가까스로 돈을 마련해 학교 서무과로 가셨는데, 당혹스러운 일이 생겼습니다. 등록금을 제때 내지 않아 제 자리에 이미 다른 학생이 보결생으로 등록을 마쳤던 것입니다. 당황하신 부친께서 교장을 찾아가 같은 교육자로서 항의조의 하소연을 하셨습니다. 결국 등록금 늦게 낸 잘못으로 저는 보결생으로 입학하게 되었지요.

어렵게 입학은 했지만 하숙할 형편이 못되었던 저는 김천에서 대구까지 기차로 통학하기로 했습니다. 당시 민간인을 태우는 기차는 제시간에 도착하는 경우가 드물었습니다. 전시였기 때문에 군 수송 열차가 절대적으로 우선권을 갖고 있어서, 아침 일찍 역에 나가도 한두 시간 늦게 대구에 도착하는 일이 잦았습니다. 어떤 날은 점심시간에야 학교에 도착하기도 했죠. 그러니 수업에 충실하기 어려웠고, 게다가 점심 굶기를 떡 먹듯 했습니다. 집에 돌아가는 시간도 불규칙했지요. 어느 때는 밤 11시가 다 되어서야 집에 도착하기도 했습니다. 저는 대구에 살며 자기 집에서 등교하는 친구들이 참으로 부러웠습니다.

다행히 고등학교 2학년이 되면서 대구 문화동에 있는 육영학사에 들어갈 수 있었습니다. 육영학사는 진보적 장로교회의 장로였던 분이 도청 복지과의 지원을 받아 운영하는 곳이었는데, 기독교 신자인 경우 한 달에 쌀 소두 한 말만 내면 고등학생뿐만 아니라 대학생과 대학원생도 입사할 수 있었습니다. 그곳에서는 가난한 가운데서도 미래의 꿈을 키우려고 몸부림치는 청년들이 모여 있었지요. 매일 새벽같이 일어나 청소를 한 뒤 새벽 기도회에 참여했습니다. 일종의 느슨한 수도원 생활 같은 삶이었습니다.

저는 여기서 학교에서는 배울 수 없는 소중한 것들을 많이 배워 갔지요. 당시 한국 진보 신학의 학풍을 세우려고 노력하시던 장공長空 김재준 박사님의 저서도 여기서 접했습니다. 젊은 안병무 선생이 편집했던 『야성』野聲이라는 팸플릿 잡지도 읽었고, 특히 김재준 박사님의 『낙수』라는 신학 평론집은 제게 새로운 신앙관과 신학적 상상력을 불어넣어 주었습니다.

또 그즈음에 저는 YMCA 고등부(당시엔 '하이-와이'High Y라고 불렀습니다) 모임에 열심이었는데, 거기서 슈바이처에 대해 알게 되었습니다. 1952년 노벨평화상을 수상한 슈바이처는 원래 성서 신학자이자 바흐 오르간 연주자였지요. 19세기 낙관주의적 역사 예수 탐구 흐름을 종식시켰다는 평가를 받은 역사 예수 연구로 불과 30세에 세계적 신학자의 반열에 오른 분이었습니다. 그는 당시 기독교 교회의 선교가 서구 제국주의 국가들의 첨병 노릇을 하는 현실에 분개했습니다. 또 역사 예수 탐구 결과 종말론적 예수에 대해서는 실망했지만 예수의 산상수훈 메시지만은 실천할 가치가 있다고 확신하면서 성서 신학적 탐구보다 예수 사랑 실천에 온 삶을 걸기로 결단합니다. 그리하여 그는 그간 다른 분야에서 쌓아 온 세계적 명성을 버리고 예수의 삶을 실천하기 위해 의과대학에 입학합니다. 물론 주변에서는 모두 그를 말렸지요. 하지만 그는 주저하지 않았습니다. 7년 후 의사 자격을 얻게 된 그는 오지 아프리카로 떠났습니다. 예수의 자기 비움의 삶을 몸소 실천함으로써 평화와 공의公義의 새 질서를 세우고자 했던 보다 큰 꿈을 이루고자 한 것이었지요. 아프리카를 식민지로 삼으려 했던 서구 제국주의의 약탈 행위에 대한 수치심과 더불어, 서구 제국주의적 기독교의 잘못을 속죄하고 싶은 뜻도 있었을 것입니다.

대구 하이-와이 운동에서 접하게 된 이 같은 슈바이처의 생애와 사상, 특히 생명 경외 사상은 제 시야를 넓혀 주었습니다. 이때부터 저는 그를 제 인생의 본보기로 삼기로 작정했습니다. 그러다 보니 이처럼 훌륭한 스승이 살아 있는 나라에 가서 공부해야겠다는 생각도 간절해졌습니다. 그러던 어느 날 빌리 그레이엄 목사가 대구에 와서 부흥 집회를 연다는 소식을 들었습니다. 호기심에 대구 제일교회로 갔지요. 당시 제일교회는 대구에서 가장 크고 오래된 장로교회 중 하나였습니다. 예배당은 이미 교인들로 꽉 차있었는데, 마침 프린스턴 신학교 합창단도 함께 와있었습니다. 파란 눈에 큰 키의 그레이엄 목사는 천둥 같은 소리를 내며 설교했는데, 그의 파란 눈에서는 파란 열기가 쏟아져 나오는 듯했습니다. 합창단의 성가곡들도 제 영혼을 따뜻하게 감싸 주었지요. 전쟁으로 황폐해진 우리 조국의 슬픈 현실에서 이들의 찬양은 천사의 노래 같았습니다. 제가 후일 교회 성가대원이 되고 또 성가대 지휘를 10여 년간 한 것도 모두 이때 받았던 영감 때문이었습니다.

예배가 끝난 뒤 합창단원들은 교인들과 자유롭게 어울려 담소했습니다. 이때 저도 신학생 한 분과 서툰 영어로 이야기를 나누었지요. 서로 주소를 교환하며 종종 편지를 주고받자고도 했습니다. 이때부터 저는 미국 유학이라는 목표를 마음에 새겼습니다.

그 후 일주일에 한두 번 정도 틈이 날 때마다 대구역 앞에 있는 미국문화원에 들렀습니다. 그곳에 가면 한 주간 미국에서 일어난 주요 사건과 중요 인물들의 동정을 알 수 있었습니다. 미국 대통령, 상원의원들의 활동 모습을 볼 수 있었고, 또 한국전쟁과 관련된 사진들도 있었습니다. 때때로 미국 고등학교와 대학 생활도 엿볼 수 있었는데, 특히 미국 학생들의 여유로워 보이는 모습을 보고 있노라면 우리 처지가 더욱 딱하게 여겨지기도 했습니다. 언젠가 저들과 함께 배우고 토론하며 사회문제를 함께 고민하는 가슴 벅찬 날이 오기를 꿈꾸었지요. 그러니까 미국문화원으로 자주 향하던 제 발걸음은 비참한 전쟁 현실 속에서도 꿈의 날개를 활짝 펴보고 싶다는 제 강한 의지를 담은 것이었습니다. 절망의 한계 상황 속에서 꿈과 희망은 더 값져 보이는 법이지요.

4

　　　　　이즈음 저는 죽을 뻔한 아찔한 일을 겪었습니다. 김천 집에서 갑자기 오라는 전갈을 받고 무작정 대구역으로 갔습니다. 대중교통이 신통치 않은 때였지요. 또 노잣돈도 없었습니다. 저는 대구역에서 아무 열차나 몰래 타기로 작정했습니다. 마침 여러 가지 무기를 싣고 북쪽으로 가는 열차가 있어 겁 없이 올라탔지요. 기차가 대구역을 빠져나갈 즈음 경비병인 듯한 미군이 저를 발견하고는 열차 끝 칸에 탄 미군들에게 소리를 치더군요. 불법으로 무기 수송 열차에 탄 사람이 있다고 외치는 듯했습니다. 아니나 다를까 소총을 든 미군 두 명이 나타나더니 다짜고짜 저를 붙잡고 맹렬히 달리는 열차 밖으로 내던지려 했습니다. 하기야 제 행동이 무모했지요. 민간인이 일선으로 무기를 수송하는 군용열차에 올라탔으니 말입니다. 당시 저는 교복을 입고 있었기 때문에 학생 신분이 증명될 거라고 자신했던 것 같습니다. 다급해진 저는 서툰 영어로 이렇게 변명했지요.

"경북고등학교 학생입니다. 급하게 김천 집에 가야 해서."

하지만 그들은 아랑곳없이 총으로 위협하며 뛰어내리라고 했습니다. 아니면 던져 버리겠다고 했지요. 그때 제 입에서는 생각지도 않게 이런 말이 튀어나왔습니다.

"저는 예수 믿는 기독교 신자입니다."

이 말에 두 미군은 잠시 머뭇거렸습니다. 둘이 무어라 의견을 나누더니 그러면 다음 역인 지천역에서 뛰어내리라고 했습니다. 당장 죽을 고비는 넘긴 셈이지요. 기차가 지천역 가까이 가면서 조금 속도를 늦추는 듯했습니다. 이때 그들은 제게 뛰어내리라 명령했지요. 저는 위험을 무릅쓰고 철도 멀찍한 곳을 향해 몸을 던졌습니다. 땅에 떨어져 두서너 번 정도 구르니 허리에 통증이 느껴지더군요. 날은 이미 어두웠습니다. 국도로 나가 지나가는 트럭에 몰래 올라타기 위해 다소 가파른 언덕 근처에서 기다리기로 했습니다. 한참 있으니 닛산 군용 트럭이 다가왔습니다. 언덕에서 속력이 다소 떨어질 때 결사적으로 트럭 위로 올라탔습니다.

김천 집에 도착했을 때는 이미 밤늦은 시각이었지요. 어머님께 자초지종을 말씀 드렸더니 제 허리춤을 들춰 보셨습니다. 다행히 멍만 들었을 뿐 거동에는 큰 어려움이 없었지요. 젊음의 힘이기도 했지만, 저는 '예수 믿는 크리스천'이라는 정체성이 갖는 힘에 대해 새삼 생각하게 되었습니다. 예수 이름이 사납던 두 미군의 마음을 얼마간 누그러트리는 힘을 발휘했다는 것이 신기하고 신비로웠습니다.

고3이 되었습니다. 한국 하이-와이 운동에 적극적이었던 저는 3학년이 되면서 하이-와이 전국 학생 이사가 되었지요. 슈바이처는 제 속에 계속 살아 있었습니다. 1954년 여름, 전국 하이-와이 하령회가 서울 연희대학(지금의 연세대)에서 열렸습니다. 대구 YMCA 청소년부 간사께서 대구팀을 데리고 서울로 갔습니다. 그때 서울에는 피난 갔던 시민들이 막 되돌아오고 있었지요. 서울의 정경은 정말 을씨년스러웠지만 연희대 캠퍼스는 전국에서 모인 YMCA 학생들로 활기가 넘쳤습니다. 당시 총장이었던 백낙준 박사는 기조 강연에서 막스 베버의 소명 의식을 이야기하며 젊은 크리스천들이 소명 의식으로 무장해 나라의 자랑스러운 일꾼이 되라고 하셨습니다.

가을이 되자 대학 입학이 눈앞에 닥친 문제가 되었습니다. 내년에 무슨 대학, 무슨 과를 지원해야 할지 진지하게 고민하기 시작했지요. 부친은 의대를 원하셨고, 어머님은 신학교에 가기를 바라셨습니다. 제 형은 제가 연대 정외과에 가서 외교관이나 정치인이 되기를 바랐습니다. 그때만 해도 정치권력에 모든 특권이 지금보다 더 확실하게 종속되어 있었기 때문에 형은 아우가 그런 힘 있는 사람이 되기를 원했던 것 같습니다.

그런데 저는 그 어느 쪽에도 마음이 가지 않았습니다. 하지만 부모님과 형님의 기대도 무시할 수 없어 고민 중이었지요. 그러던 어느 날 담임 선생님께서 결정을 했는지 물으셨습니다. 일본의 진보적 대학이었던 가톨릭 계통의 상지대학(조치대) 경제학부를 나오신 분이었습니다. 저는 선생님께 제 꿈과 고민을 털어놓았지요. 제 얘기를 듣고 나시더니 선생님께서는 이렇게 충고해 주셨습니다.

"자네, 그러면 사회학과를 가야겠네. 사회 의사가 되고 싶다면 사회구조, 제도, 문화 같은 걸 다루는 공부를 해야지."

그리고 사회학과는 서울대학교 문리대에만 있다고 했습니다. 그렇게 해서 저는 사회학과에 가기로 결심을 굳혔습니다. 오랫동안 꿈꿔 오던 사회 의사의 길이 드디어 눈앞에 펼쳐지는 것 같았습니다. 그리고 1955년 봄, 저는 서울대 문리대 사회학과에 무사히 입학했습니다.

서울대 문리대 캠퍼스에는 건물마다 총탄을 맞은 흔적이 고스란히 남아 한국전쟁의 상처를 그대로 드러내고 있었습니다. 전쟁, 부패, 억압, 착취 같은 구조적 질병을 고치겠다는 정열로 그런 상처 자욱을 보는 것도 의미가 있었습니다.

제가 청소년기를 보낸 1950년대 한국 현실은 지금과는 비교할 수 없을 정도로 비루하고 열악했습니다. 하지만 그런 현실이 꿈꾸기를 가로막거나 꿈을 포기하게 만들지는 않았습니다. 오히려 그런 현실 속에서 제가 해야 할 일, 하고 싶은 일이 분명히 보였지요. 꿈은 처참한 현실을 바꾸고 더 나은 세상을 만들어 보고자 하는 희망과 맞물렸습니다. 전쟁의 상처와 빈곤의 위협으로 힘겨웠지만, 그래서 더욱 꿈을 꾸고 희망을 키웠던 것 같습니다. 비참한 현실은 꿈을 키우는 토양일 뿐만 아니라, 장차 꿈을 이룸으로써 대체할 수 있는 미래일 수 있다고 믿었기 때문입니다.

그런 의미에서 보면, 현재의 한국 현실이 과연 더 낫다고 말할 수 있는지 자신하기 어렵습니다. 물질적으로 더 풍요로

워진 것은 사실이지만 그 풍요로움이 보다 가치 있는 삶, 보다 공평한 세상을 향한 꿈의 동력이 되지 못하고 있으니 말입니다. 물질적으로 더 풍요로워진 한국 사회의 한편에서는 더 많은 부와 더 화려한 소비를 향한 욕망이 춤을 추지만, 다른 한편에서는 꿈꿀 자격마저 반납한 듯한 세대가 양산됩니다. 이제는 3포를 넘어 4포, 5포, N포 세대라는 말까지 나오더군요. 꿈꾸는 일이 누구에게나 평등하게 허용되지 않고 꿈을 갖는다고 현실을 바꿀 수 있는 것도 아니라는 절망감은 반사회적인 분노와 폭력으로 표출되기도 하지요. 어쩌면 우리는 전쟁보다 더 혹독한 시련을 마주하고 있는지도 모릅니다.

작은
전체주의

1

　　'병역'은 한국 사회에서 여전히 아주 민감한 문제입니다. 그것은 국민의 '의무'이기도 하지만, 모든 국민이 똑같이 지는 의무는 아니기 때문에 뜨거운 논란을 불러일으키는 쟁점이 되곤 합니다. 특히 병역 면제가 부당한 특권이나 비리와 연결된 것으로 밝혀질 경우 법의 심판만이 아니라 거센 사회적 공분의 표적이 됩니다. 그럼에도 불구하고 많은 이들이 할 수만 있다면 그 의무를 피하고 싶어 하지요. 군대에 가야 한다고 받아들이는 이들도 기꺼운 마음일 수는 없습니다. 군 복무 기간을 어떻게 보내는가는 물론 개인마다 차이가 있겠지만, 군 생활이 유쾌하고 행복한 기억으로 남기란 한국 현실에서도 쉽지 않은 일입니다.

　　그 이유는 다분히 군대라는 조직이 갖는 어쩔 수 없는 속성과 연결되어 있습니다. 개인의 자유를 요구할 수 없고, 개성은 억눌러야 하며, 민주적 의사 결정이란 가당치 않은, 그런 조직적 특성 말입니다. 그런 조직 속에서, 병역의 의무를 부담하러 모인 이들은 때론 가해자로 또 때론 피해자로 서로에게 지울 수 없는 상처를 주고받게 됩니다. 그래서 병역은 가급적 피하고 싶은 의무가 되지만, 막상 병역 기피자는 부러움과 격려의 대상이 되기보다 질시와 비난, 심지어 배제의 대상이 되기도 합니다.

인간의 삶 전체가 조직 권력에 의해 철저히 통제되면 그 조직을 전체 제도total institution라고 합니다. 이것이 국가 규모의 체제라면 전체주의totalitarianism가 되지요. 극좌 스탈린 체제와 극우 나치 체제가, 비록 이념적 성향은 정반대라 하더라도, 인간의 사적 자유를 허용하지 않고 인간 삶 전체를 총체적으로 통제한다는 의미에서는 동일하게 전체주의라 할 수 있습니다. 군대라는 조직의 속성은 바로 그런 전체주의와 맞닿아 있습니다. 그리고 병역을 둘러싼 불안과 근심, 그 속에서 벌어지는 각종 폭력과 사고는 상당 부분 거기서 비롯되는 것이지요. 특히나 1950년대에 제가 겪었던 한국 군대는 그 자체로 하나의 작은 전체주의였습니다. 이 장에서는 그 경험과 관련한 이야기를 좀 나눠 보려고 합니다. 어느 나라에서나 군대는 전체 제도의 한계를 벗어나기 어렵습니다만, 1950년대 중반에 제가 군대에서 겪었던 경험은 지금 한국 사회의 군대 문화 개선에도 얼마간 참고가 될 듯합니다.

2

저는 대학 3학년 1학기를 마친 1957년 초여름 갑자기 영장을 받게 되었습니다. 그 무렵은 휴전한 지 이미 5년 가까이 되었을 때였고, 대학생들의 반정부 시위가 아직 본격화하기 전이라 캠퍼스도 조용했습니다. 그런 시기에 왜 이승만 정부는 대학생들을 '학보병'이라는 이름 아래 군대로 보내려 하는지 징집장을 받은 저와 학우들은 어리둥절했습니다. 이미 민심을 잃어 가던 이승만 정권이 장차 대학생들의 반정부 활동을 예견하고 이를 미연에 방지하고자 학보병제를 실시하는 게 아닐까 의심하는 사람들도 있었으나, 확실히 알 수는 없었습니다. 어쩌면 캠퍼스의 자유를 정치권력이 시샘한 것일지도 모르지요.

그즈음 저는 학교에서 멀지 않은 돈암동 전철 종점에 있던 한 극장에서 〈지상에서 영원으로〉라는 미국 영화를 보게 되었습니다. 영화 속 미군의 삶은 그런대로 낭만과 멋이 있었지만, 자유로운 미국 사회에서도 군대는 하나의 비민주적 제도로 작동한다는 사실이 저에게는 더 크게 와닿았습니다. 군대의 비인간화 현상은 국경을 초월하는 것 같았습니다. 마침 입대를 앞두고 있던 저는 과연 한국 군대의 현실은 어떨지 불안과 걱정이 머릿속을 떠나지 않았습니다.

6월 말 저는 영장에 명시된 집결지로 갔습니다. 여러 대학에서 온 학생들로 북적였는데, 대부분이 대학의 자유를 만끽하고 있던 3학년들이었습니다. 집결지에서 바로 논산 훈련소로 직행했지요. 논산 훈련소는 한마디로 '인간 정글'이었습니다. 제가 인간 정글이라고 부르는 것은 동물의 정글과는 다르다는 뜻에서입니다. 동물의 세계의 강자와 인간 정글의 강자는 달랐습니다. 예컨대 사자는 배가 부르면 옆을 지나가는 약한 동물을 덮치지 않지요. 동물의 탐욕은 생물학적으로 자동 조절됩니다. 그러나 시장과 국가라는 정글에서 강자로 군림하는 인간 적자適者들은 끝없는 탐욕으로 약자들을 계속 수탈하고 억압하려 듭니다. 특히 군대에서는 강자가 아무리 배가 불러도 약자들을 더 못살게 들볶았습니다. 인간 정글에서 강자는 짐승보다 더 잔인했지요. 인간은 짐승보다 더 잔인할 수 있다는 사실을 저는 논산 훈련소에서 알았습니다. 하지만 강자들의 끝없는 탐욕과 횡포, 부패보다도 더 가슴 아프게 느껴졌던 건 강자 앞에서 한없이 비굴해지는 약자들의 모습이었습니다. 쓸쓸하게도 우리와 함께 입소했던 신병들 가운데 주먹 꽤나 쓰는 이들이 이미 훈련소의 강자들과 결탁해 힘을 과시하며 공포 분위기를 조성하고 있었습니다.

저는 입소 뒤 바로 여름 감기에 걸려 고생했습니다. 더운 여름에 열이 오르니 식욕도 떨어졌지요. 약이라도 먹을 수 있었다면 참을 만했을 텐데, 훈련소의 보건 상황이 열악해 그럴 수도 없었습니다. 그렇게 끙끙거리며 한 달쯤 지날 무렵 기가 막힌 일이 벌어졌습니다. 저와 함께 문리대를 다녔던 친구가 어느 날 새벽 3시경 자다가 벌떡 일어나더니 이렇게 외치는 것이었습니다.

"나는 소크라테스다!"

반복되는 외침에 모두 놀라 잠을 깼지요. 제가 놀란 것은 그 외침이 엄청나게 크고 괴기스러웠기 때문만은 아니었습니다. "너 자신을 알라"라고 가르친 소크라테스를 자처한 그 친구의 괴성은 저에겐 자기 자신을 군 훈련소에서 잃어버린 아품을 처절하게 고백하는 소리로 들렸습니다. 인간의 참얼, 참 정신을 몽땅 강탈당한 아픔을 미친 듯이 괴성을 지르며 표출 하는구나 싶었습니다. 자아가 파괴된 친구의 아픔과 비극이 온몸으로 느껴지며, 그 외침이 제게는 일종의 메시지를 던져 주는 듯했습니다. 다음 날 아침 그는 내무반에서 사라졌지요. 어디로 갔는지 알 수 없었습니다. 군 생활을 시작한 지 얼마 지나지도 않아 이런 아픔을 목격하게 되니 앞으로의 군 생활 이 더욱 막막하게 느껴졌습니다. 제 자신이 마치 무시무시한 정글에 내던져진 것 같았습니다.

3

　　　　　두 달간의 고된 훈련으로 심신은 걸레처럼 너덜거렸습니다. 마침내 훈련이 끝나고 저는 서부 전선에 있 는 모범 사단에 배치되었습니다. 지금도 대개 그렇겠지만, 군 생활에서 '모범'이 붙은 부대에 배치된다는 것은 고생길에 들 어선다는 뜻입니다. 그러잖아도 학보병은 혹독하게 다루라는 상부 지시가 내린 탓에 군 일선에 배치된 학보병은 행정 사무 직은 언감생심이었고, 최전방 일선 소대에서 고된 군 생활을 해야 했지요. 게다가 저는 '모범' 사단이라고 하는 서부 전선 의 28사단, '모범' 연대, '모범' 중대에 배속되었습니다.

　소대에 배속된 다음 날, 짐을 풀어 보았습니다. 원래 거기 엔 어머님이 제 피부가 거칠어졌다고 사주신 '녹지마 크림'과

틈틈이 읽으려고 넣어 둔 책 세 권이 있어야 했지요. 그런데 이런 물건들이 모두 사라지고 없었습니다. 나중에야 중대 선임하사가 슬쩍해 간 것임을 알았습니다. 그런 짓이 강자의 당연한 특권임도 곧 알게 되었죠. 약자의 목소리는 입소 순간 모두 작은 권력에 상납되어 버렸습니다. 소리 없는 존재, 아니 존재하지 않는 존재가 된 것이지요. 이 사실을 수용하지 못하고 만의 하나 제 목소리를 냈다가는 개념 없는 존재로 대번에 왕따를 당할 것이 너무나 당연했습니다. 존엄한 인간 행세를 하다간, 이른바 '고문관'이라는 딱지를 받게 되고, 이런 딱지가 한 번 붙으면, 밟히고 밟혀도 꿈틀거릴 수 없는 지렁이나 벌레 같이 되고 말 게 분명했습니다. 자칫 잘못하면 저 역시 "나는 소크라테스다"라고 외치게 될 수 있었지요.

일선에 배치된 저희들의 일상적 임무는 적을 무찌르는 것이 아니라 민둥산에 남아 있는 불쌍한 잔챙이 나무들을 베는 것이었습니다. 아침 일찍 일어나 한 시간쯤 나무 없는 산에서 땔감을 장만했지요. 다른 부대의 학보병들은 숯 굽는 일을 하기도 했습니다. 1957년 연말이 가까워 올 즈음, 다음 해 정월에 이승만 대통령이 친히 참관하는 군사훈련에 제가 속한 사단이 차출되었다는 소식이 들려왔습니다. 그중에서도 제가 속한 중대가 최일선 훈련장으로 나가게 되었지요. 중대장은 자신이 초등학교만 나왔지만 한국전쟁 때 자기 손으로 수백 명의 인민군을 사살했다고 자랑하던 터프가이였습니다. 훤칠한 키, 옆으로 길게 째진 눈에 눈빛이 아주 날카로운 인물이었지요. 화를 내면 광기와 살기가 번득였습니다. 목소리도 괄괄해서 모범 사단, 모범 연대의 모범 중대장에 딱 맞는 그런 사람이었습니다.

한 달 가까이 이어지던 훈련이 끝났습니다. 대통령이 온다고 모두가 긴장한 상태였지만, 아무 사고 없이 행사는 잘 마무리되었습니다. 오랜만에 소대에 돌아오니 마치 고향에 온 듯했지요. 돌아와서 첫 일요일을 맞았습니다. 이날은 여느 일요일과 달리 중대 본부에서 확성기로 사단 교회에 갈 기독교 신자들은 중대 연병장으로 모이라고 알려 주었습니다. 제겐 너무나 기쁜 소식이었습니다. 교회에 못 간 지 너무 오래였기에 서둘러 나가려는데, 등 뒤에서 등을 후려치는 듯한 명령 소리가 꽂혔습니다.

"한 일병, 변소 청소해야지. 가긴 어딜 가!"

하지만 저는 아무 대꾸도 하지 않은 채 조용히 예배당으로 달려 나갔습니다. '대한민국 헌법이 보장하는 종교의 자유를 일개 선임 병장이 박탈할 순 없지.' 속으로 저는 중얼거렸습니다. 예배를 본 지 너무 오랜만이었고, 그간의 군대 생활이 외롭고 괴로웠던 만큼, 예배 시간은 큰 위로가 되었습니다. 논산 훈련소에서 흔히 보았던 광경입니다만, 일요일 군인 교회에 가보면 젊은 훈련병들 가운데 흐느끼며 우는 사람이 그렇게 많았습니다. 저도 속으로 몹시 울었습니다.

소대로 돌아오니, 화가 난 선임 병장이 저를 위시해서 세 명의 졸병에게 변소 앞으로 나오라 소리를 질렀습니다. 다른 셋의 죄목은 무엇인지 알 수 없었습니다. 저는 제일 오른쪽 끝에 섰습니다. 왼쪽 사병부터 곡괭이 자루로 때리기 시작하더군요. 퍽퍽 하는 소리가 날 때마다 자지러지는 비명 소리도 함께 들려왔습니다. 드디어 제 차례가 됐지요. 제 왼쪽 어깨 위로 곡괭이 자루가 묵직하게 떨어졌습니다. 퍽 하는 소리가 났지요. 그런데 말입니다. 어금니를 단단히 물고 잔뜩 겁을 먹고 있었는데, 예상보다 아프지 않았습니다. 비록 너덜너덜해진 군복이긴 하나 두터운 겨울 군복이 몽둥이의 힘을 완충시켜 준 듯했습니다. 그런데 두서너 번 곡괭이 자루가 저를 내리친 후 저도 모르게 피식 웃음이 나왔습니다. 병장의 얼굴은 바로 악마의 얼굴로 돌변했지요.

"이 새끼 웃어? 맞으면서 날 우습게 봐? 야, 너희 셋은 꺼져. 이 새끼 서울대 다녔다고 날 무시하는 게지."

저는 혼자 남아 흠씬 두드려 맞았습니다. 때리면서도 분이 풀리지 않는지 계속 서울대를 들먹이며 사정없이 후려쳤습니다. 저는 더욱 독하게 어금니를 깨물었습니다. 제가 죽는 시늉을 하지 않아서인지, 선임 사병은 저를 풀어 주면서도 분이 풀리지 않은 듯했습니다. 밤에 다시 보자더군요. 그날 밤 10시가 넘었을 즈음 그는 저를 밖으로 불러냈습니다. 일선의 밤하늘은 맑아 밝은 별들이 머리 위로 쏟아질 듯했으나, 바람은 세찼습니다. 시베리아 칼바람이 불어왔기에 기온은 영하 20도를 훨씬 넘어선 듯했지요.

병장은 때리지 않았습니다. 그보다 더 무서운 명령을 내렸지요. 옷을 벗으라고 했습니다. 저는 곧 팬티 바람이 되었지요. "엎드려뻗쳐 5백 번!" 차가운 바람이 바늘이 되어 온몸에 꽂히는 듯했습니다. 근육이 놀라 저절로 경련을 일으켰습니다.

너무 춥고 아파서 단번에 50번을 해버렸는데도 칼바람의 위력은 누그러지지 않았습니다. 수백 개의 날카로운 침이 온몸에 꽂히는 듯한 고문을 당하며 저는 제 자신이 무너지는 것을 느꼈습니다.

그날 밤의 아픔을 지금까지 제가 잊지 못하는 것은, 그날의 일이 억울하거나 부당해서만은 아닙니다. 저는 그날 밤 악마가 제일 무서워하는 것이 무엇인지 알았습니다. 악마는 악마의 장기인 폭력을 결코 두려워하지 않습니다. 폭력은 오히려 즐기지요. 악마를 몸서리치게 하는 것은 여유 있는 웃음의 힘이었습니다. 그날 오후 곡괭이로 맞을 때, 다른 사병들처럼 저도 죽는 시늉을 하며 무릎을 꿇었다면 그런 일은 당하지 않았을 테니 말입니다. 2천 년 전 예수는 성전 세력의 몽둥이 권력과 로마제국의 십자가 처형 권력 앞에서 가해자들을 우아하게 용서하며 죽음을 맞았습니다. 그 이후로 우리는 폭력을 행사하는 사람이 제일 두려워하는 것은 폭력을 우아하게 받아 내면서 여유 있게 웃을 수 있는 저항자라는 진리를 알게 되었지요. 악마는 악마의 장기인 폭력으로 결코 이길 수 없다는 이 진리를 저는 분단된 조국의 군대에서 터득했으니, 감사할 일이지요. 평화는 결코 폭력을 통해 오지 않는다는 진리는 지금까지도 제가 소중히 간직하고 있는 진리입니다.

4

　　그 일이 있은 지 얼마 지나지 않아 또 다른 사건이 발생했습니다. 어느 날 아침, 한 시간가량 나무를 하고 돌아와 멀건 된장국과 한 줌도 안 되는 밥을 먹으려던 참인데, 갑자기 모두 중대 마당에 집합하라는 본부의 명령이 떨어졌습니다. 모두가 계급별로 줄지어 중대장의 훈시를 듣기 시작했지요. 요지는 며칠 후 사단 감사단이 와서 감사를 하게 된다는 것이었습니다. 중대장은 이번 감사가 그 어느 때보다 중요하므로 모든 사병들이 잘 대처해야 한다고 했습니다. 저는 잘 대처한다는 것이 무슨 뜻인지 처음에는 잘 알아들을 수 없었죠. 그것은 감사관들이 와서 중대 안의 부정행위에 대해 물을 때 그런 일 없다고 대답하라는 뜻이었습니다. 급식과 배급, 월급 같은 것을 제대로 잘 받는다고 말하라는 것이지요. 한마디로 외부에 불평, 불만의 소리를 내지 마라, 너희들은 소리 없는 무존재이므로 가만히 있으라, 그런 뜻이었던 겁니다.

　　일장 훈계가 끝나자, 선임하사들이 각 계급별로 월급 액수를 복창하게 했습니다. 저는 일등병이 되고 한 번도 월급을 받아 본 적이 없었기에, 제 월급이 얼마인지 몰랐죠. 그런데 "일등별 월급 ○○○환"을 외치라고 하더군요. 듣자니, 지난번 감사 때 거짓말 훈련을 제대로 시키지 못해 감사 당일 자기 월급 액수를 말하지 못한 시골 출신 사병들 때문에 곤욕을 치른 모양이었습니다. 그래서 아침밥도 먹는 둥 마는 둥 불려 나와 한 번도 받아 보지 못한 월급을 잘 받아 썼다는 거짓말을 복창하게 된 것이지요. 저는 그런 제 자신이 비참하게 느껴지면서 절망과 분노가 동시에 밀려들었습니다. 복창 소리가 마치 목소리 없는 약자의 비굴한 신음 소리처럼 들렸지요.

며칠 후 그날이 왔습니다. 감사관이 사병들에게 백지를 한 장씩 나눠 주더군요. 거기다 중대 생활에서 잘못됐다고 생각하는 일이 있으면 모두 적으라고 했습니다. 이것도 저에겐 하나의 시련이었습니다. 대학까지 다닌 젊은이가 위에서 시키는 대로 거짓말을 할 수도 없고, 바른말을 하기는 더더욱 어려운 상황이니 번민할 수밖에 없었지요. 학보병인 제게는 특히 중대장과 선임하사들의 날카로운 시선이 꽂히는 것 같았고 감사관의 눈길도 참 불편했지요. 할 수 없이 저는, "군은 깨끗해야 하며 군의 사기는 부정이 없어야 올라간다"는 식으로 매우 추상적인 몇 마디를 적어 냈습니다.

그런데 다음 날 저를 사단 감사실로 보내라는 명령이 중대 본부로 떨어졌습니다. 중대장이 저를 불렀습니다. 그는 잔뜩 긴장해서 저를 위협했습니다. 어제 감사 받을 때 종이에 무엇을 썼는지 물었습니다. 구체적으로 적은 것은 없다고 그대로 대답했지요. 그랬더니 사단에 가서 조심하고, 쓸데없는 모험은 하지 말라고 했습니다. 만일 제가 한 일로 중대 본부에 무슨 일이 생기면 죽을 줄 알라는 식으로 위협했지요. 저는 알겠다고 대답하고 감사실로 갔습니다.

사단 감사실에서는 어제 제가 적은 것이 너무 추상적이라며 부정과 비리가 있다면 자세히 적으라고 다그쳤습니다. 제가 못하겠다고 버티니까 이렇게 위협하더군요.

"한 일병, 너 죽고 싶어? 자세히 적지 않으면 너 여기서 먼저 죽을 거야. 너 중대 돌아가 당할까 봐 겁이 나서 구체적으로 못 적겠다는 건데, 어디 여기서 죽어 봐."

저는 정말 진퇴양난에 빠졌지요. 무엇을 말할지 모를 때는 바른말을 하자. 거짓말해서 잠시 편해질 수야 있겠지만 그로 인해 평생 괴로울 일과 바른말을 해서 잠시 고생하더라도 오래오래 흐뭇할 쪽을 선택하자. 저는 이렇게 마음을 다지면서 그간 제가 겪었던 일들을 적었습니다.

그러고 나서 중대에 돌아가려니 참 막막하더군요. 저는 모험을 감행하기로 했습니다. 저의 이 결단을 누구보다 잘 이해해 주실 스승님을 찾아가야겠다고 마음먹었지요. 저는 중대로 복귀하지 않고 그 길로 서울에 계시는 이상백 선생님*을 찾아갔습니다. 탈영을 한 셈이지요. 자초지종을 들으신 선생님께선 바로 어떤 분에게 전화를 거셨습니다.

"박 대령인가? 내 제자가 28사단에 복무 중인데 심각한 문제가 생겼네. 자네가 있는 부대로 데려가서 군 복무를 하도록 선처해 줄 수 있겠나."

'박 대령'은 20사단 참모장으로 있는 박창암 대령이었습니다. 그분은 선생님과 어떤 사이인지 여쭈었더니, "매우 강직하고 정의감이 투철한 군인"에 조카사위이기도 하다고 하시더군

---

* 서울대 문리과 교수로 한국사회학, 특히 한국사회사를 개척한 태두로 불린다. 뛰어난 체육인이기도 했는데, 광복 후 조선체육동지회를 창설했고, 조선체육회 이사장을 거쳐 1951년 대한체육회 부회장에 취임했으며 대한올림픽위원회, 국제올림픽위원회 위원에 선출되었다.

요. 그렇게 선생님의 도움으로 저는 28사단에서 20사단으로 자리를 옮기게 되었습니다.

박창암 대령은 특이한 경력의 소유자였습니다. 한때 인민군 장교였는데, 휘하의 인민군을 데리고 국군으로 전향한 분이었죠. 군인으로서 매우 엄격하고 철저한 사람이었지만, 한학漢學에 밝으며 역사에도 관심이 많고 학문적 토론을 즐기는 문인다운 기질도 있었습니다. 그는 터키 근대화의 아버지로 숭앙받는 케말 파샤 장군을 존경했습니다. 제게 케말 파샤의 혁명사상에 관한 책을 주면서 한국에도 케말 파샤 같은 장군이 나타나 우리나라를 근대화시켜야 한다고 했지요. 그래서인지 그는 당시 이승만 정부의 타락과 부정을 못마땅히 여겼습니다. 그리고 이상백 선생님의 장형인 이상정 장군을 존경했고, 둘째 형인 이상화 시인을 우러러보았지요. 그 덕분에 제가 20사단에서 군 생활을 이어 갈 수 있게 된 것이지요.

하지만 제가 20사단에서 제대를 할 수 있었던 것은 아닙니다. 이승만 정부에 비판적이었던 박 대령이 육군대학으로 좌천되어 남쪽 지방으로 떠나게 되면서 저는 다시 28사단으로 돌아갔습니다. 제대할 때까지 저는 그야말로 창살 없는 감옥에서와 같은 삶을 살아야 했습니다.

5

마침내 제대의 날이 왔습니다. 이때 진정 해

방을 맞은 듯한 기쁨을 느꼈습니다. 군대 생활로부터의 작은 해방에서 더 큰 해방을 위해 일해야겠다는 결심도 더욱 굳어졌지요.

제가 겪은 1950년대 당시 한국 군대는 조직 권력이 구성원의 사사로운 공간까지 간섭하고 통제하는 완벽한 전체주의 제도였습니다. 전체주의는 멀쩡한 대낮의 삶은 물론이고 은밀한 밤의 삶도 통제하며, 심지어 꿈과 개성마저 관리하려 들지요. 거기에는 공공성, 개방성, 창의성 같은 숭고한 가치가 들어설 곳이 없습니다. 그런 군대 생활을 겪으면서 사회 의사가 되어야겠다는 제 의지는 점점 더 강렬해졌습니다. 제대하게 되면 사회 의사가 되는 데 필요한 공부에 전력을 다하리라 결심하고 또 결심했습니다. 제대를 하면서, 앞으로의 여정이 아무리 외롭고 괴롭더라도 반드시 해낼 수 있다는 자신감도 솟구쳐 올랐지요. 작은 전체주의를 결국 견뎌 내고 해방을 맞았으니 말입니다.

민주화 이후 우리 사회가 체제 면에서 전체주의를 상당히 극복했다고 이야기하곤 합니다. 하지만 아직도 곳곳에 크고 작은 전체주의적 요소들, 이런저런 전체주의의 잔재들이 보입니다. 끊임없이 보도되는 군대 폭력, 그 뿌리가 되는 학교 폭력은 그런 전체주의적 요소와 잔재들의 결과이자 징조입니다. 오늘 내가 만나는 작은 전체주의, 우리 안에서 여전히 꿈틀대는 전체주의의 싹을 좌시하지 않고 뽑아낼 때 장차 큰 해방, 진정한 광복의 기쁨을 누릴 수 있을 것입니다.

탈학습의
교훈

1

　　2015년 12월 EBS에서 방영한 〈다큐프라임 시험〉이라는 6부작 프로그램이 화제가 된 적이 있었지요. 너나 할 것 없이 '열심히 공부'할 것을 열심히 권하는 한국 사회에서 공부를 한다는 것이 무엇인지, 열심히 공부시켜서 어떤 아이를 길러 내고자 하는지, 시험의 목적은 대체 어디에 있는지 등의 문제에 대해 다시금 깊이 고민해 보도록 했기 때문인 것 같습니다. 그중에서도 저는 "서울대 A+의 조건"이라는 제목으로 방송된 4부를 인상적으로 보게 되었습니다. 주된 내용인즉, 서울대에서 높은 학점을 받는 학생들의 공부 비법은 수업 내용을 최대한 그대로 받아 적고, 반복해서 외우는 데 있다는 것이었습니다. 시험을 볼 때도 답안지에 자기 생각이 아니라 수업 때 들은 교수의 생각을 써낸다고 하더군요. 같은 조사를 미국 미시간 주립대학에서도 했다는데, 그 결과는 서울대와 사뭇 달랐지요. 미시간 주립대학의 우등생들은 교수의 강의를 받아 적노라면 자기 생각을 할 수 없고 오히려 더 크고 중요한 것을 놓치게 되기 때문에 노트 필기는 꼭 필요한 경우가 아니면 하지 않는다고 했습니다. 또 담당 교수와 생각이 다를 경우 시험지에는 당연히 자기 생각을 쓴다고 했지요.

그러고 보니 반백 년이 넘는 세월 동안 우리나라는 참 많은 변화를 겪고 놀라운 진보를 이루기도 했지만, 여전히 변하지 않고 반복되는 구습도 부끄럽게 남아 있는 것 같더군요. 60여 년 전에 통하던 우등생의 덕목이 요즘 학생들에게도 그대로 적용되고 있다니 말입니다. 그 시절 서울대 학생이었던 제가 선배들을 따라 했던 방식을 요즘 학생들도 그대로 답습하고 있다 하니, 당시 제가 미국 유학에서 얻은 깨달음 하나를 지금 나누는 것도 유익할 듯합니다.

2

1959년, 군에서 제대하고 복학한 저는 그 어느 때보다 더 열심히 공부에 매진했습니다. 그리고 1960년 에 대학을 졸업하자마자 곧바로 대학원에 진학해 유학 준비에 열중했지요. 하지만 요즘과 달리 그 시절에는 유학 관련 정보를 얻기도 쉽지 않고 조언을 구할 데도 마땅치 않아 막막했습니다. 그러던 중 1961년 여름 어느 날, 대구의 육영학사에서 알게 된 선배 한 분을 길거리에서 우연히 마주쳤습니다. 계성 고등학교를 나온 이장현 씨였습니다. 그는 듀크 대학 사회학 과에서 석사 학위를 받고 지금은 이화여자대학 사회학과에서 사회학을 가르친다고 했습니다. 그리고는 대뜸 제게 "육영학 사 때부터 미국 유학 가고 싶다던 애가 어떻게 된 거냐. 우리 집에 가서 이야기나 하자." 하셨습니다.

그 길로 저는 이화여대 후문 쪽 어느 골목에 위치한 선배의 하숙방에서 긴 얘기를 나누었습니다. 제 이야기를 듣고 나더니 선배는, 일을 하려면 대번에 몸을 던져야 한다며 자기가 당장 대학 네 곳에 입학 원서를 보내 달라는 편지를 써주겠다고 했습니다. 선배는 당장 책상 위의 낡은 타자기를 두드리기 시작했지요. 저는 애틀랜타에 있는 에모리 대학과 시카고 대학, 펜실베이니아 대학, 그리고 시애틀에 있는 워싱턴 주립대학으로 보내는 편지들을 바로 항공우편으로 부쳤습니다. 그간의 막막함에 비해 허무하리만치 쉽게 일이 시작되었기에 한편으로 저는 장난하는 셈 친다는 기분도 있었습니다.

편지를 보내고 얼마 후 집으로 입학 원서가 왔습니다. 모두 정성껏 기입해 다시 보냈지요. 이때가 초겨울이었습니다. 선배 말로는 다음 해 봄쯤 결과를 알 수 있을 거라고 했는데, 아니나 다를까 봄이 되자 워싱턴 주립대학에서 먼저 회신이 왔습니다. 1962년 가을 학기에 일단 와서 공부를 시작하고 성적이 괜찮으면 장학금을 지급할 용의가 있다고 했습니다. 제 가정 형편상 그런 조건은 받아들일 수 없었지요. 펜실베이니아 대학에서는 전액 장학금이 나오지 않았습니다. 저는 시카고 대학에 정말 가고 싶었는데, 그곳에서도 전액 장학금은 안 된다고 했습니다. 그런데 마지막 남은 에모리 대학 사회학과 과장으로부터 반가운 소식이 왔습니다. 전액 장학금으로 입학을 허락한다는 것이었습니다. 2천8백 달러 정도의 금액이었는데, 우리 돈으로 환산해 보니 당시 국립대 교수 연봉보다 높은 액수였지요.

물론 장학금을 보장받았다고 문제가 다 해결된 것은 아니었습니다. 미국까지 갈 여비를 마련하는 일도 당시로서는 쉽지 않았죠. 아무리 열심히 파트타임 일을 해도 그만한 목돈을 만들기는 어림도 없었습니다. 여름이 되자 말할 수 없이 초조해졌는데, 그런 제 사정을 헤아려 주신 이상백 선생님의 속 깊은 제자 사랑 덕택에 국립박물관장으로 계시던 김재원 선생님의 도움을 받아 여비 문제를 상당 부분 해결할 수 있었습니다.

그리하여 1962년 9월 3일, 마침내 저는 부모님과 형제들의 전송을 받으며 김포공항에서 일본을 경유해 샌프란시스코로 가는 비행기에 올랐습니다. 갖은 노력에도 불구하고 여비가 조금 모자라 애틀랜타까지 가는 비행기 표를 살 수가 없었기 때문에 샌프란시스코에 내려 애틀랜타까지는 그레이하운드 버스를 타기로 했습니다. 70시간 이상이 걸리는 길고 피곤한 여정이었지만 중간에 버스만 갈아타면서 줄곧 애틀랜타까지 내리달았습니다. 잠은 버스에서, 식사는 버스 정류장에서 적당히 해결했습니다.

사실 먹고 자는 것은 별 문제도 아니었습니다. 저를 덜컥 겁먹게 한 문제는 따로 있었지요. 제 영어가 실제 미국에서는 통하지 않는다는 사실을 여행 중에 깨닫게 되었던 것입니다. 텍사스 지역을 지날 무렵 제 옆에 백인 할머니 한 분이 타셨습니다. 어디로 가느냐고 물어보시기에 애틀랜타에 간다고 대답했는데, 다시 어디 가느냐고 물으시는 것이었습니다. 저는 또 한 번 애틀랜타까지 간다고 또박또박 대답했지요. 그런데 이번에는 애틀랜타가 어디 있느냐고 물으시더군요. 저는 조지아 주의 애틀랜타라고 또 또박또박 답했습니다. 그리고 이번에는 애틀랜타의 철자 하나하나를 천천히 발음했지요. 할머니는 그제야 이렇게 말씀하시더군요. "아, '알라나'로 가는구려."

저는 어리둥절했습니다. 애틀랜타를 왜 '알라나'라고 하는지 이해할 수 없었죠. 나중에 안 사실이지만, 보통 미국인들은 't'자를 소리 내어 발음하지 않았습니다. 인터뷰를 '이너뷰'라고 발음하듯 말입니다. 그때부터 저는 갑자기 자신감을 잃고 말았습니다. 한국에서 배운 영어는 책을 볼 때는 지장이 없으나 대화를 할 때는 통하지 않는다는 사실을 그제야 알게 된 것이지요.

하여튼 고생 끝에 에모리 대학에 도착해 기숙사에 짐을 풀었습니다. 짐 속에서 저는 처음 보는 비닐봉지 하나를 발견했습니다. 흔들어 보니 묵직했고 사각사각 하는 소리가 났습니다. 뭘까 하고 뜯어 보니 흰 봉투가 하나 들어 있었습니다. 봉투를 열어 보니 한 줌의 흙을 싼 흰 종이가 나왔습니다. 그 종이에는 아버님의 친필로 이렇게 쓰여 있었습니다.

"완상아, 이역만리에서 외롭고 괴로울 때가 있을 것이다. 부모 형제, 친구들이 그리워지고, 고향 생각이 간절할 때가 있을 것이다. 그때마다 이 흙을 만져 보고 흙냄새를 맡아 보아라. 이 흙은 우리 집 마당 흙이다. 이 흙 속에는 가족의 사랑이 녹아 있다. 이 속에는 민족의 혼도 녹아 있다. 고향과 민족이 그리울 때, 부모 형제가 보고 싶을 때 흙냄새를 맡거라. 고향의 정, 가족의 사랑, 민족의 얼, 이 모든 것을 흙냄새에서 맡고 가슴 깊이 간직해라."

저는 이 글을 읽고 또 읽으며 뜨거운 눈물이 주루룩 흘러내리는 것을 한동안 내버려두었습니다. 과묵하기만 했던 분이었기에 제게는 아버지의 정이 더 새삼스럽게 느껴졌습니다. 부모와 스승의 사랑은 자식과 제자가 제대로 가늠하기 어려움을 다시 한 번 절감하면서 저는 정말 감사하고 행복했습니다.

3

유학 첫 학기에 저는 세 과목을 택했습니다. 그 가운데 '과학의 논리'Logic of Science 시간에 배운 것은 아직도 잊을 수가 없습니다. 새로운 것을 배우는 일은 지난날 잘못 배운 것을 털어 내는 일과 함께 시작한다고 했습니다. 값진 학습은 더 값진 탈학습脫學習으로부터 시작해야 한다는 것이지요. 애틀랜타 행 버스 안에서의 경험이 떠올랐습니다. 사실 이미 그때 저는 한국에서 배운 영어로부터 탈학습해야 한다는 것을 어렴풋이 깨달은 셈이지요.

관료제 수업에서 저는 본격적으로 탈학습의 중요성을 깨우칠 수 있었습니다. 세미나 시간에 저는 관료제에 대한 발표를 맡아 사회학 거장들의 논의를 종합적으로 정리해 이야기했습니다. 막스 베버, 짐멜 등 고전 학자들에서부터 파슨스, 머턴에 이르는 현존하는 사회학자들까지 광범위한 논의를 제 딴에는 논리적으로 잘 정리했습니다. 서툰 영어로 30분쯤 이어진 발표였지만 서울대라면 A를 받을 만한 발표라고 내심 자신했습니다. 교수님과 학생들도 진지하게 경청하는 것 같았고, 저도 기분이 좋았습니다.

발표가 끝나고 저는 교수님으로부터 잘 정리했다는 칭찬을 받으리라 기대했지요. 그런데 교수님은 이렇게 냉정하게 질문했습니다.

"거장들의 견해는 알겠는데, 자네 견해는 뭔가? 자네는 이 주제에 대해 어떤 생각을 갖고 있는지 말해 보게."

저는 당황했지요. 제 견해가 따로 있겠습니까. 제 견해가 없으니 이곳까지 유학 와서 배우려고 한 것인데, 미국 교수가 첫 학기부터 제 생각을 단도직입적으로 물으니 당황할 수밖에 없었지요. 그래서 이렇게 대답했습니다.

"선생님, 제 견해는 없습니다. 대가들의 복잡한 관료제 이론들을 이해하고 그 특징을 정리하는 것만도 힘들었습니다. 저만의 견해는 아직 세울 수 없었습니다."

솔직한 제 대답에 교수님은 미소를 지으면서도 이렇게 말했습니다.

"서울대에서는 그렇게 배웠겠군. 하지만 여기는 대학원이니까, 비록 보잘 것 없이 느껴지더라도 거침없이 자기 생각을 말하는 것이 중요하지."

값진 창조는 지난날의 업적을 암기하고 그것들을 그대로 반복하는 데서 결코 이뤄지지 않으니, 자신의 생각을 존중하도록 힘쓰라고 했습니다. 한국 같으면 그런 발표는 석학들로부터 배우려 하지 않고 건방지게 졸견을 자랑하는 짓으로 야단을 맞을 터인데 말입니다. 이곳 교수님은 부족하더라도 자신의 소견을 존중하라고 깨우쳐 주셨지요. 정말 고마웠습니다.

10월 중순에는 중간시험이 있었습니다. 긴장을 했지요. 과학의 논리 시험은 제대로 쳤습니다. 열네 개 문제 가운데 서너 문제는 손도 못 댔지만 그만하면 잘했다고 스스로 위로했지요. 그런데 문화인류학 시험에서는 낭패를 겪었습니다. 온갖 오염pollution에 대한 문제가 나왔는데, 당시 '환경문제'라고는 접해 본 적이 없던 저로서는 '오염'이라는 말의 뜻조차 도무지 이해할 수 없었으니 오염의 사회적·문화적 결과에 대한 논의는 당연히 불가능했습니다. 그런데도 시험을 본 그다음 주일 성적 발표를 보니, 놀랍게도 제가 열댓 명의 대학원생 중 두 번째로 높은 점수를 받았더군요. 제일 놀란 것은 제 자신인 줄 알았는데, 주변을 돌아보니 유럽에서 온 유학생들과 미국 학생들이 더 놀라는 듯했습니다. 말수도 적고 발음도 시원찮은 동양인이 2등을 했다는 것을 모두 믿을 수 없다는 표정이었습니다. 그래서 서양 친구들은 저를 '도무지 속을 알 수 없는 동양인'inscrutable oriental이라며 놀렸습니다.

중간시험을 보고 난 주말, 제 방에 한국 유학생들이 모였습니다. 저는 학교 앞 마트에서 소뼈와 꼬리를 공짜로 얻은 터라 파를 사서 설렁탕을 준비해 놓았습니다. 금요일 오후에 두 시간 정도 뼈를 삶고, 앤초비라는 멸치 젓갈로 깍두기도 담았습니다. 이날 제가 만든 설렁탕을 맛있게 먹은 친구들이 그것을 '완상탕'이라고 불렀지요. 그런데 이날 서울대 문리대 수학과에서 석사를 마치고 미국으로 온 채 군의 얼굴이 매우 침울해 보였습니다. 평소엔 유치원 때부터 서울대 수학과에 갈 때까지 항상 반에서 일등만 했다고 자랑하던 자신만만한 친구였습니다. 그는 미국 대학은 수학 수준이 낮다면서 에모리에 와서 서울대 수학 실력으로 국위를 선양할 수 있다고 자신하고 있었죠. 제가 무슨 근심이 있느냐고 물었더니 솔직히 속내를 털어놨습니다.

평소에 자신했던 대로 채 군은 서울대 수학과의 실력을 과시하고자 중간시험을 기다렸다고 했습니다. 어려운 방정식이 나오면 기가 막히게 빨리, 정확하게 풀어서 미국 교수와 학생들을 놀라게 해주리라 생각했답니다. 그런데 중간시험에 나온 문제는 예상과는 달리 딱 한 가지였는데, 그것도 너무 어이없는 문제였다고 했습니다. 그렇게 말하는 그의 얼굴은 분노로 달아올랐지요. 대체 이 친구를 그토록 당황하게 한 문제는 뭐였을까요?

"영의 의미에 대해서 논하라."

'0'이라는 숫자는 모든 수의 시작이요 끝이니 그에 대해서는 다방면으로 무한한 상상력을 발휘해 논의해 볼 수 있겠지요. 그런데 채 군은 이 문제를 받자마자 학생을 놀리는 문제라고 생각했답니다. 이것은 수학 문제가 아니라며, 한국에서는 이런 수학 문제가 나온 적이 없다고 했지요. 유치원에서부터 서울대 대학원 수학과까지 어느 선생님도 이런 식의 수학 문제를 낸 적이 없었기에 너무 당황했던 것입니다. 한 시간 내내 답을 썼다 지우고를 반복하다 결국 백지를 내고 말았다고 했습니다. 한국에서 수학 천재였던 그가 미국에 와서 평생 처음으로 백지 답안지를 낸 것이지요. 그 순간 그는 바보가 된 느낌, 놀림을 당했다는 수치심을 느꼈답니다. 이야기를 하면서도 그는 계속 분을 삭이지 못했지요. 이야기를 마치면서 그는 이렇게 제게 외쳤습니다.

"형, 내일 짐 싸서 서울로 돌아갈까 봐요."

저는 나도 열네 개 문제 중에 열 개밖에 못 풀었고, 이렇게 시험을 망친 적도 없다며 위로했지요. 또 제가 관료제 수업에서 겪었던 일도 이야기해 주었습니다. 다른 친구들도 채 군을 위로했지요. 저는 다음 주말에도 '완상탕'을 끓여 놓겠다고 약속했습니다.

일주일이 후딱 지나고, 채 군이 왔길래 표정을 찬찬히 살펴보았지요. 분노가 사라지고 여유가 보이더군요. 어찌 된 연유인지 물었습니다. 그는 이렇게 말했습니다. 가만히 그 문제를 따져 보니까, 수학에서 영이라는 숫자가 갖는 의미가 엄청나다는 생각이 들었답니다. 무엇보다 교수님이 첫 시험 문제로 영의 중요성을 논하라고 한 것은 이제까지 배운 것을 영으로 되돌리고 새롭게 시작하라는 깊은 뜻에서임을 이제야 이해하게 되었다고 했습니다. 자기가 수학적 재능이 탁월한 학생이라고 자만했는데, 그 교만한 생각도 없애 버리라는 가르침인 것 같다고도 했습니다.

정말 그는 탈학습의 교훈을 제대로 깨우친 것 같았습니다. 참다운 창조 능력은 기존의 것을 비우고 파괴한 후 그 빈자리에 새것을 채워 넣는 데서 나오는 것임을 알게 된 것이지요. 우리 둘은 비록 사회학과 수학이라는 서로 다른 학문을 배우고 있지만, 그 깨달음은 같은 것이었습니다. 서울대 입학을 위한, 그 길고 고통스러운, 암기 위주의 한국식 교육이야말로 영으로 되돌려야 할 교육 방식이며, 우리들이 선택한 유학은 바로 그런 영의 중요성을 새로이 배우기 위함이라고 서로를 격려하던 기억이 새롭습니다.

1962년 가을, 친구들과 함께 에모리에서 나누었던 그 교훈은 참으로 소중한 것이었습니다. 하지만 그로부터 50여 년이 훌쩍 흐른 오늘의 한국 사회에서도 그것이 여전히 교훈으로서 가치가 있다는 사실은 한편 씁쓸하기 그지없습니다. 그때와 별반 다를 것 없이 한국의 교육은 여전히 암기 위주로 이루어지고 있고, 교과서는 불변의 규범이기에 이것에 도전하는 교육은 불온한 것이라고 가르치는 듯합니다. 학생들은 선생의 가르침을 앵무새처럼 반복합니다. 교과서의 내용을 토씨 하나도 틀리지 않게 암기하는 훈련이 한국적 교육인 거죠. 조선조 교육도 그랬습니다. 어릴 때부터 천자문을 달달 외우고 성현들의 말씀을 몸과 마음에 새기는 교육이었지요. 이런 교육에서는 텍스트를 능가하는 창조적 발상이 나오기 어렵습니다. 규범적 교과서에 도전하거나 뛰어넘는 경우 사문난적의 낙인이 찍힐 수 있으므로, 그런 경직된 문화 풍토에서는 진정한 창조가 나오기 힘듭니다.

지난 천년간 인류 문명을 발전시켰던 걸출한 인물들은 모두 탈학습을 통해 새로운 지적·문화적 패러다임을 창조했던 분들입니다. 코페르니쿠스, 루터, 갈릴레오, 뉴턴, 다윈, 마르크스, 프로이트, 아인슈타인 등이 대표적으로 그렇지요. 이런 인물들이 대개 특정 지역에서 나왔다는 사실은 여러 가지 시사하는 바가 많습니다. 그러나 분명한 것은 그런 개인의 역량이 그 사회의 교육 방식과 무관하지 않다는 점입니다. 작년 말 EBS가 보여 준 "서울대 A+의 조건"에 따르면, 미시간 주립대 학생들은 끊임없이 뭔가 새로운 것을 찾고 특별한 것을 해보려고 탐구하는 데 비해 한국 학생들은 주어진 것을 습득하고 틀리지 않도록 복습하는 데 열중합니다. 시험을 통해 우수한 학생으로 평가받으려면 습득한 내용의 테두리 밖에서 엉뚱하게 다른 생각을 하지 않아야 하는 것입니다. 이렇듯 두 나라 학생들이 보이는 차이는, 학생들 개인의 문제라기보다, 무엇을 교육하고 어떤 인간을 기르고자 하는지에 대한 두 대학과 두 사회의 차이를 반영합니다.

'창조'란, 그것이 경제 영역에서든 정치 영역에서든 또는 사회·문화·예술 영역에서든, 막무가내로 하자고 나선다 해서 되는 일이 아닙니다. 기성의 규범과 질서에 대한 도전을 응원하고, 덜어 내며 비워 내는 수고를 감당하고, 심지어 파괴와 전복까지 감내할 수 있다는 사회적 용기와 합의가 필요합니다. '창조'를 새로운 대한민국의 가치로 내세우기 위해서는 이제라도 우리 아이들에게 진정 탈학습의 교육이 이루어져야 할 것입니다.

아메리칸드림을
다시
생각하다

1

　　　　　2016년 미국 대통령 선거를 앞두고 '위대한 미국' 또는 '미국의 꿈'American Dream이란 표현이 언론에 자주 오르내렸습니다. 특히 공화당 대통령 후보인 도널드 트럼프가 미국의 위대한 꿈을 되살려 내자고 외치면서 아메리칸드림이 미국인들 사이에서 하나의 정치적 이슈로 떠오른 것이지요. 원래 '아메리카 드림'이란 이민자들의 나라인 미국에서 누구든 차별과 압제 없이 경제적 번영과 행복을 추구하고 누릴 수 있다는, 미국적 이상 사회를 일컫는 말입니다. 미국을 '기회의 땅'으로 약속하는 아메리칸드림은, 그래서 미국인들이 꾸는 꿈일 뿐만 아니라 미국인이 되기를 소망하며 그 땅으로 향한 많은 이민자들의 꿈이기도 했지요. 아메리칸드림을 좇아 세계 각지에서 많은 이들이 갖은 수단을 동원해 미국 이민을 시도해 왔고, 지금도 그것은 자신이 속한 사회에서 억울하게 탄압받거나 가난과 무지를 강요당하는 이들에게 매력적인 꿈으로 남아 있습니다.

　　그런데 2016년 대선을 앞두고 트럼프가 대변하는 '위대한 미국'이라는 꿈은 이민자들에 대한 혐오, 높이 쌓아 올린 국경, 이슬람에 대한 적대, 미국 우선주의 등을 바탕에 깔고 있습니다. 그런 트럼프식 아메리칸드림에 많은 미국인들이 격렬한 반응을 보입니다. 그중에는 우려와 자성의 목소리도 있지만, 적극적인 호응과 지지도 적지 않습니다. 트럼프의 아메리칸드림을 지지하는 이들에게 위대한 미국이란 자기들만의, 자기들만을 위한 미국입니다. 그 꿈에는 주류 미국인이 아닌 자들, 이방인들이 들어설 자리가 없습니다.

이렇듯 아메리칸드림에는 양면이 있습니다. 그것이 비단 최근의 현상만은 아닙니다. 이미 60여 년 전에 아메리칸드림의 허상을 여지없이 폭로한 이가 마틴 루터 킹 목사입니다. 그는 진정한 아메리칸드림을 제시함으로써 가진 자들, 권력자들의 아메리칸드림이 휘두르는 차별과 폭력을 고발했습니다. 우리에게도 잘 알려져 있는 "저에게는 꿈이 있습니다"I Have a Dream라는 그의 명연설은 트럼프가 대변하는 강자들의 꿈, 미국 보수 정치의 갑들이 호언하는 거짓 꿈과는 확연히 다른 '위대한 미국'을 그리고 있습니다. 오늘날 미국 시장의 주류와 적자 세력들이 탐욕에 차서 소란스럽게 외치는 아메리칸드림을 씁쓸하게 목격하면서, 반세기 전 킹 목사의 죽음이 갖는 의미를 새롭게 되새겨 볼 필요가 있겠다는 생각이 듭니다. 제가 킹 목사와 그의 놀라운 행적을 처음 접했던 1960년대 미국으로 잠시 거슬러 올라가 보겠습니다.

2

　　　　　제가 유학 생활을 했던 1960년대 당시 미국 사회는 거센 변혁의 물결에 직면해 있었습니다. 제2차 세계대전 이후 미국의 주류인 WASP, 즉 백인 앵글로색슨 개신교 미국인들이 최초로 심각한 사회·문화·정치적 도전에 직면하게 된 것이지요. 특히 제가 유학생으로 미국에 도착한 1962년은 세 가지 변혁의 흐름이 미국 사회를 강타하기 시작한 바로 그해였습니다.

첫째가 미국 흑인들의 민권운동이었고, 둘째가 히피 운동과 같은 반反자본주의 문화 운동, 즉 대항문화counter-culture 운동이었으며, 세 번째가 베트남전 반대 운동, 즉 반전 평화운동이었습니다. 그중에서도 흑인 민권운동과 반전 평화운동은 모두 애틀랜타 시가 낳은 킹 목사를 중심으로 확산되면서 이래저래 애틀랜타가 변혁의 진원지로 부상하던 상황이었지요. 바로 그곳에 에모리 대학이 있었으니 저는 하루아침에 급격한 변혁의 현장에 몸담게 되었습니다. 물론 제 인생에서 엄청난 행운이었다고 생각합니다. 그 같은 역사적 소용돌이 속에서 저는 소중한 것을 많이 배웠지요. 대학원 연구실이나 도서관에서 배운 것 못지않게 역사의 현장을 직접 마주하면서 배운 것이 많았습니다.

1962년 가을 제가 애틀랜타에 도착했을 때 이미 그곳은 킹 목사를 중심으로 한 흑인 민권운동이 한창이었습니다. 그는 스물여섯 살이던 1955년에 이미 앨라배마 주에 있는 몽고메리 시에서 버스 승차 거부 운동을 주도한 바 있었지요. 1957년에는 남부크리스천지도자회의Southern Christian Leadership Confer-ence, SCLC를 창립하는 데 선도적 역할을 함으로써 이후 흑인 민권운동을 조직화하는 데도 큰 기여를 합니다. 제가 에모리 대학에서 박사 과정을 시작할 무렵에 킹 목사는 조지아 주 올버니에서 흑인 차별 타파를 위해 SCLC와 함께 혼신을 다해 투쟁하고 있었습니다. 그로부터 제가 박사 학위를 마치던 시점까지 그의 투쟁 소식은 제 삶에 끊임없는 영감을 불어넣어 주었습니다.

1963년 봄에 킹 목사는 앨라배마 주의 버밍햄에서 비폭력 저항운동을 펼쳤는데, 남부 백인 경찰들의 폭력적인 과잉 대응이 TV를 통해 미국 전역에 널리 알려졌습니다. 그는 이제 미국 역사에서 부동의 민권운동가, 인권 운동가로 부각되었습니다. 백인 경찰의 잔인한 탄압은 그의 비폭력 저항과 대조되면서, 선과 악의 구도를 선명하게 드러내 주는 듯했습니다. 곧이어 그는 그 유명한 워싱턴 행진을 조직했지요. 1백만 명 이상 몰린 시민들 앞에서 그가 행한 "저에게는 꿈이 있습니다"라는 명연설은, TV를 보고 있던 제 가슴까지 뛰게 만들었습니다. 비록 몸은 기숙사 TV 앞에 있었지만, 그날 제 온 마음은 워싱턴 현장으로 달려가 킹 목사의 원대한 꿈을 함께 꾸고 있었습니다.

1964년 10월, 킹 목사는 비폭력적인 인종차별 철폐 운동을 이끈 공로로 서른다섯 살이라는 젊은 나이에 노벨 평화상을 받게 됩니다. 그리고 이듬해 그는 앨라배마 주 셀마에서 몽고메리까지 이어진 더욱 위험한 평화 행진을 이끌었습니다.

시간이 흐를수록 킹 목사의 생각은 진보했고 행동은 더 용감해졌습니다. 그의 투쟁은 인종차별 반대뿐만 아니라 빈곤에 대한 투쟁, 1967년에는 베트남전 반대 운동에까지 이르렀습니다. 흑인 민권운동과 빈곤 퇴치 운동, 반전 평화운동을 모두 아우르게 된 것이지요. 물론 SCLC 내부에도 이 같은 킹 목사의 지향을 못마땅하게 여기는 흐름이 있었습니다. 하지만 그는 조금도 의지를 굽히지 않았습니다. 그렇게 제가 에모리 대학원을 졸업하던 1967년 여름까지 킹 목사의 비폭력 민권운동과 반전운동은 치열하게 이어졌습니다. 도서관에서 논문 쓰기에 여념이 없는 상황에서도 저는 늘 그의 활동 소식에 귀 기울였으며, 그로부터 얻는 감동과 영감은 사회 의사라는 제 오랜 꿈에 생기를 불어넣어 주었습니다.

도대체 그의 비전과 용기, 그의 지혜와 헌신은 어디서 비롯된 것일까? 무엇이 그로 하여금 그 모든 일을 감당할 수 있도록 한 걸까? 저는 끊임없이 자문하며 답을 찾고자 했습니다. 한 가지 확신할 수 있던 것은 젊은 목회자인 그가 예수의 산상수훈에서 크게 영향을 받았다는 점이었습니다.

그는 애틀랜타 시내 침례교회 목사였던 부친 슬하에서 독실한 크리스천으로 자랐습니다. 1948년에 그 시의 흑인 명문 대학 모어하우스 칼리지 사회학과를 졸업하고, 그로부터 3년 후에는 펜실베이니아 주의 크로저 신학교에서 목회학을 마쳤지요. 당시 그는 월터 라우셴부시Walter Rauschenbusch의 사회복음social gospel●에 심취했다고 합니다. 1955년에는 보스턴 대학교 신학부에서 조직신학으로 박사 학위를 받았습니다. 목회자가 되면서 그는 '네 이웃을 자기 자신처럼 사랑하라'라는 예수의 가르침, 특히 '네 원수를 사랑하라'라는 가르침에서 깊은 영감과 비전을 얻었습니다. 원수를 사랑하는 결단과 실천은 불가피하게 비폭력적 행동을 요구한다는 점을 그는 깨달았지요. 원수는 증오하기 마련인데, 그렇게 증오할수록 그 원수는 더욱 신이 나서 악하게 행동할 수 있음을 꿰뚫어 본 것입니다. 폭력을 즐겨 사용하는 원수일수록 상대방의 폭력 사용을 겁내지 않는다는 것, 따라서 그런 원수를 이기는 가장 효과적인 실천은 원수를 사랑함으로써 원수 속의 악의 뿌리를 제거하는 것임을 그는 자기 삶에서 터득한 듯합니다. 그러니까 폭력을 쓰는 원수가 가장 두려워하는 것은 상대방의 패기 넘치는 비폭력 저항과 품위 있는 용서라는 깨달음이 킹 목사가 전개한 모든 사회운동의 토대가 된 것이지요.

원수 같은 폭력적 지배 세력을 사랑으로 평화스럽게 변화시키려는 그의 노력은 당장은 바위를 향해 달걀을 던지는 것 같은 어리석은 대응처럼 보였습니다. 하지만 실패와 패배를 받아들이면서 낙담하지 않고 폭력 세력에 비폭력 대응을 지속한

● 라우셴부시는 20세기 초 사회복음주의 운동의 신학적 기초를 마련한 미국의 대표적 신학자다. 뉴욕에서 독일계 개신교 목사의 아들로 태어나 1886년부터 뉴욕의 맨해튼 우범 지구에서 제2독일침례교회 목사로 사역하면서 가난과 질병과 폭력을 수반하는 산업주의의 위기를 깊이 인식했다. 종교 생활과 사회생활을 분리시키는 것은 예수를 잘못 이해하는 것이라 주장하며 제도적 죄의 본질을 다루려 했으며, 인간 사회의 영속적인 제도들을 통한 억압과 착취로부터 구제하는 것이 하나님의 뜻이라고 믿었다.

그의 인내와 열정은 겉으로는 진 것 같으나 종국에는 아름답게 이기는 힘임을 저는 새삼 확인할 수 있었습니다.

1968년 저격당하기 불과 몇 달 전, 킹 목사는 당시 인기를 끌던 심야 코미디 프로그램인 〈조니 카슨 쇼〉에 출연했습니다. 대화 중에 그는 남들처럼 자신도 오래 살고 싶지만 의미 있게 짧은 삶을 사는 것도 마다하지 않겠다고 하더군요. 가늘고 길게 살기보다는 짧더라도 뜻깊은 삶을 사는 쪽을 택하겠다고 했습니다.

그 말은 두 가지 측면에서 제 가슴에 깊이 와닿았습니다. 첫째로, 그때 이미 킹 목사는 자신의 목숨을 노리는 자들의 협박에서 자유롭지 않은 상황이었기 때문에 그런 발언은 예사롭게 들리지 않았습니다. 그가 탄 비행기를 폭파하겠다는 위협 앞에서 일찍 죽더라도 자신의 신념을 굽히지 않겠다는 그의 고백은 담대한 선언으로 보였지요. 둘째로, 그의 말은 2천 년 전 갈릴리 청년 예수가 서른 중턱에도 이르지 못하고 불의의 세력, 위선의 권력에 의해 처참하게 사법 살인 당한 사실을 새삼 떠올리게 했습니다. 1968년 당시 킹 목사의 나이도 겨우 서른아홉이었는데, 그런 젊은 나이에 값진 일을 위해서라면 기꺼이 죽을 수 있다고 말할 만큼 치열하게 살고 있는 그의 삶이 저는 한편으론 부러웠습니다.

킹 목사를 증오하고 견제했던 세력의 핵심에는 미국 국가권력이 있었습니다. 당시 FBI 국장이었던 후버는 끊임없이 킹 목사와 흑인 민권운동을 색깔론으로 통제하려 했지요. 후버 국장은 이미 1957년부터 킹 목사와 SCLC의 활동을 면밀히

모니터했고, 제가 에모리에 갔던 1962년에는 킹 목사의 배후에 공산당과 연루된 세력이 있다고 색깔론을 펼쳤습니다. 이에 대해 킹 목사는 1965년 『플레이보이』지와의 인터뷰에서 "흑인 민권운동 속에 공산주의자들이 많다는 주장은 플로리다 주에 에스키모가 많다는 주장과 같다"라고 일축했지요. 그러나 워싱턴 행진에서의 그 유명한 연설 이후 FBI는 그를 미국에서 가장 위험한 흑인 지도자로 낙인찍고는 지속적으로 색깔론적 공격을 일삼았습니다.

1968년 3월 말에 킹 목사는 테네시 주 멤피스로 날아갔습니다. 비행기 폭파 위협에도 개의치 않고 흑인 노동자들의 파업을 격려하기 위해 간 것이었죠. 거기서 그는 "저는 산꼭대기에 올랐었지요"I've been to the Mountain' Top라는 또 다른 명연설을 했습니다. 안타깝게도 이 연설을 한 다음날 극우파 백인에게 암살되면서 이는 그의 마지막 연설이 됩니다.

이 연설에서 그는 죽음을 예감한 듯합니다.

앞으로 무슨 일이 일어날지 저는 전혀 알 수가 없습니다. 어쩌면 우리 앞에는 무섭고 어려운 날들이 기다리고 있을지도 모릅니다. 하지만 그것이 저에게는 아무런 문제도 되지 않습니다. 저는 높은 산꼭대기에 올라 '약속의 땅'을 보았기 때문입니다. 오래오래 행복하게 사는 것이 모든 사람의 염원일 것입니다. 하지만 저에게는 그런 염원이 없습니다. 저는 오로지 하나님의 뜻을 따르고자 할 뿐입니다. 하나님은 저를 높은 산꼭대기로 데려가셨습니다. 거기서 저는 굽어보았습니다. '약속의 땅'이 제 눈

앞에 펼쳐져 있었습니다.

제가 여러분과 함께 그 땅에 들어가지 못할지도 모릅니다. 하지만 여러분은 오늘 저녁 분명히 알아두셔야 합니다. 여러분 모두가 하나님의 백성으로서 저 '약속의 땅'에 들어가게 될 날이 반드시 오고야 말리라는 것을.

오늘 저녁 저는 대단히 행복합니다. 저에게는 아무런 걱정도 없습니다. 저는 그 누구도 두려워하지 않습니다. 저의 눈은 오로지 다시 이 땅을 찾아오시는 주님의 영광을 바라볼 따름입니다.

이 연설 다음 날인 4월 4일 오후 6시 1분, 그는 모텔 2층 발코니에서 저격당했습니다. 그리고 한 시간 후인 7시 5분, 병원에서 짧은 삶을 마감했습니다.

당시 저는 테네시 공대 사회학과에서 학생들을 가르치고 있었습니다. 킹 목사의 죽음이 미국 사회에 몰고 온 충격과 앞다투어 쏟아진 관련 보도들은 지금도 어제 일처럼 생생히 기억합니다. 그를 억울한 죽음으로 몰고 간 총탄은 그가 그토록 갈망했던 평등 사회, 자유롭고 정의로운 공동체의 꿈을 저격한 것이었습니다. 인종, 종교, 성, 이념, 지역의 벽을 뛰어넘어 모든 이들이 동등하고 자유롭게 사랑을 나누는 세상에 대한 그의 꿈은, 그의 죽음으로 허무한 꿈이 되고만 듯했습니다. 그 꿈을 함께 꾸었던 수많은 민중들이 비통함과 분노로 미 전역에서 폭력 시위를 벌이기도 했지요.

그는 워싱턴 행진에서 이 같은 자신의 꿈이 아메리칸드림에서 나온 것이라 했었지요. 그러니까 킹 목사가 말하는 아메리칸드림은 최근 미국 대선 경쟁에서 트럼프가 소리 높여 외쳤던 이기적인 미국 우선주의와는 차원이 다른 꿈입니다. 오히려 그의 꿈은 일찍이 구약의 예언자 이사야가 꾸었던 꿈의 연장선상에 있습니다. 기원전 8세기 이스라엘 백성이 밖으로는 강대국들에 시달리고 안으로는 부패와 불평등 때문에 고통을 겪을 때, 특히 권력과 부를 독점한 지배층 대 억압과 수탈의 대상으로 전락한 민중들 간의 긴장과 불신이 한껏 격화되어 있을 즈음에, 예언자 이사야는 다음과 같은 꿈을 꾸었지요.

> 늑대가 새끼 양과 어울리고
> 표범이 숫염소와 함께 뒹굴며
> 새끼 사자와 송아지가 함께 풀을 뜯으리니
> 어린 아이가 그들을 몰고 다니리라.
> 암소와 곰이 친구가 되어 그 새끼들이 함께 뒹굴고
> 사자가 소처럼 여물을 먹으리라. (이사야 11장 6~7절)

킹 목사는 바로 이런 이사야의 꿈에서 흑인 노예의 아들과 딸이 백인 노예 주인과 한 상에 둘러앉아 자유롭고 동등하게 사랑의 음식을 나누는 비전을 보았을 것입니다. 그리고 이 예언자적인 꿈, 샬롬shalom의 꿈을 1963년 워싱턴 평화 행진 연설에서 아메리칸드림으로 풀어냈던 것이지요. 그런데 그 꿈이 5년 뒤 멤피스에서 저격을 당하고 말았습니다. 그의 저격 소식을 들으면서 저는 이사야가 품었고 그가 꾸었던 고상한 꿈이 미국의 위선적인 국가 사회 권력에 의해 죽임을 당한 것이라고 생각했습니다. 킹 목사의 꿈을 위험하고 불온한 꿈이요, 반정부적·반체제적 꿈이라고 저주하는 현실에서 아메리칸드림이란 그저 이데올로기로 왜곡된 헛꿈에 불과한 것이니까요.

60여 년 전 미국 남부의 비극은 아직도 완전히 끝나지 않았습니다. 인종 간, 종교 간, 계층 간, 지역 간, 그리고 성별 간의 차별과 적대가 형태와 강도를 조금씩 달리하면서 끈질기게 계속되고 있습니다. 이런 현실에서 아메리칸드림은 차별과 적대를 당연한 것으로 간주하고 오히려 정당화하는 정치적 수사로 활용됩니다. 아무나 꿀 수 없고 꾸어서도 안 되는 꿈이지요. 오늘날 '위대한 미국'을 원하는 미국인들을 보면서 킹 목사를 다시 떠올리게 되는 건 그래서 자연스러우면서도 가슴 아픈 일입니다. 미국의 '위대함'이 (만일 그런 게 있다면) 진정 어디에 있어야 하는지 다시 생각해 보아야 할 것입니다.

3

이런 맥락에서, 1960년대 미국 사회의 변혁을 지향하며 일어났던 또 하나의 물결에도 주목해 볼 필요가 있습니다. 흔히 '히피 운동'으로 일컬어지는 반자본주의 문화 운동 혹은 대항문화 운동이 그것입니다. 1960년대 후반 미국 사회에 요원의 불처럼 번졌던 히피 운동을 제가 직접 접하게 된 것은 테네시 공대에서 노스캐롤라이나에 있는 한 주립대학으로 자리를 옮긴 1969년 여름이었습니다. 테네시 공대 캠퍼스 안에는 히피가 별로 없었는데, 노스캐롤라이나 그린빌에 가니 교정 곳곳에서 히피들이 눈에 띄었습니다.

저희 집 근처에도 그들이 살고 있었습니다. 빈집 같은 곳에 히피들 여럿이서 공동체 생활을 하고 있었지요. 저는 학교 연구실로 출근하는 길에 그들의 생활 모습을 종종 보게 되었습니다. 제게는 낯선 광경이 자주 눈에 들어왔지요. 이를테면 남녀 두세 명이 거의 벌거벗은 채 벽을 등지고 물구나무를 서있는 모습 같은 것입니다. 귀가 길에 저는 그들과 대화를 해보고 싶었습니다. 마침 집 입구 근처에 두 명의 히피가 한가하게 앉아 있길래 가까이 다가가서 물었습니다.

"가끔 벌거벗은 채 물구나무 서있는 모습을 지나가면서 보았는데, 요가 운동 같은 건가요? 궁금해서 묻는 것이니 양해해 주세요."

그들은 질문하는 저를 묘한 표정으로 쳐다보다가 이렇게 대꾸했습니다.

"당신 같은 범생들은 우리를 이해하기 힘들 겁니다. 세상이 하도 부조리하니까 이 전도된 세상에서 사물을 제대로 보려면 거꾸로 보는 노력을 해야죠. 그래서 물구나무를 서는 겁니다. 당신들은 삐뚤어진 세상의 본질을 바로 보지 못하는 딱한 사람들이지요."

저는 한 방 얻어맞은 기분이었습니다. 그날 그들과의 대화에서 저는 자본주의, 물질 만능주의에 대한 그들의 비판의 진정성과 실천력을 어렴풋하게나마 느낄 수 있었지요.

당시 저는 사회학 이론과 사회학사 같은 걸 가르치고 있었습니다. 그런데 어느 날 아침 제 강의실에서 작은 소동이 벌어졌습니다. 그날도 저는 여느 때처럼 출석을 불렀지요. 그리고 강의를 막 시작하려는데 항상 앞줄 왼쪽에 앉아 얌전하게 강의를 듣던 여학생이 손을 번쩍 들었습니다. 저는 놀라서 무슨 영문인지 물었지요. 그 여학생은 단호하게 휴강을 제의했습니다. 미국 대학에서 학생이 교수에게 휴강하자고 요구한다는 것은 생각할 수 없는 별난 일이지요. 저 역시 놀라 왜 그러냐고 물었습니다. 그녀는 이렇게 대답했습니다.

"어제 켄트대 학생들이 반전시위를 하던 중 주 방위군의 총격을 받아 죽었다는 것을 교수님도 아실 것입니다. 오늘 미국의 모든 대학에서 그들의 억울한 죽음을 애도하기로 했는데, 학생들은 우선 학교 당국에 애도의 뜻으로 성조기를 낮추어 달라고 했습니다. 그런데 우리 대학 당국은 거부했어요. 그래서 11시에 학교 광장에서 학교 당국에 항의하는 시위를 하기로 했습니다. 그러니 이 강의를 오늘만 휴강해 주세요."

그녀는 히피였습니다. 옷차림새도 그렇고 때론 교실에 맨발로 오기도 해서 저는 대번에 그녀가 자본주의 생활양식을 거부하는 대항문화 운동의 기수임을 알 수 있었습니다. 그녀의 단호한 요구에 저는 조용히 이렇게 대답했지요.

"학교 교수로서 제 의무는 계획에 따라 강의를 하는 것입니다. 학생의 요구는 이해하겠습니다. 시위 참여 때문에 강의를 듣지 못하겠다면 각자 알아서 나가도 좋아요. 허나 강의를 휴강할 수는 없습니다."

평소에 조용하던 이 여학생은 갑자기 분노하며 이렇게 외치고 강의실을 박차고 나갔습니다.

"그 따위 교수 놀음 집어치우세요. 귀한 젊은 생명이 국가 권력에 의해 타살됐는데, 교수 놀음만 하겠다니……."

저는 당황했지만 애써 아무 일도 일어나지 않았던 것처럼 강의를 계속했지요. 다행히 다른 학생들은 모두 자리를 지켜 주었습니다.

강의가 끝난 후 학교 광장을 지나면서 보니 그 여학생이 다른 히피 학생들과 모여 있는 것이 보였습니다. 저는 그 학생에게 다가가 오늘 오후에 시간이 있으면 언제든 내 연구실로 올수 있겠느냐고 물었습니다. 그녀는 웃으며 오후 세 시에 연구실에 들르겠다고 하더군요.

그날 오후 저는 그녀와 두 시간 넘게 대화를 나눴습니다. 그녀는 그 지역 공장주의 딸이었습니다. 부유한 가정에서 자랐지만 그 부유함이 갖는 모순을 깨닫게 되었다고 했지요. 그리고는 자본주의의 물신주의, 미국의 소비 지향 문화, 위선적 기독교 문화와 자본주의적 맘모니즘mammonism의 결탁, 미국의 제국주의적 외교정책, 베트남전의 비인간적인 모습 등등에 대한 매서운 비판을 쏟아 냈습니다. 또 자본주의의 모순을 이론적·관념적으로 말로만 비판하는 것도 잘못이라 했습니다. 대안을 제시하고, 그 대안을 살아야 한다고 했지요. 히피들이 공동체를 만들어 함께 생활하는 것도 이런 맥락이었습니다. 그들의 공동체는 저 역시 따라 하고 본받고 싶은 그런 모습이었습니다.

하지만 저는 그날 그 여학생에게 히피 문화 운동의 취지는 십분 이해하지만, 그 꿈이 미국 사회에서 실현되기는 어려울 것 같다고 말했습니다. 킹 목사의 꿈을 반미적인 불온한 꿈이라 낙인찍어 저격하는 미국의 주류 세력이 계속 기득권을 누리며 지배하는 한 히피의 꿈도 킹 목사의 꿈과 마찬가지로 헛꿈이 되고 말 것 같다고 생각했기 때문입니다.

그러나 그들의 꿈이 기득권자들의 폭력적인 헛꿈에 의해 저격당한다고 해서 그 꿈 자체가 없어지는 것은 결코 아닐 것입니다. 그 꿈은, 마치 순교자의 피가 그저 죽은피가 아니라 살아서 후일 새 역사를 만드는 동력이 되는 것처럼, 궁극적으로 미국 사회를 변혁하는 힘의 원천이 되리라고 저는 확신합니다. 물론 그러기 위해서는 그 꿈을 진정한 아메리칸드림으로 이어가는 노력이 계속되어야 할 것입니다. 오늘날 미국의 주류 보수 반동 세력이 추구하는 '위대한 미국'의 구상을 부끄럽게 여기며, 차별과 적대라는 구조적 악에 저항하는 수많은 킹 목사가 필요할 것입니다. 그런 제2, 제3의 킹 목사들이 미국의 미래를 준비할 때, 아메리칸드림은 그 이름에 걸맞은 드림이 될 수 있을 것입니다.

자유롭고 평등하며 정의로운 공동체를 지향하는 한 그 꿈은 아메리칸드림일 뿐만 아니라 온 인류의 꿈이 될 수도 있을 것입니다. 그 원대한 꿈의 실현이 미국에서 시작될 수 있다면, 그때 우리는 미국의 '위대함'을 긍정할 수 있을지 모릅니다.

상아탑과
전쟁터
사이에서

1

　　　　　미국에서 공부하느라 5년, 교수 생활로 3년
을 보낸 후 1970년 8월에 저는 아내와 두 딸을 데리고 서울로
돌아왔습니다. 제 모교 사회학과에서 학생들을 가르치기로 했
지요. 과에서 발령 절차를 밟기 시작했지만, 당시에는 서울대
교수 발령이 중앙정보부를 거쳐야 했기 때문에 정식으로 교단
에 서기까지 몇 달이 걸릴지 모르는 상황이었습니다. 그래도
귀국하자마자 은사님들께 인사도 드리고 선배님들도 찾아뵐
겸 오랜만에 모교 교정을 다시 밟았습니다. 신입생 때처럼 가
슴이 뛰는 것을 느꼈지요. 그런데 은사님들이 계신 연구실로
향하던 중 시멘트 바닥에 흰 페인트로 쓰여 있는 글씨를 보고
그 자리에서 저는 그만 얼어붙고 말았습니다.

　"중앙정보부를 해체하라!"

　정말 깜짝 놀랄 만한 메시지였습니다. 5·16 쿠데타 이후
나라를 철저히 통제·관리해 온 국가기구가 바로 중앙정보부였
으니까요. 막강한 독재 권력의 총본부로 여기던 그런 곳을 해
체하라고 요구하다니. 모교가 상아탑이 아니라 전투 현장이
되어 버렸음을 직감한 그 순간 제 등줄기를 타고 찬 기운이 흘

러내렸지요. 군부와 맞설 저항 조직의 힘이 바로 이곳 대학에서부터 뿜어져 나오고 있다는 사실을 온몸으로 느낄 수 있었습니다. 멀리 미국에서 안타깝게만 바라보았던 한국의 현실을 모교 캠퍼스에 돌아온 첫날 온몸으로 절감하게 되니 바짝 긴장하지 않을 수 없었습니다.

당시 한국의 정치 상황은 미국에서 생각했던 것보다 훨씬 더 위태로웠습니다. 이런 상황이 자칫 잘못되면 한국 사회 전체가 전체주의로 치닫게 될지도 모른다는 불안감이 귀국 후 계속해서 저를 괴롭혔습니다. 서울대 캠퍼스에서 섬뜩하게 목격했던 "중앙정보부를 해체하라"라는 페인트 글귀가 계속 뇌리에서 떠나지 않았죠.

2
　　　　　서울대에서 강의를 시작하게 되었지만, 학교 수업을 제대로 진행할 수 있는 상황이 아니었습니다. 거의 매 학기마다 데모로 인해 휴업과 휴교 조치가 내려졌기 때문에 발령 후 첫 번째 해직을 당하기까지 6년간 한 학기도 온전하게 강의를 해본 적이 없었습니다.

학교가 폐쇄되는 물리적 어려움만 있었던 것은 아닙니다. 미국에서 토크빌의 민주주의 사상을 배우고 가르쳤던 리버럴한 교수도 자칫 잘못하면 용공주의자로 몰릴 수 있었으니까요. 미국 사회의 파워 엘리트 집단을 비판적으로 연구한 C. W. 밀스는 말할 것도 없고 "급진적 변화와 완고한 보존 사이의" 중도를 지향했던 피터 버거의 사회학적 통찰력마저 위험했습니다. 그러니 제가 1960년대 미국에서 겪었던 흑인 민권운동과 반자본주의 운동인 뉴레프트 운동 및 히피 운동, 베트남전 반대 운동 등을 한국 사회에 맞게 해석해 가르치는 것 역시 불온한 행위로 낙인찍히기 십상이었죠. 미국과 유럽에 번졌던 대항문화 운동을 청년 문화라는 맥락 아래 언급하고 가르치는 것조차 위험을 감수해야 하는 일이었습니다.

당시 한국의 대학은 상아탑이 아니었습니다. 상아탑에는 적어도 권력으로부터 자유로운 독립 공간과 자율 공간이 마련되지요. 그래야 학문의 자유가 꽃필 수 있습니다. 계몽주의 시대 이후 서구 사회에서는 민주주의가 성숙하기 이전에도 이런 자유와 자율의 공간이 대학 안에서는 어느 정도 보장되었지요. 마치 중세 수도원 같은 자율 공간, 자유 공간이 허용되었던 것처럼요. 그래서 뛰어난 창발적 지식인들이 대학 안에서 자유롭게 숨 쉬고 상상의 날개를 펼칠 수 있었습니다. 그런데 1970년대 한국 대학은 전혀 그렇지 못했습니다. 문리대는 더욱 그랬고, 그중에서도 사회학과 학생들은 권력 당국의 감시를 유난히 많이 받고 있었습니다.

그러다 1974년, 날벼락이 떨어졌습니다. 민청학련 사건이 터진 것입니다. 이 사건에 사회학과 학생들이 상당수 연루되었는데, 특히 이철과 유인태가 중심인물이었습니다. 이 학생들을 박 정권은 마치 간첩 다루듯했습니다. 게다가 이미 억울하게 처형된 인혁당 관련 인물들과 이들이 연관된 것처럼 엮어서 언론을 통해 공포 분위기를 조성했지요. 공안 통치의 칼바람이 쓰나미처럼 대학을 강타했습니다.

이철은 체구가 아담해서 고등학생 교복을 입고 당국의 감시를 벗어났다고 들었습니다. 그의 부친께서는 중앙중고등학교 교사였는데 아들 소식을 듣고 싶어 가끔 학교에 들렀습니다. 인품이 훌륭하고 항상 몸을 낮추는 분이었습니다. 또 제 조교로 공부도 열심히 하고, 운동에도 열심이었던 김귀옥이 경찰에 쫓겨 숨어 버리자 대구에 사시는 모친께서 저를 찾아오셔서 우셨습니다. "이 추운 겨울에 말만 한 계집애가 어디서 먹고 자는지 어미로서 애간장이 탑니다." 추운 겨울, 자식 걱정에 애가 타는 어미의 마음이 제 가슴에도 아프게 전해져 오랫동안 잊을 수 없었지요.

일본 츠쿠바 대학(옛 동경고등사범학교) 사회학과를 졸업하고 서울대 사회학과 대학원에 유학을 와있던 서승 군이 어느 날 증발해 버렸을 때는 세상이 무너지는 듯했습니다. 제 연구실 한구석에 책상을 마련해 줬더니 신이 나 공부하며 바삐 지내던 제자였지요. 마침 그때 학과 시니어 교수님들이 모두 해외에 나가 계셨기에 젊은 교수인 저 혼자서 이 소식을 듣고 얼마나 난감했는지 모릅니다. 모두 중앙정보부 쪽으로 끌려갔다는데, 사상범으로 붙들려 갔다고도 하고 간첩 사건에 연루된 것처럼 알려지기도 해서 저는 정말 망연자실했습니다. 나중에 안 일이지만, 서승 군은 이때 조사를 받는 과정에서 너무 괴롭고 억울한 나머지 스스로 화롯불에 뛰어들어 자살하려 했다고 합니다. 지금은 일본 명문 사립대학인 리츠메이칸 교수로 있

습니다만, 아직도 그의 얼굴에는 군사독재가 남긴 흉측한 흔
적이 남아 있습니다.

3

　　　　　이렇듯 흉흉하고 억압적인 분위기 속에서
제대로 가르치고, 제대로 배우는 대학의 기쁨은 사라지고 없었
습니다. 날마다 전쟁터 한복판에 외롭게 서있는 듯했지요. 하
지만 이런 환경 속에서도 제게는 의미 있는 희망 공동체가 있
었습니다. 대안 공동체를 꿈꾸며 새 시대를 열기 위해 동지애
를 가지고 자주 만났던 지식인 공동체가 있었지요. 바로 한국
기독자교수협의회(약칭 기교협)였습니다. 이들은 한국 기독교 내
주류 세력이 아니었습니다. 후일 한국 상황에 맞는 민중 신학
을 모색한 분들이 공동체의 중심에 있었지요. 서남동, 안병무,
문익환, 문동환, 현영학, 서광선, 조요한, 김용옥(서울감신대), 이
문영, 김용준, 노명식, 김찬국 등이 이 공동체의 식구들이었는
데, 예수의 하나님 나라 운동의 비전을 가지고 한반도의 평화,
민주화, 인권의 실현을 위해 헌신하고자 했습니다. 이들은 유
신 체제를 극복하려면 그 대안을 제시해야 한다고 믿었고, 따
라서 예수의 종말론적 희망 공동체를 만들어 새로운 대안 질서
를 제시하려 했지요. 당시 시국에서는 군사독재 체제를 위협하
는 반체제 단체로 오해받을 수도 있었지만, 이들은 진보적 기
독교 지식인으로 극단주의자들은 아니었습니다.

저는 진보와 극단 세력은 본질적으로 다르다고 생각합니다. 그때나 지금이나 이 점에는 변함이 없습니다. 극좌나 극우 같은 입장에 서는 사람들은 진보할 수 없습니다. 극단주의extremism 는 닫힌 세계를 선호합니다. 자기들의 사상, 자기들의 신앙만 이 옳다고 확신하기에 그 단점을 보지 못하고 또 보려 하지도 않지요. 따라서 독선이 그들의 불가피한 특징이 됩니다. 자기들과 생각이 다른 사람과는 소통할 가치도 없다고 믿으며, 이견자異見者들은 이단이나 적으로 통제와 배제의 대상이 됩니다. 이견자들을 탄압하거나 아니면 개종시키려 하지요. 자신에 대한 창조적 거부, 창조적 비판을 허용하지 않습니다. 그러기에 이런 세력은 끊임없는 긴장과 마찰, 폭력과 전쟁을 불러일으키며 배타적으로 세를 불립니다. 이 점에서 극단주의 세력은 극좌든 극우든 모두 근본주의자fundamentalist지요.

진보주의자는 이와 전혀 다릅니다. 끊임없는 자기 성찰과 이견자들에 대한 역지사지의 노력이 이들의 가장 큰 특징입니다. 상대방의 입장에서, 그리고 반대자가 처한 삶의 자리에서 자기 모습을 비판적으로 통찰하며 지속적으로 자기 개혁을 추진합니다. 그리고 무엇보다 이견자, 반대자들과 소통하는 일에 적극적입니다. 왜냐하면 상대가 자기와 다른 만큼 그를 통해 새로운 것을 배울 수 있기 때문입니다. 이 같은 창조적 자기 성찰과 소통 과정에서 새로운 것을 깨달아 자기도 진보하고 상대방도 진보시킵니다. 자기 수정, 자신의 창조적 파괴를 끊임없이 시도하는 이런 지식인이야말로 자기 초월적 지식인, 대자적 對自的 지식인입니다.

또한 진보적인 사람은 자신이 속한 계급이나 분파에 얽매이지 않습니다. 계급의식과 부족 의식, 지역 의식에 함몰돼 있지 않으려 노력하기 때문에 종종 자기 고향에서는 환영받지 못하기도 하지요. 출신 계급에서 자유롭지 않고서는 진보적 지식인이 될 수 없습니다. 당시 기교협 소속 교수들은 이런 점을 공유하는 분들이었습니다.

기교협 모임은 주로 수유리 아카데미 하우스에서 열렸습니다. 세계교회협의회WCC와 연대하면서 한국기독학생회총연맹KSCF 조직도 지도했지요. 대체로 KSCF 이사장은 기교협 회원이 맡았습니다. 그런데 유신 체제가 들어서고 군사 통치가 더욱 폭력화되면서 KSCF도 보다 급진화되었습니다. 1970년대 초에는 대학교수들의 조직 가운데 군사정부를 비판하는 조직은 기교협 말곤 없는 듯했습니다. 게다가 KSCF는 조직 면에서 학생 운동권 내 어느 단체보다 응집력이 강했지요. 거기에는 적어도 두 가지 이유가 있었는데, 하나는 기독교 학생 단체들이 모두 KSCF로 통합되었기 때문이고, 다른 하나는 KSCF가 WCC 산하의 세계기독학생연맹World's Student Christian Federation, WSCF과 단단한 연대를 맺고 있기 때문이었습니다. 이런 KSCF를 기교협에서 지도했으니, KSCF가 군사정부의 경계 대상이 되는 만큼 기교협도 정부의 주목을 받게 되었습니다.

저는 기교협 회원들과 소통하고 토론하면서 서울대 캠퍼스에서는 느낄 수 없는 동지애를 느꼈습니다. 비록 회원들의 전공은 다양했지만, 모두 실천하는 크리스천 학자들이었으며 한국 교회의 변혁은 물론 한국 정부와 정치권의 변혁도 열망하고 있었습니다. 특히 이승만 문민 독재나 박정희 군사독재는 기독교 복음의 관점에서 도저히 수용될 수 없는 것이라고 믿고 있었지요. 이분들과 만나고 나면 어떤 사명감이 더욱 불타오르는 것을 느끼게 되고 집단적 희망도 더 단단해지는 듯했습니다. 우리는 이 공동체를 예수의 종말론적 공동체로 인식했습니다. 저는 이분들과의 끈끈한 지적·신앙적 유대 덕분에 군사독재하에서도 외롭지 않았습니다.

4

　　　　　그런데 학교에 오면 이런 공동체적 유대가 형성되기 어려웠습니다. 학생들의 반정부 시위가 격렬해지면서 학생과 교수 간에도 보이지 않는 사회·심리적 거리가 생겼습니다. 학생들의 정치적 행동은 교수와의 소통 없이 이루어졌습니다. 사제 간에는 묘한 불신과 불통의 공간이 생겼고, 그 공간은 학생과 군사정부 간의 긴장이 고조될수록 더 커져 갔습니다. 저는 이것을 심각한 대학 위기로 보았습니다. 대체로 학생들은 심각한 실존적 문제나 시국에 관련된 예민한 문제는 아예 교수와 의논하려 들지 않았습니다. 이런 경우 교수의 침묵은 절대로 금이 될 수 없지요. 침묵은 제자들 앞에서 오히려 비겁함을 드러내는 일임을 매일 아프게 깨달으며 부끄러워하지 않을 수 없었습니다. 그러기에 학교에 오면 우울해지고 두통이 심해지는 듯했지요.

그렇다고 학교에서 계속 침묵만 지킬 수는 없었습니다. 주요 일간신문의 편집 데스크에서 심각한 사건이 터지면 제 연구실로 전화해서 이 사건에 대한 제 견해를 묻곤 했는데, 제가 이때 한 말이나 쓴 글 때문에 곤혹스러운 일이 벌어지기도 했습니다. 1970년 이른 봄 어느 날『동아일보』사회부에서 전화가 왔습니다. 당시 휴가 나온 일선 군인들이 다방에서 사람들을 인질 삼아 소란을 부리는 일이 종종 있었는데, 마침 그런 사건이 명동 시내 어느 다방에서 또 발생했습니다. 이때『동아일보』기자가 왜 이런 일이 자주 발생하는지 사회학적으로 진단해 달라고 요청해 왔습니다.

저는 병든 사회현상에 대한 진단을 요청받았다고 생각했습니다. 사회 의사로서 최소한의 역할이라도 해야겠다고 다짐했지요. 비록 내가 내리는 진단이 정치적으로 민감하고 위험하다 해도 지레 겁먹고 사양할 일은 아니라는 생각이 들어 원고청탁을 수락했습니다. 2백자 원고지 7매 정도의 짧은 글이었습니다.

그다음 날 석간신문에 제 글이 실렸는데, 제목을 보고 저는 깜짝 놀랐습니다. "난동 사병의 총구는 사회 부조리를 향하여."신문사에서 뽑은 제목이었습니다. 그 글에서 제가 말하고자 했던 바는, 군인들에 의한 난동 사건이 언뜻 보기에는 확인하기 어려운 여러 요인들에 의해 발생하지만 그중 가장 중요한 변수는 군대의 비민주적 폐쇄성이라는 점이었습니다. 그러기에 사병들의 난동은 우리 체제의 전체주의적 통제에 대한 거부에서 올 수 있다고 했지요. 제게도 1957년과 1958년의 군 생활 경험이 트라우마로 남아 있었기에 난동 사병의 저항에 공감할 수 있었습니다. 제 짧은 글 속에 '사회체제의 부조리에 대한 저항'이란 표현이 있긴 했지만, 제목을 "난동 사병의 총구는 사회 부조리를 향하여"라고 뽑고 부각시켜 놓으니 군부와 당시 군사정권의 반응을 염려하지 않을 수 없었습니다.

저는 다음 날 오전 9시경 육군 대령의 방문을 받았습니다. 군복 차림에 지휘봉을 들고 저를 찾아온 대령은 육군본부 정훈감이라고 자신을 정중히 소개하더군요. 그날 아침 일찍 육군본부에서는 참모총장을 비롯한 군 수뇌부가 긴급회의를 소집해 제가 전날 기고한 글을 놓고 국가 안보의 관점에서 논의를 했다고 했습니다. 그리고 긴급회의가 끝난 후 참모총장은 대통령에게 상황 보고를 하러 청와대로 직행했고, 정훈감인 자신은 필자인 제게 와서 항의를 하기로 결정했답니다. 그래서 그가 제 연구실로 찾아온 것이었습니다.

저는 낮은 목소리로 제 글이 왜 국가 안보에 심각한 위협이 되는지 물었습니다. 그는 분노를 억누르며 자못 침착하게 이렇게 말했습니다. 난동 사병이 사회 부조리를 향해 총질을 할 수 있도록 제가 많은 잠재적 난동 군인들에게 동기 부여를 했다는 것이었습니다. 저는 따지고 보면 그렇게 생각할 수도 있겠지만, 그 글은 정치를 제대로 하라는 경고를 담은 것이라고 답했습니다. 민주국가, 민주사회가 되고 군대 조직도 민주적으로 운영하게 되면 난동 사병의 욕구 불만은 점차 사라지든지, 그 불만을 보다 바람직한 방향으로 표출할 수 있을 것이라고 했지요. 사실 제가 솔직하게 전하고 싶었던 메시지는, 난동 사병이 계속 나오는 현상은 우리 사회가 점점 전체주의로 치닫고 있음을 말해 주는 일종의 경고라는 것이었습니다.

정훈감의 항의를 받는 중에 연세대 교수로 있는 경북고등학교 동창이 제 글을 읽고는 너무 통쾌했다고 격려 전화를 걸어 왔습니다. 저는 황급히 전화를 끊고는 정훈감을 점잖게 돌려보냈지요. 그가 돌아간 직후에는 국방부에서도 항의 전화가 왔습니다. 선우국장이라고 자신을 밝히면서, 국가 안보상 심각한 위해가 되는 글을 어디 감히 국립대학 교수가 쓸 수 있느냐고 항의했습니다. 저는 주로 듣기만 했지요. 하지만 그 글을 쓴 제 뜻은 사회체제가 민주적으로 개혁되어야 한다는 데 있다는 점을 다시 분명히 강조했습니다. 그의 목소리로 보아 국방부도 매우 화가 난 듯했습니다. 그러니 청와대 반응이 어땠을지 짐작하는 일은 어렵지 않았습니다.

5

이 일로 저는 사회 의사가 내리는 진솔한 사회 처방이 제 자신에게 얼마나 위험할 수 있는지 확실히 깨닫게 되었습니다. 한편 두렵기도 했으나, 그들의 민감한 반응에서 제 진단의 영향력을 확인할 수 있었기에 내심 만족스럽기도 했습니다. 여러 지인들로부터 받은 격려도 제게 힘이 돼 주었습니다.

그러나 학교에서는 여전히 제 자신이 너무 무력해져만 가고 있는 것 같아 정신적으로 곤혹스러웠습니다. 두통은 점점 더 심해졌지요. 학생들도 제대로 가르칠 수 없고, 지식인으로서 사회 현실에 대한 비판도 제대로 하지 못하게 되면서 자주 자책감이 들더군요. 교수회의에 참석할 때마다 특히 그랬습니다. 학생들은 저항하며 고통당하는데 교수들은 그들을 징계하는 문제를 논의해야 하니 그 곤혹스러움이 이를 데 없었지요. 그럴 때마다 겉으로는 아무렇지 않은 것처럼 행동했으나 속에서는 태풍이 휘몰아쳤습니다. 교육부 지시에 따라 꼭두각시처럼 움직이는 서울대 교수들의 몰골이 참으로 처량하고 참담했지요. 대체로 동료 교수들의 표정은 덤덤했지만 그들도 마음은 저와 같았을 것입니다.

그러던 1971년 여름, 마침내 문리대의 젊은 교수 몇 사람이 모여 목소리를 내기로 했습니다. 일고여덟 명이 모였는데, 대학 자주화·자율화 선언문을 내기로 결정했지요. 선언문은 독문과 구기성 교수, 정치학과 노재봉 교수, 그리고 사회학과의 제가 맡아 작성하기로 했습니다. 선언문 초안을 노 박사가 쓰고 세 사람이 전체적으로 한 번 검토했습니다. 저는 이 선언의 배경을 월간 『신동아』에 다소 길게 기고했습니다. 8월 18일, 드디어 선언이 발표되었습니다.

이 선언이 도화선이 되어 8월 23일에는 서울대 교수 6백여 명이 서울대교수협의회 임시 긴급회의를 열고 서울대 운영의 문교부로부터 독립, 총장 임명제의 철폐와 민주적 선임제 채택, 교수회의의 권한 강화 등을 정부에 요구하게 되었습니다. 이는 경북대, 충남대, 충북대, 부산대 등으로도 번졌고 심지어 사립대학들도 "사학의 자주화 선언"을 발표하게 되었지요. 교수들의 이런 선언이 저는 학생들의 교련 철폐 운동으로도 이어졌다고 생각합니다. 그리고 문리대 교수들의 자주화 선언과 비슷한 시점에 젊은 법관들의 집단 사표 사건이 터져 사법부도 저항과 혼란을 겪었지요. 그럴수록 박정희 정부는 더욱 강경하게 학원을 탄압했습니다.

당시 박정희 군사정부를 위협할 수 있는 가장 강력한 대항 세력은 대학생들이었습니다. 물론 대학생의 수가 아무리 많다 해도 그들이 원자화되어 조직된 힘을 발휘할 수 없었다면, 군사정부가 두려워할 이유는 없었을 것입니다. 그렇지만, 이들은 이미 지배 이데올로기의 허구성을 꿰뚫어 보기 시작했고, 조금씩 단결해 나가며 기존의 권력 구조에 용기 있게 대항하고 있었습니다. 이런 와중에 기성세대도 움직이기 시작했습니다. 그간의 침묵을 지키고 있던 교수 및 문인들이 목소리를 내기 시작한 것입니다. 저는 군사정부가 곧 본격적으로 의식 있는 지식인들에 대한 통제에 나설 것이라고 예감했습니다. 아래로부터의 저항이 거세질수록 더 잔혹한 폭압이 덮쳐 올 것 같았지요.

예감대로 1972년 10월, 유신 체제가 선포되었습니다. 유신 체제가 들어선 뒤 정치권력은 걷잡을 수 없이 폭력적으로 되어 갔습니다. 이에 따라 사회 전반도 점점 더 전체주의화되어 갔습니다. 그런 와중에 1975년 가을, 여당(당시 집권당이었던 공화당) 주도로 대학교수 재임용제라는 법안이 국회에서 통과되었습니다. 기교협에 속한 교수들, 깨어 있는 지식인들을 법적으로 통제할 장치를 만들어 낸 것이지요. 바야흐로 한국적 나치 통제가 대학 캠퍼스에 나타나는 듯했습니다. 결국 저를 비롯한 많은 비판적 지식인들이 강제로 대학에서 쫓겨나게 되었고, 그 후 다시 강단으로 돌아오기까지 험난한 세월을 보내야 했습니다.

6

　　　　　2015년 여름에 총장 직선제 폐지에 반발하며 부산대의 한 교수가 투신자살을 했다는 소식이 있었습니다. 2016년 여름에는 학내 분규가 발생한 이화여대에 학교 측 요청으로 경찰 병력이 투입되어 학생들과 물리적 충돌을 빚었다는 소식도 들립니다. 게다가 이 일은 입시 부정 사건으로 확대되어, 대학 총장을 위시한 일군의 교수들이 청문회장에 불려나와, 볼썽사나운 모습을 보이기도 했습니다. 참으로 안타까운 일입니다. 썩은 최고 권력과 비선 실세 간의 추악한 협잡에 130년의 대학 역사가 더럽혀진 것 같습니다.

　대학들의 이른바 구조 조정 문제를 둘러싸고 벌어지는 교내 갈등과 투쟁 소식은 시도 때도 없이 들려왔지만, 부정 입학을 매개로 대학이 대대적인 지원금을 타냈다는 소식은 참담하기 그지없습니다. 우리 대학들은 이제 상아탑조차 되지 못하는 것 같습니다. 과거 대학이 독재 정부와의 싸움으로 인한 전쟁터였다면, 지금 대학은 각종 지원금과 연구비를 따내기 위한 부끄러운 전쟁터로 변해 있습니다. 군부독재 시절과는 다르다 하지만, 대학의 자율성은 다른 식으로 여전히 제약 받고 있습니다. 구조 조정 스트레스에 시달리는 교수들에게든 취업 스트레스에 시달리는 학생들에게든 학문의 자유는 사치로 여겨집니다. 군부독재 대신 지금 대학을 지배하는 것은 시장의 논리입니다. 대학이 무엇을 위해 싸워야 하고, 무엇을 위해 학문의 자유와 자율성을 누려야 하는지 다시 한 번 곰곰이 생각해 볼 일입니다.

중도 통합의
함정

1

　　제가 서울대에 부임했던 1970년 가을, 한국의 정치 마당에서는 김영삼 씨가 새로운 바람을 일으키고 있었습니다. 이른바 '40대 기수론'이었지요. 정치판의 물갈이가 시작된 듯했습니다. 김대중 씨와 이철승 씨도 이 40대 기수론의 물결에 적극 참여했습니다. 이 젊은 세 분의 기수들은 당시 신민당 총재였던 유진산류의 낡은 정치 구도에 도전했습니다. 이들이 불러일으킨 세대교체의 바람을 유진산 총재가 잠재우기는 역부족이었지요. 그러나 노회한 유진산 총재 역시 만만치 않았습니다. 그는 자기가 대통령 경선에 나가지 않는 대신 대통령 후보 지명을 하겠다고 주장했습니다. 유 총재의 주장에 김영삼 씨와 이철승 씨는 동조했지요. 그 결과 당시 야당 원내 총무였던 김영삼 씨로 후보 단일화가 이뤄졌습니다.

　유 총재의 요구에 불응한 김대중 씨는 김영삼 총무와 마지막 대결을 하게 되었습니다. 흥미롭게도 원래 신민당 신파였던 이철승 씨의 지원을 받은 구파 김영삼 총무가 또 다른 신파인 김대중 씨와 겨루게 되었지요. 9월 29일 1차 투표에선 김영삼 씨가 총 투표자 885명 가운데 48퍼센트를 얻고 김대중 씨가 43퍼센트를 얻었는데, 두 사람 모두 과반수 미달이어서 2차 투표로 재격돌하게 되었습니다. 1차 투표에서 같은 신파이자 당시 부총재였던 정일형 박사의 지지를 받은 김대중 후보가 결선 투표를 앞두고 이철승 지지자들을 당권 보장 카드로 포섭하는 데 성공함으로써 결국 52퍼센트를 얻어 대통령 후보로 당선되었지요. YS는 DJ에게 깨끗이 승복했습니다. 정치 선진국의 흐뭇한 단면을 보는 듯했습니다. 그 순간 두 김 씨가 제 뇌리에 깊이 각인되었고, 아마 이를 지켜보던 많은 국민들 역시 그랬을 것입니다.

2

　　　　　한국 정치사에서 가장 흥미진진했던, 이 같은 민주적 경선 과정을 지켜보며 저는 두 김 씨에 대해 말할 수 없는 자랑스러움을 느꼈습니다. 지난날 이승만 권위주의 정치에선 상상할 수 없는 아래로부터의 민주적 경쟁이었기 때문입니다. 한국의 민주주의가 비록 박정희 군사 통치하에서 심각하게 훼손되고 있었지만, 두 야당 정치인의 민주적 경쟁을 보고 우리의 정치 미래에 대한 희망을 가지게 되었습니다.

　그해 늦가을 김대중 후보의 장충단 공원 유세는 돌풍을 일으켰습니다. 1956년 신익희 후보의 한강 모래사장 유세 못지않게 국민들을 흥분시켰지요. 4대국 안전보장론 같은 선거 공약도 신선했지만, 박정희 후보가 당선되면 대한민국이 대만의 총통제 같이 될 것이라고 경고했을 때 국민들은 예언자의 천둥소리를 듣는 것 같았습니다. 그 용기와 비전은 미국 대통령 선거 유세보다 더 박진감 있었습니다.

저는 장충단 유세에서 DJ가 행한 그 예언자적 비판의 날카로움에 놀랐고, 또 거기에 뜨겁게 호응하는 민심을 보면서 한국 민주주의가 쉽사리 죽지 않을 것임을 확신할 수 있었습니다. 박정희 대통령은 이 같은 현장 소식을 보고받고 아마도 소스라치게 놀랐을 것입니다. 게다가 온갖 관권, 금권이 동원된 선거였음에도 김대중 후보가 결국 540만 표를 얻어 국민의 45퍼센트 지지를 받은 것으로 드러났으니 박 대통령으로서는 간담이 서늘하지 않을 수 없었겠지요. 그의 과잉 충성 분자들 중에는 이때 이미 DJ를 제거하고 싶은 충동을 느꼈던 사람들이 필시 있었을 것입니다.

그해 대통령 선거가 끝난 후 박정희 정권은 유신 쿠데타를 일으켰습니다. 그리고 DJ의 경고대로 영구 집권을 위한 계획들을 착착 실행해 갔지요. 김대중 씨는 1973년 8월 8일, 일본에서 납치됩니다. 한국 중앙정보부가 한 짓이었습니다. 박정희 정권은 그를 현해탄에 몰래 수장시키려 했습니다. 후일 저는 DJ로부터 그 당시 기적 같이 목숨을 구한 이야기를 직접 여러 번 들었습니다. 미국 정보기관과 DJ의 미국 친구들이 신속하게 대응했기에 그는 다행히 목숨을 건질 수 있었습니다. 정적을 이런 잔인한 방식으로 제거하려는 권력 주체를 우리는 결코 민주적 권력으로 볼 수 없었습니다.

3

    유신 체제가 점점 더 억압적이고 폭력적인 방식으로 작동하게 되면서 새로운 민주 시대를 향한 열망은 더욱 간절해졌고, 그럴수록 유신 독재를 대신할 민주적 대안 정당으로서의 야당에 대한 국민적 기대도 높아졌습니다. 독재에 맞선 민주주의의 비전과 이에 따른 세력화가 절실했지요. 그런데 이런 상황에 난데없이 등장한 것이 '중도 통합'의 기치였습니다. 그 중심엔 소석素石 이철승 씨가 있었습니다.

앞서 말했듯이, 이철승 씨는 야당의 40대 기수 가운데 한 사람이었습니다. 문민 독재와 함께 군사독재와도 맞서 싸운 야당 정치인이었지요. 두 김 씨에 밀려 대통령 후보로 나서지는 못했으나 친미 반공주의 정치인으로서 활발한 정치 활동을 했습니다. 국내뿐만 아니라 미국, 일본 등으로 다니면서 미군 철수를 주장하는 정치인들을 만나 설득했습니다. 박정희 정부는 이런 그의 활동을 높이 사서 1975년, 그를 UN 총회 대책 고문에 임명하기도 했습니다.

1976년에 소석은 신민당 최고 위원으로 피선되었습니다. 사실 그때까지만 해도 저는 소석이 기품 있는 민족주의적 정치인, 반독재 투쟁에 앞장섰던 패기 있는 민주적 정치 지도자인 줄 알았습니다. 그런데 그해 5월 말경 열린 신민당 전당대회에서 비주류 지도자였던 소석은 YS가 대표했던 당내 주류 세력을 꺾기 위해 청와대 권력을 업고 조직 폭력(김태촌파)을 활용해 당권을 장악했습니다.

그 무렵 독재 정권에 의해 강제로 해직당해 쫓겨나 있던 저는 심장이 쪼개지는 듯한 절망감을 느꼈습니다. 한국적 나치 체제로 치달아 가는 유신 독재를 민주적으로 극복하려면 야당은 집권당과 질적으로 달라야 합니다. 폭력으로 통치하는 집권당에 맞서 야당은 민주적인 정치 역량을 보여 줘야만 새로운 시대, 새로운 정치 질서를 창출해 낼 수 있습니다. 그런데 야당 지도자가 권력을 업고, 게다가 조폭을 동원해 당권을 잡았으니, 이 같은 현실은 한낱 정당의 비극이 아니라 우리 민족과 국민의 앞날을 캄캄하게 하는 역사적 비극이 아닐 수 없었지요.

이 일로 신민당은 잠시 두 쪽이 났지만 곧 주류와 비주류가 전당대회를 다시 치르기로 합의했습니다. 권력을 분점할 수 있는 최고위원 제도를 도입해 새로운 당 총재를 선출하기로 한 것이지요. 이것이 그나마 당시 한국 야당의 저력이었습니다. 1차 투표에서 YS는 45.5퍼센트를, 소석은 34.3퍼센트를 얻었고 신민당 신파의 원로 정일형 박사는 17.5퍼센트를 얻었습니다. 결국 과반 득표자가 없어 2차 투표에 들어갔습니다. 여기서 정일형 박사가 소석을 지지해 그가 간신히 당 대표가 되었죠. 이때 정 박사의 선택은 저를 몹시 당황케 했습니다. 그가 비록 신파의 거두이긴 했으나 어떻게 소석 같은 폭력배 정치인을 옹호할 수 있는가 하고 분노했지요.

당 대표가 된 후 소석은 '중도 통합론'을 내세우기 시작했습니다. 처음에 저는 이 중도 통합의 비전을 가능한 한 긍정적으로 평가하고 싶었습니다. 국내 정치가 극단 세력 간의 격렬한 대치로 인해 민주적이고 다원적인 대화 정치로 나아가지 못하고 있을 때는, 극단의 정치를 극복하려는 중도 화합 정치도 현실적으로 필요한 법이니까요. 저는 정치적 원리주의, 정치경제적 흑백논리는 민주주의에 부합하지 않으며 바람직한 민주제도와 민주 문화의 창달을 위해서는 성숙한 중도 문화가 필요하다고 생각합니다.

그런데 소석의 중도 통합은 민주 야당과 유신 독재의 중간에 서는 입장을 말하는 것이었습니다. 국민을 정치적으로 억압하고 경제적으로 수탈하는 군사독재 체제와 진정한 민주주의 세력 사이에 중도와 중립이란 있을 수 없지요. 그런데 그는 급기야 미국에 가서 박 정권의 유신 체제를 옹호하는 발언까지 했습니다.

마침 그때 저는 『조선일보』의 "일사일언"—事—言 칼럼을 쓰고 있었습니다. 그날 아침에 원고를 넘기기로 했는데, 『조선일보』 아침 기사에서 소석이 미국에서 유신 체제 지지 발언을 했다는 사실을 알게 되었지요. 저는 전날 밤에 써둔 원고를 버리고 즉석에서 소석을 비판하는 글을 써 보냈습니다. 내용은 간단했습니다. 소석은 민주 야당 당수인가 유신 여당의 선전부장인가를 묻는 글이었지요. 독재 권력을 민주적으로 대체할 정치 세력의 대표가 아니라 유신 독재를 미화하는 집권당 선전부장이라는 비판이었습니다. 이 칼럼이 나가자 정계의 반응은 뜨거웠습니다. YS 측을 기분 좋게 하려는 의도로 쓴 글은 결코 아니었지만 그쪽에서 제게 격려 메시지를 보내왔지요.

반대로 소석 측에서는 격렬한 비난이 쏟아졌습니다. 소석의 비서실장을 했던 정○○ 국회의원은 우락부락하게 생긴 장정들 서너 명을 대동하곤 제 집으로 찾아왔습니다. 그들은 제게 소석에게 사과하는 신문광고를 내라고 위협했습니다. 그것도 4대 일간신문에 5단 광고를 내라는 것이었습니다. 일개 교수가 어디 감히 30년간 쌓아 온 야당 정치 지도자의 명성을 짧은 글로 한순간에 망가뜨릴 수 있냐며 협박했습니다. 협박이 그것으로 끝난 것도 아니었습니다. 며칠간 새벽 한 시쯤 전화를 해서는 제 딸이 어느 학교에 다니는지 알고 있다는 식으로 겁을 주었습니다. 험난했던 해방 정국에서 공산주의자와 치열하게 싸운 경험이 많아서인지 생각이 다른 사람들을 겁박하는 능력도 탁월한 듯했습니다.

저는 사실 불안하고 두려웠습니다. 하지만 그보다는 소석에 대한 실망과 아픔이 훨씬 더 컸습니다. 그것은 소석 개인만이 아니라 병든 한국 정치 문화의 실상을 보여 주는 것이었으니까요. 또 다른 차원에서 저를 슬프게 한 분들도 있었지요. 소석과 경쟁 관계에 있던 신민당 내 인사들 중에서 인권 문제를 담당하는 정치인이 집에 찾아왔습니다. 저를 격려하러 온 것은 아니었습니다. 소석 쪽에서 위협과 테러를 가하더라도 두려워하지 말고 당하라고, 그러면 당에서 그것을 대대적으로 문제 삼겠다고 했습니다. 저는 참으로 서글펐습니다. 내가 정당 내 세력 다툼에 이용당할 수 있겠구나 하는 생각도 들었습니다. 그래서 선명 야당의 기치를 내세우며 싸우던 분들이 보내는 격려도 그리 달갑지 않았습니다.

4

저는 소석이 식민지 시대 치열하게 일제와 맞섰던 사실을 알고 있기에 그를 친일 인사로 보지는 않습니다. 또한 그간 소석이 보여 준 일관성 있는 보수 우익적 삶에 대해서는 존경의 뜻을 표하고 싶습니다. 남북이 분단된 상황에서 그리고 사회·정치·경제적 양극화가 심화된 국내 상황에서 저는 원칙과 지조 없이 좌우로 '자유롭게' 변신하는 분들을 가끔 보게 됩니다. 그런 분들과 만나게 되면 퍽 조심스러워지고 두려워지기까지 합니다. 그분들의 변신 탓에 그들의 말과 행동을 믿기 어렵고 또 예측하기도 힘들기 때문이지요. 그런 분들에 견주면 소석은 신뢰할 만한 분입니다. 그분의 말과 삶은 일관성 있게 보수의 논리와 제도에 따라 움직이기 때문에 대하기가 오히려 편안합니다. 다만 그의 행보는, 이를테면 스탈린을 지나치게 미워한 나머지 히틀러를 존경하는 우를 범한 듯한 안타까움이 있습니다.

일제 식민지 36년간의 고통과 고난은 1945년 8월 15일의 해방으로 끝난 것이 아니었습니다. 오히려 일본 패전과 함께 민족 분단이라는 새로운 고통과 고난이 시작되었습니다. 36년간 민족과 민중이 겪어야 했던 고난이 70년간의 분단 고통으로 이어져 오는 과정에서, 남과 북에서는 극단 세력이 지배 세력이 되었지요. 북에서는 극좌 군부 세력이, 남에서는 친일 극우 냉전 세력이 권력을 잡고 끊임없이 남북 간의 긴장과 마찰을 부추기면서 자신들의 권력 기반을 강화하고 있음에 주목해야 합니다. 이들은 남북 간 긴장과 증오가 강화되어야만 정치

경제적 이득을 더 효과적으로 챙길 수 있습니다. 공식적으로는 서로를 주적으로 증오하며 으르렁대면서도 결과적으로는 서로를 이용해 자기들의 기득권을 강화시켜 왔지요. 이것이 바로 비극적인 적대적 공생 관계입니다. 이런 정치 현실에서 소석의 중도 통합론은 남쪽 냉전 친일 세력의 이데올로기로 활용되기 십상입니다. 그의 의도야 어찌되었든, 그것은 남북 간의 긴장과 대결을 지속시키는 '적대적 공생'이라는 메커니즘으로 작동할 수밖에 없었지요.

사실 한국 사회가 성숙한 민주 사회, 다양성이 존중받고 널리 제도화되어 있는 그런 민주 사회라면 전부 아니면 전무全無라는 식의 흑백논리는 한낱 닫힌 권위주의 사고로 무시당할 수 있고 또 그래야 마땅합니다. 다원적인 민주 체제에서는 중도 통합론이 유효하고 칭송받을 만한 입장일 것입니다. 그런데 소수의 권력이 다수의 국민을 총체적으로 억압, 수탈, 차별하는 양극화된 상황에서는 옳음과 그름을 지혜롭게 판별하고 옳음을 용기 있게 실천하는 삶이 요청됩니다. 정正과 사邪가 확연히 구분되는 상황에서 중립이나 중도의 입장을 표방하는 것은 결국 사邪를 응원해 주는 아주 잘못된 선택입니다. 일찍이 단테가 말한 대로, 선과 악이 분명히 구별되는 상황에서 중립을 지키는 사람은 지옥의 가장 어둡고 가장 뜨거운 곳으로 떨어지게 될 것입니다.

5

　　　　　당시 소석에게 실망했던 저는 그와 다른 길, 이른바 선명 야당의 길을 선택했던 YS에게 자연스레 호감을 갖게 되었습니다. 1979년은 한국 야당 정치사에서 획기적 전환점을 기록한 뜻깊은 해이지요. 그해 5월 말 신민당 지도부는 놀라운 변혁을 맞게 됩니다. 당대회를 통해 지도 체제를 대표 최고위원제에서 단일 지도 체제, 곧 총재 체제로 전환했습니다. 유신 체제와 맞서 싸우려면 단일 지도 체제가 필요하다고 당원들이 판단한 것 같습니다. 막강해진 총재 후보에는 무려 일곱 분이 나섰지요. 그때 국민적 관심은 과연 소석과 YS 간의 대결이 어떻게 될 것인가에 쏠렸습니다. 이때 DJ는 탁월한 조정의 지도력을 발휘했습니다. 조윤형, 김재광, 박영록 후보를 설득해 YS를 지지하도록 한 것입니다. 그래서 이철승, 김영삼, 이기택, 신도환의 4파전이 되었지요.

　1차 투표에선 과반 득표자가 없었습니다. 이철승은 38.9퍼센트, 김영삼은 35.6퍼센트를 얻었지요. 18퍼센트를 얻은 이기택 후보와 12퍼센트를 얻은 신도환 후보가 결국 캐스팅 보트를 쥐게 되었습니다. 국민들, 특히 민주 회복을 갈망했던 저 같은 사람들은 가슴 조리며 전당대회 결과를 지켜봤습니다. 2차 투표 때 고려대 출신인 이기택 씨가 그의 대학 선배인 소석을 밀지 않고 YS를 밀었기에 YS는 가까스로 50.3퍼센트를 얻어 새로운 야당 총재로 선출될 수 있었습니다. 이 소식에 저를 포함한 시민들 상당수는 박수 치며 환호했지요.

　그리고 그에 걸맞게 YS는 선명 야당의 새로운 모습을 결기 있게 보여 주기 시작했습니다. 그가 총재가 되자 유신 정권에 의해 탄압받아 온 국민들은 신민당과 당 총재에게 강력한 민주 투사의 지도력을 기대하게 되었습니다.

6

　　　　　그해 8월, 가발 수출업체인 YH무역의 여성 노동자들이 회사의 폐업 조치에 항의하는 시위를 시작했습니다. 그들의 뜻이 사주에 의해 무시되고 공권력이 노동자들을 옥죄려 하자 여성 노동자들은 신민당 당사로 몰려와 시위를 했습니다. 부당하게 억압받는 노동자들이 새롭게 달라진 신민당을 자신들을 보호해 줄 수 있는 일종의 성역으로 본 것입니다. 그들의 억울한 고통을 해결해 줄 민주적인 정치 세력으로 신뢰한 것이지요. 이때 당 총재였던 YS는 주저하지 않고 노동자들 곁에서 그들을 지켜 주겠다고 약속했습니다. 이것은 확실히 야당의 새로운 모습이었습니다. 시위 도중 경찰 진압 과정에서 여성 노동자 한 명이 추락사했습니다. 이때 힘없는 여성 노동자들과 함께하는 야당의 모습을 본 국민들은 그 어느 때보다 강렬하게 야당을 지지하게 되었습니다. 한국 야당사에서 빛나는 순간이었지요.

　1979년 10월 4일, YS는 유신 국회에서 국회의원직을 박탈당했습니다. YH사건을 빌미로 박 정권이 YS를 정치적으로 무력화하기로 작정한 것입니다. 그래서 먼저 9월 8일에 법원으로 하여금 신민당 총재직 가처분 결정을 내리도록 압박했습니다. 총재직을 박탈당했지만 YS는 조금도 기가 죽지 않았지요. 그는 당당했습니다. 『뉴욕타임스』와의 인터뷰에서 그는 미국 정부가 박정희 정부에 대한 지지를 철회해야 한다고 목소리를 높였습니다. 이 기사가 나가자 유신 정권은 히스테리적인 반응을 보였습니다. YS가 헌정을 부정했고 또 사대주의 발언을 했다고 규탄했지요. 10월 4일 유신정우회(유정회) 주도로 YS의 의원직 제명을 요구했고, 국회에서는 여당 단독으로 의원직 박탈을 의결했습니다. 이것은 명백한 정치 폭력이었습니다. YS는 제명당했지만 국민의 가슴에 오래 남을 명언을 남겼습니다. "영원히 살기 위해 일순간 죽는 길을 택하겠다." 이 말은 1960년대 초 제가 미국 유학 당시 접했던 킹 목사의 발언에 버금간다고 생각했지요. 한걸음 더 나아가 그는 "나를 제명하면 박정희는 죽는다"라고 큰소리쳤습니다. 이 말은 한 달이 못돼 현실이 되고 말았다는 점에서 일종의 정치적 예언이었습니다.

YS의 제명 조치에 격분한 신민당 의원 66명과 민주통일당 의원들은 집단 사퇴를 결정했습니다. 이에 대응해 유정회와 공화당의 합동조정회의에서는 집단 사퇴서를 선별 수리할 수 있다고 위협했습니다. 이에 부산, 마산 출신 국회의원들과 지역 주민들은 격분했습니다. 당시 이미 이 지역 민심은 참으로 뒤숭숭했는데, 그 같은 집권당의 강경 대응이 마침내 10월 15일 부산대 학생들로 하여금 민주선언문을 발표하고 행동에 돌입하도록 자극했지요. 다음 날에는 다른 대학교 학생들과 시민들이 합세해 유신 독재 타도를 외치는 시위로 번지게 되었습니다. 이것이 바로 부마항쟁으로 나아가게 된 것이지요. YS가 반정부 발언에서 자주 했던 말대로 "닭의 모가지를 비틀어도 새벽은 반드시 오는" 법이지요. 가슴 벅찬 새벽의 여명이 밝아 오는 듯했습니다.

7

　　　　　YS 제명 사건이 발생하자 당시 한국기독교교회협의회National Council of Churches in Korea, NCC는 즉시 '교회와 사회위원회'를 긴급 소집했습니다. 이 회의에서 한국 교회는 NCC를 통해 유신 독재 정부에 강력한 항의 성명서를 내기로 의결했습니다. 성명서는 박형규 위원장, 김상근 목사, 이재정 신부 그리고 제가 맡아 작성하기로 했습니다. 이 성명이 나간 다음 날 저희 네 사람은 으스스한 서울시경 특수 수사대로 연행되었습니다. 남산 밑 허름한 옛 건물에 갇혀서 조사를 받았지요. 그때가 10월 초순 무렵이었는데, 이곳에서 여러 날 조사를 받은 뒤 모두 검찰로 송치된다고 했습니다.

　저는 유신 독재를 겨냥한 비판 성명을 작성하고 발표했으니 검찰 송치는 불가피하다고 생각했습니다. YS 제명을 비판한 죄로 정치인도 아닌 저희 같은 사람들이 감옥에 가게 되었다는 사실은 한편으로 서글픈 일이지만, 다른 한편으로는 예수의 종말론적 해방운동, 평화운동, 정의 운동에 참여하는 뿌듯

하고 보람 있는 일이라고 생각했습니다.

그런데 저희가 검찰에 송치되기로 한 날 아침 분위기가 뒤숭숭했습니다. 송치가 예정된 오전 10시를 넘기고서도 아무런 기별이 없었지요. 무슨 큰 변고가 생긴 것이 틀림없다 싶었습니다. 알고 보니 전날 부마항쟁이 터진 것이었습니다. 엄청난 사건이라 우리의 선언문 사건은 후순위로 밀려나게 되었습니다. 이날 오후 늦게 NCC의 총무인 김관석 목사님과 인권위원장인 조남기 목사님이 저희들 신병을 인도받기 위해 찾아오셨습니다. 그래서 검찰로 넘어가지 않고 그 길로 가족 품으로 돌아갈 수 있었습니다.

시경 특수수사대에서 풀려나온 뒤 집에서 며칠 몸을 추스른 후 당시 기독교서회 내에 있던 두 평짜리 조그마한 집무실로 다시 출근하기 시작했습니다. 어느 날 자그마한 체구의 낯선 노인 한 분이 찾아오셨습니다. 광주에서 일부러 저를 찾아 여기까지 왔다고 하셨습니다. 그분은 바로 전 제헌국회 의원이자 광주에 있는 양림교회(기독교 장로회) 장로인 이성학 씨였습니다.

"한 박사님, 우리 광주에 있는 민주 인사들은 이번 부마 사태(부마항쟁)를 보고 큰 충격을 받았습니다. 광주 학생 사건(광주학생항일운동)의 전통을 갖고 있는 우리 광주 지역에서 유신 독재를 극복하기 위한 민주 시민운동이 터져 나오는 것이 마땅한데, 부마 사태를 보며 부끄러웠습니다. 부산과 마산에서 터져 나온 이 민주화 열망이 서울에 도달해 그것이 한국의 민주주의를 올곧게 세우는 일로 이어져야 하는데, 그렇게 되려면 부마의 불길이 광주를 거쳐 서울로 올라오게 해야 합니다. 그래서 저희 광주 민주 인사들은 이번 부마 시민 혁명의 불길을 지핀 김영삼 총재를 광주로 모셔 시국 강연을 크게 열어야 한다는 데 의견을 모았습니다. 김 총재를 모시려면 한 박사님이 수고해 주셔야 한다고 또한 의견을 모았지요. 그래서 제가 심부름으로 여기 온 것입니다. 빠른 시일 내에 김영삼 총재를 설득해 주십시오."

저는 이성학 장로님의 정중한 요청을 듣고 가슴으로는 십분 동의하면서도 머리로는 과연 내가 YS에게 그런 부탁을 할 수 있을지 따지고 있었습니다. 게다가 YS 제명 비판 성명으로 검찰에 송치될 뻔했던 것이 불과 며칠 전 일이라 심신이 고단하기도 했지요. 일단 이 장로님께는 최선을 다해 보겠다고 말씀드렸습니다. 만일 그의 판단대로 부마의 민주화 불길이 광주를 거치면서 밑으로부터의 거대한 민주 변혁 열풍으로 변해 서울로 올라온다면 해방 후 처음 우리 국민이 겪는 진정한 민주 혁명이 될 거라고 생각했습니다.

이런 사정으로 상도동 분위기를 이래저래 알아보려던 중 10월 26일, 궁정동에서 박 대통령이 김재규의 총탄에 맞아 숨을 거두었습니다. 그 소식을 듣자 저는 온몸이 얼어붙는 듯했습니다. 이렇게 되면 유신 권력을 국민의 민주적 힘으로 물러나게 하는 일이나, 민주적 절차와 과정을 거쳐 무너지게 하는 일은 물 건너간 것이니까요. 그래서 과연 박 대통령의 이 같은 죽음이 바람직한 일인지 잠시 혼란에 빠졌습니다. 이성학 선생과 광주 민주 인사들이 생각했던 민주 시민 혁명이 오히려 더 어렵게 되지 않을까 염려되었지요. 과연 이제부터 한국 역사가 어떤 방향으로 전개될지, 한국 민주주의의 미래가 어찌될지 나날이 불안한 날들이었습니다.

고난 속에서
확인한
희망의 힘

1

　　　　　이 세상에 살면서 고난을 겪거나 절망을 맛
보지 않는 사람은 아마 없을 것입니다. 고난의 종류와 절망의
형태가 다를지언정 인간은 누구나 인생의 어느 순간에 일정한
고통의 시간을 만납니다. 대부분의 사람들이, 어떻게든 고통
의 시간을 견뎌 내어 그것을 딛고 더 나은 삶으로 나아갈 수
있기를 바라고 또 그렇게 노력하지요. 숱한 자기 계발서들, 상
담 기관들이 도움이 되기도 합니다. 의학적 도움이나 제도적
장치들에 의한 구제가 필요할 때도 있습니다. 하지만 결국 그
고통의 시간을 이겨 내지 못하는 사람이 있습니다. 의지가 약
하다거나 무책임하다고 비난만 할 수는 없을 것입니다. 그 차
이가 어디서 비롯되는지, 그러니까 고난과 절망의 순간을 극
복하느냐 그렇지 않으냐의 갈림길에서 결정적인 요소가 무엇
인지 생각해 볼 필요가 있습니다. 지금 이 순간 억울한 고통을
겪고 있는 사람들과 동고同苦하려는 노력은 거기서부터 시작될
수 있습니다.

　제 인생에서 만난 가장 큰 시련 가운데 하나는 1980년 신
군부 세력에 의해 조작된 이른바 '김대중 내란 음모 사건'에

연루되어 군사재판을 받고 옥고를 치른 일입니다. 앞날을 알
수 없는 두려움, 도무지 끝날 것 같지 않던 육체적·정신적 고
통, 제가 당하고 있던 저 부당한 고통에 대한 분노, 답답한 감
방에서 마주한 외로움과 억울함 등이 아직도 고스란히 기억납
니다. 하지만 그리 길지 않은 그 시간 동안 저는 아주 소중한
깨달음을 얻었습니다. 학자와 교수로서만 살았다면 결코 얻을
수 없는 배움이었지요. 그 경험을 통해 과연 무엇이 우리로 하
여금 고난을 견뎌 내게 하는지 새삼 깨닫게 되었습니다. 지금
시련에 빠져 절망하는 이들과 동고하는 마음으로 그 배움을
나눠 보고자 합니다.

2

　　　　　10·26 이후 찾아온 서울의 사이비 정치적
봄은 이듬해인 1980년 5월이 되면서 한층 무르익는 듯했습니
다. 독재 권력에 의해 팽팽히 조여져 있던 정치 공간에 일시적
으로 숨통이 트이자 민주화를 향한 열망이 사회 각계에서 터
져 나왔지요. 당시 정치권에서는 YS가 야당을 장악하는 일에
골몰하고 있었고, DJ는 재야 민주 세력을 자기 영향력 아래 끌
어들이는 데 주력하고 있었습니다. 이때 저는 DJ와 함께 정당
밖에서 모든 민주 세력이 규합해야 한다고 생각했습니다. 전
두환을 위시한 신군부가 양 김 씨를 중심으로 민주 세력이 분
열될 것이라는 전제 아래 자신들의 정권 쟁탈 계획을 추진하

고 있는 게 아닌지 하는 막연히 불안감이 있었지만, 그것을 현실적 위협으로 판단해 적절히 대응하지는 못했습니다. 신군부의 음모를 정확히 파악하고 YS를 비롯한 야당 정치 세력과 재야 민주화 세력이 적극 연합해 용기 있게 대응했어야 옳았기에, 지금도 그 점을 안타깝고 부끄럽게 생각합니다.

서울의 봄 정국을 야당 중심으로 돌파하려 했던 YS와 달리 DJ는 정치인과 지식인들의 지원을 받아 범국민적 틀 속에서 이를 돌파하려 했습니다. 이런 맥락에서 DJ는 1980년 5월 초 '민주주의와 민족 통일을 위한 국민연합'을 주도하며 재야 및 학생운동 세력과 연계해 '민주화촉진국민선언'을 발표하지요. 이 선언에서 그는 당시 신군부가 심하게 반발할 만한 일곱 가지 조치를 정부에 요구했습니다. 계엄령 해제, 신현확 총리 사퇴, 전두환의 공직 사퇴, 민주 인사들의 복직, 언론·방송에 대한 각성 촉구, 유정회와 통일주체국민회의 해체, 정부개헌심의위원회 해체가 바로 그것이었죠. 이 선언으로 범민주 세력과 신군부는 충돌 직전까지 서로 마주 달리는 형국이 되었습니다. 이런 일촉즉발의 상황에서 5월 12일 오후 3시경 DJ와 민주 인사들이 북악 파크 호텔에 모였습니다. DJ 외에 이문영, 예춘호, 문익환, 한승헌, 계훈제, 이해동, 서남동 등이 참여했고 젊은이들로는 장기표와 심재권이 있었습니다.

한참 의견을 교환하고 있던 와중에 저는 형님의 전화를 받고 어머님이 운명하셨다는 사실을 알게 되었습니다. 너무 놀랐고 부끄러웠습니다. 길고 긴 고통 속에 외롭게 투병 생활을 하셨던 어머님을 곁에서 돌봐 드리지 못했던 터라, 부음 소식을 듣자마자 죄책감으로 떨면서 부랴부랴 형님 댁으로 달려갔습니다. 그리고 그날부터 사흘간을 정신없이 보냈습니다. 이 사흘간 상가에는 두 김 씨를 위시한 정치인, 대학교수, 교회 신우, 성직자 들이 다녀가셨습니다. 특히 민주화를 위해 함께 헌신하던 동지들이 많이 다녀갔지요. 그런데 기가 막힌 일이 벌어졌습니다. 바로 이 모친 상가에서 이른바 '김대중 내란'을 음모했다고 신군부가 군사 법정에서 주장한 것입니다. 그런 무시무시한 음모가 진행되고 있음을 당시 우리 모두는 전혀 알아차리지 못했습니다.

3

　　　　　　모친상을 치루고 있는 사이 정국은 걷잡을 수 없이 요동쳤습니다. 중동을 방문 중이던 최규하 대통령마저 급히 귀국한다는 소식이 들렸습니다. DJ와 동지들도 부산하게 움직이는 듯했지요. 저는 어머님을 고향 땅에 모신 후 귀경했습니다. 5월 16일 늦게 학교 연구실에 들렀더니, 이미 군부가 움직이고 있다는 불길한 소문이 들려왔습니다. 그날도 집에서 푹 쉬지 못했기에 그다음 날은 일찍 귀가해 오랜만에 단잠을 청했습니다.

　그런데 막 잠이 들려고 하는 순간 초인종이 거칠게 울렸습니다. 시계를 보니 열 시가 넘었더군요. 도대체 누가 이런 늦은 시간에 찾아왔는지 짜증스러웠지요. 누구시냐 물었더니 서울대교수협의회 회장님 일로 왔다고 하더군요. 문구멍으로 밖을 내다보니 검은 정장을 한 네 사람이 서성이고 있었습니다. 경찰은 아닌 것 같았습니다. 분위기가 험악했기에 일단 문을 열어 주었습니다. 대단히 위압적인 자세로 집 안에 들어선 그들에게 저는 모친상으로 거의 나흘간 잠을 못 잤고 오늘에야 잠을 청하려 하니 세상이 무너질 일이 아니라면 내일 아침에 용무를 보는 것이 좋겠다고 사정을 설명했습니다. 그리고는 탁자에 놓인 전화기를 가져와 그중 제일 나이가 들어 보이는 이에게 상부에 전화해서 내일 아침 어디든지 시간 맞춰 자진 출두하겠다는 제 의견을 직접 전해 보라 했지요. 그런데 그가 전화기를 휙 낚아채면서 고압적으로 이렇게 말했습니다.

"오늘 밤 12시로 세상이 휘딱 뒤집어지게 되어 있어요. 한가한 얘기 하지 마세요."

저는 나머지 세 사람을 힐끗 쳐다보았습니다. 차렷 자세로 표정 없이 엄숙하게 서있더군요. 언뜻 권총이 눈에 띄었습니다. 저는 그제야 이들이 계엄사령부나 중앙정보부에서 온 사람들임을 눈치챘습니다. 그래서 저는 군소리하지 않고 그들이 몰고 온 검은 지프차에 실려 남산으로 끌려갔지요. 그것이 1980년 5월 17일 밤 10시 50분경이었습니다.

그로부터 한 시간 십분 뒤 세상이 정말 뒤집히게 될 것을 그땐 전혀 알 수 없었습니다. 그날 자정을 기해 전국에 비상계엄이 확대되고 신군부의 쿠데타가 시작되었지요. 하지만 남산 지하 2층에 갇혀 있던 저는 그 사실은 물론이요, 제가 왜 잡혀왔는지조차 모르고 있었습니다. 그저 민주화 운동을 하던 지식인, 종교인, 젊은이 들이 일망타진되었다고만 생각했습니다.

4

　　　　　새벽부터 본격적인 심문이 시작되었습니다.
첫 질문은 왜 김대중 씨를 대통령으로 옹립하려 했냐는 것이
었습니다. 저는 별 주저함 없이 심문에 응했습니다. 이 질문
앞에 망설일 이유는 없었지요. 저는 김대중만이 대통령에 적
합한 인물이라 생각한 것은 아니지만, 야당의 대통령 후보로
대권에 도전해 볼 만한 인물이라 생각한다고 솔직히 대답했습
니다. 저는 한국 민주화와 한반도 평화통일에 대한 그의 신념
과 비전에도 동감하는 바가 컸지요. 국제 정세에 대한 통찰력
에서 김대중의 날카로움은 다른 어떤 정치 지도자들보다 뛰어
났습니다. 그는 이미 1970년대 초에 박정희 정권이 대만식 총
통제를 획책하고 있음을 꿰뚫어 보았고, 한반도 평화와 통일
을 위해서는 주변 4대 강국의 지원과 보장이 필요하다는 점을
잘 알고 있었습니다. 그때 이미 6자회담의 틀과 그 중요성을
인식하고 있었던 것이죠. 게다가 그는 자신의 정치적 비전을
투철한 신념에 입각해 실천하고 있었습니다. 그러기에 여러
번의 실존적 위기나 정치적 위기 국면에서도 의연하게 대처해
왔던 것이지요. 어려운 도전 앞에서도 당당하게 응전하는 그
의 모습이 저는 좋았습니다. 저는 이 모든 걸 솔직히 이야기했
습니다.

그런데 질문이 점점 이상한 방향으로 흘러가기 시작했습니다. 특히 5월 12일 제 모친상에 문상 왔던 동지들의 언행에 대해 꼬치꼬치 캐묻는 것이 의아했지요. 신군부가 쳐놓은 거대한 정치적 덫에 걸려든 것 같은 두려움이 엄습해 왔습니다. 심문은 점점 지옥 심문이 되어 갔습니다. 결국 제 모친 상가에서 김대중을 대통령으로 옹립하려고 내란을 음모했다는 식으로 몰아가고 있었죠. 정말 곤혹스러웠습니다. 도대체 상가처럼 개방적인 공간에서 은밀해야 할 내란 모의를 했다니, 참으로 어처구니없는 발상이었지요. 게다가 민주화, 정의, 인권, 평화와 같은 공공적 가치의 구현을 위해 온갖 어려움을 무릅쓰고 헌신해 온 지식인, 종교인, 학생, 노동자 들에게 폭력적 국가 전복을 꾀했다고 몰아붙이면서 터무니없는 색깔론 공격을 해대니 참담하기 그지없었습니다.

남산 지하 2층은 성경에서 다니엘이 갇힌 사자 굴 같은 곳이었습니다. 견디기 힘든 일들이 많았지만, 저를 가장 힘들게 한 것은 수면의 박탈에서 오는 고통이었습니다. 인간에게는 먹을 자유, 말할 수 있는 자유, 분노할 수 있는 자유, 움직일 수 있는 자유가 모두 소중합니다만, 그중 잠잘 수 있는 자유가 참으로 중요하다는 사실을 남산 지하실에서 절실하게 깨달았습니다. 처음 두 주간 저는 잠을 잘 수 없었습니다. 심문자 네 명이 번갈아 가면서 들어와 도대체 눈 붙일 틈을 주지 않았죠. 설령 시간을 주었다 해도, 그런 불안과 공포 분위기 속에선 잠깐의 숙면조차 어려웠겠지요. 이런 상황에서 육체의 고통은 참기 어려운 치통으로 나타났습니다. 치과 의사도 없는 곳이라, 푹푹 쑤시는 아픔에 며칠 밤을 꼬박 뜬눈으로 지새웠지요. 정말 긴 고통의 시간이었습니다. 고통은 시간을 끝없이 지루하게 연장시켰습니다. 고통은 과거도 아니고 미래도 아니었습니다. 고통은 철저하게 '지금, 여기'의 아픈 현실이었습니다. 그리고 고통 속에서 그 시간은 영원할 듯했습니다.

5

또 하나 견디기 어려운 아픔은 지역감정을 들먹이며 괴롭히고 모욕하는 막말이었습니다. 저를 조사했던 네 사람의 심문자 외에 가끔 거칠게 생긴 사람이 불쑥 나타나 저를 쳐다보지도 않고 매우 상스러운 언어로 '폭행'을 가하곤 했는데, 이런 식이었지요.

"그래, 경상도 놈이 할 일 없이 전라도 놈을 대통령으로 옹립한다고 …… 미친놈, 국가관도 없는, 한심하기 짝이 없는 경상도 놈."

사실 제게 김대중은 '전라도 사람'이 아니었습니다. 그는 조국의 평화와 통일, 국가의 민주화와 사회정의를 위해 함께 헌신했던 동지였고, 경륜과 철학을 갖춘 정치인이었습니다. 그리고 저 역시 스스로를 경상도 사람으로 정체화한 바 없었습니다. 비록 대구에서 성장했고 초등학교와 중학교를 모두 그 지역에서 마쳤으며, 경북고등학교를 나온 사람이니 이른바 'TK 신분'이지만, 그런 신분을 단 한 번이라도 자랑으로 생각

한 적은 없었습니다. 군부독재에선 오히려 부끄러웠지요. 김
대중의 지역성을 인정한다면, 그것은 출신 지역으로 인해 그
가 부당하게 차별받고 학대당해 온 정치인임을 인정한다는 의
미에서라야 한다고 생각했습니다. 그런데 남산 지하실에서 국
가관도 없는 경상도 이단자로 언어 학대를 받으니 기가 차지
않을 수 없었지요.

두 달 가까이 지속된 지옥 심문은 7월 중순이 되면서 일단
끝이 났습니다. 김대중 내란 음모 사건에 연루된 사람들 가운
데 일부는 육군교도소로 이감되었고, 또 다른 일부는 서대문
구치소로 이감되었습니다.

저는 서대문행이었습니다. 이감되는 날 저는 두 달 만에 처
음으로 햇살과 푸른 하늘을 잠시 맛볼 수 있었습니다. 양편에
서 저를 끼고 있던 헌병들은 하늘을 쳐다보며 햇살을 즐기는
그 잠깐의 여유도 허락하고 싶지 않았던 것인지 시커먼 차 뒷
좌석에 앉자마자 총 개머리판으로 제 머리를 찍어 눌러 차창
밖을 보지 못하게 했습니다. 제게는 남산에서 서대문 구치소로
가는 동안 밖에서 들려오는 잡음마저 달콤하게 들렸습니다. 길
거리에서 흔히 듣던 질서 없는 소음들, 지나가는 차들이 내는
소리, 행인들의 대화 소리, 사람들의 발자국 소리가 그렇게 친
근하고 아름답게 들릴 수 없었습니다. 왜일까 생각해 보았지
요. 그것은 자유로운 상황에서 우러나는 자연스러운 소리들이
기 때문인 것 같았습니다. 그때 저에게 그 잡음들은 베토벤의
합창 교향곡 멜로디보다 더 아름답게 느껴졌지요. 통제된 소
리, 악보에 갇힌 멜로디가 아니라 자유의 소리, 자연스러움의

소리였기 때문입니다.

그런데 차가 서대문 구치소 앞에 정지하는 순간, 저는 그 달콤한 잠음이 과연 자유로움에서 빚어지는 것인지 다시 생각하게 되었습니다. 푸른 죄수복으로 갈아입은 제 모습은 영락없는 죄수의 모습이었지만 감옥 밖의 시민들은 과연 진정 자유로울까 하는 데 생각이 미쳤지요. 감옥 밖이 참으로 자유롭다면, 자유를 외치는 시민이 그 일로 결코 감옥에 가지는 않을 것입니다. 그런데 민주화와 평화, 인권과 정의를 외친 죄로 저희 같은 사람들이 이렇게 죄수가 되었으니 감옥 밖의 세상도 결국 감옥 아닌 감옥인 셈이었죠. 씁쓸하고 차가운 기운이 저를 잠시 떨게 했습니다.

감옥에서의 첫날 밤, 저는 잠을 이룰 수 없었습니다. 지옥 심문관들이 없으니 오랜만에 단잠을 잘 수 있을 만도 한데, 이상하게도 잠이 오지 않더군요. 얼핏 잠이 들려고 하는 순간, 어떤 물체가 제 몸을 밟고 지나가는 듯했습니다. 환상이겠지 하고 잠을 청했는데, 또 뭔가가 움직였습니다. 벌떡 일어나 앉았지요. 작은 고양이만 한 살찐 쥐가 저를 힐끔힐끔 쳐다보면서 마루 구멍으로 사라졌습니다. 소름이 끼쳤습니다. 사람을 보고도 놀라지 않는 쥐마저도 저를 놀리며 고문하는 게 아닌가 하는 어쭙잖은 생각마저 들었지요. '마룻바닥 밑에서 제 마음대로 돌아다니니 자유 없이 갇혀 있는 나 같은 인간이 우스운 게로구나.' 그러면서 갇혀 있는 제 신세를 생각하니 다시 분노가 스멀스멀 치밀어 올랐습니다.

6

서대문에서 감방 생활을 한 지 며칠 지나지 않아 자유를 빼앗긴 것보다 더 끔찍한 일이 있음을 깨닫게 되었습니다. 저에겐 구치소 0.7평의 감방에 갇혀 산다는 것이 고통스럽기는 하나 그럭저럭 견딜 만했습니다. 남산 지하 2층의 지옥 심문이 주었던 고통에 비하면 더럽고 좁은 감방에서나마 홀로 갇혀서 누릴 수 있는 '자유'는 달콤했지요. 물론 철창 너머로 창공을 날아다니는 새들을 바라보고 있으면 새들보다 못한 제 처지에 처연한 느낌이 들기도 했지만 다음 순간 제 마음 속 깊은 곳에서 이런 생각이 솟구쳐 올라왔습니다. '내 신체는 0.7평 작은 감방에 갇혀 있지만, 꿈꿀 자유, 상상할 자유, 희망을 가질 자유는 총과 칼로 꺾을 수는 없지.' 이런 생각은 곧 용기로 바뀌어 제 감방 생활에 힘이 되어 주었습니다. 그러던 어느 날 한 젊은 교도관이 제게 이렇게 말을 걸어왔습니다.

"한 교수님, 감옥에서 뭐가 좋다고 늘 혼자 흥얼거리고, 뭐가 행복하다고 혼자 씩 웃고 하십니까? 책을 읽으면서도 즐거워하는 표정인데, 감옥 안에서도 책 읽는 게 그렇게 즐거운가요?"

감방 안에서 저는 하루를 이렇게 꾸려 갔습니다. 우선 아침에 잠을 깨면 요를 둘둘 말아 편히 앉을 만한 자리를 마련했지요. 제 옆에는 열댓 권의 책이 쌓여 있었는데, 제일 꼭대기에 늘 성서를 놓아두고 아침 식사 후 제일 먼저 성서를 읽고는 찬송가 중에서 제일 좋아하는 두서너 곡을 흥얼거리듯 조용히 불렀습니다. 그러고 나서 남는 시간엔 사회학 전문 서적과 아내가 넣어 준 소설을 번갈아 가며 읽었습니다. 제겐 하루가 너무 빨리 지나갔습니다. 물리적 공간은 0.7평에 불과했으나, 정신적 공간은 결코 좁지 않았습니다. '지금' '여기서'의 고생이 '내일' '저기서'의 기쁨에 비춰 보면 아무것도 아닌 것처럼 여겨지기도 했지요. 아마도 그래서 그 젊은 교도관에겐 제가 여유 있고 행복한 사람처럼 보였나 봅니다.

어느 날 밤, 자기 전에 그와 창살을 사이에 두고 얘기를 나누게 되었습니다. 저는 호기심에 그에게 물었지요. 자유로운 젊은 교도관이 어찌 중년에 접어든 죄수를 부러워하느냐고 말입니다. 젊은 공무원이니 장래가 창창할 테고, 더구나 자유롭게 출퇴근하며 일할 수 있는데, 갇혀 있는 나 같은 죄수를 부러운 눈으로 쳐다보니 그 연유가 궁금했습니다. 그의 대답은 이랬습니다.

"제가 젊은 것은 사실이지만, 제겐 희망이 없습니다. 그러나 교수님은 지금 감방에서 고생은 하고 계시지만, 내일이 있지 않습니까. 정치범으로 잠시 고생은 하시지만 오래지 않아 자유인이 되실 테고 그러면 만사형통 아닙니까. 그런데 제겐 그런 희망도 미래도 없어요."

그는 자기 직업에 도무지 만족할 수 없고, 자긍심을 가질 수 없다고 했습니다. 지금 어느 여성과 사귀는 중인데, 그녀가 자기 직업을 자세히 물어 올 것 같아서 두렵다고도 했습니다. 교도관이라고 하면 헤어지자 하지 않을까 염려하고 있었지요.

그러던 어느 날, 그 젊은 교도관이 '사건'을 하나 벌였습니다. 오전 10시경, 그가 군복에 군화를 신은 채 제 감방 문을 덜컥 열고 들이닥쳤습니다. 책을 읽고 있던 저는 무슨 심각한 변고가 생긴 줄 알았지요. 갑자기 저를 딴 곳으로 데려갈 것 같은 불길한 생각이 들었습니다.

"교수님, 잠시 자리에서 일어나십시오."

"왜 무슨 일이 생겼나요?"

"아닙니다. 지금 저 혼자 동 전체를 맡고 있는데, 교수님 자리에 한번 앉아 보고 싶어서 들어왔습니다. 교수님, 창살 앞에 서서 저 밖에 누가 오는지 잠시 살펴 주세요."

그는 그렇게 제게 보초 역할을 맡겨 놓고는, 제 자리에 천연덕스레 자리를 잡더니 이 책 저 책을 펼쳐 보며 이렇게 중얼거렸습니다.

"아, 내가 이런 외국 책들을 다 읽을 수 있다면……."

또 찬송가를 집어 들더니 조용히 몸을 좌우로 흔들며 흥얼거리며 제 흉내를 내는 것이었습니다.

저는 몹시 초초했지요. 교도관이 정당한 사유 없이 죄수 방에 들어가는 것은 행형법 위반이기에, 저는 이 교도관의 '괴이한' 행동으로 벌을 받게 될까 봐 교도소 입구를 계속 불안하게 지켜보았습니다. 혹시 다른 교도관이나 그의 상급자가 들어오지 않을지 정말 불안했지요. 죄수 노릇하는 젊은 교도관 못지않게, 교도관 지켜 주는 죄수 노릇도 괴이했습니다. 3, 4분쯤 지났을까. 그동안 그는 천진난만한 어린애처럼 행복해 보였지만 저는 그 긴장을 더는 버틸 수 없어서 짐짓 누가 오는 것 같다고 거짓말을 했습니다. 그는 용수철처럼 자리에서 튀어 오르며 급히 문 밖으로 나갔습니다. 그리고는 자못 시침을 떼며 교도관으로 되돌아갔지요.

그다음 날인가, 저는 그에게 왜 그런 위험한 짓을 했느냐고 물었습니다. 그는 뒷머리를 열없이 만지며 이렇게 대답했습니다.

"그저 교수님 자리에 한번 앉아보고 싶었습니다. 그 자리에 앉게 되면, 희망도 생기고 행복해질 것 같아서요."

저는 마음 한구석이 짠해져 왔지만 짐짓 웃으며 농을 던졌지요.

"그게 무슨 소리요? 젊은이 앞날이 창창한데 희망이 없다니! 정말 이 자리가 부럽다면 우리 서로 바꿔치기 할까요?"

그러자 그는 웃으며 이렇게 대꾸했습니다.

"좋아요, 교수님. 교도관과 수감자 자리만 바꿀 게 아니라, 희망과 행복도 함께 바꿉시다."

그의 뜻깊은 농담은 잠시나마 저를 따뜻하게 해주었습니다.

서대문 구치소에서 제게 희망의 힘을 깨우쳐 준 사람이 또 한 분 있었습니다. 구치소에 들어온 지 두 달 쯤 지나서야 저는 비로소 감방 밖에 나와 세수를 할 수 있게 되었습니다. 구치소 1층에 세수를 하러 가면 여러 동지들을 만날 수 있어 신이 났지요. 어느 날 세수를 끝내고 2층 제 감방으로 돌아가려는데, "한 교수님"하고 부르는 소리가 들렸습니다. 소리 나는 감방으로 갔더니 제가 전혀 모르는 분이 계셨습니다. 왜 부르셨느냐는 제 물음에 그는 이렇게 대답했습니다.

"너무 답답하고 외로워서요. 세계가 좁다고 사업차 열심히 돌아다닐 때 그렇게나 저를 따르던 사람들이 모두 제 곁을 떠났습니다. 아내마저 저를 버렸지요. 외국에 살던 누이가 와서

옥바라지를 해주고 있지만, 저는 외롭고 괴로워서 하루가 천 년 같이 지루하고 답답합니다. 그런데 한 교수님과 함께 여기 오신 분들은 마치 소풍 온 것처럼 자유롭게 소리도 지르고 감 방 문을 발로 차기도 하고 교도관을 꾸짖기도 하고 큰 소리로 웃기도 하는데, 감옥 생활이 그렇게 신나고 재미있습니까?"

이 넋두리를 듣고 저는 잠시 처연해졌습니다만, 저희들의 감옥 생활이 소풍처럼 신나는 일로 비쳤다는 점이 놀랍고 흥 미로웠습니다.

"저희들도 감옥 생활이 즐거운 것은 아니지요."

"아, 그렇습니까. 저는 즐기시는 줄로 알았지요. 또 그렇게 보이고요."

"저희들의 행동이 그렇게 보인다면, 아마도 저희들이 감옥 생활하면서도 절망하지 않고 오히려 내일에 대한 희망을 갖고 있기 때문이겠죠. 희망의 힘을 지니고 있는 한, 그 어떤 오늘 의 곤경도 저희들을 좌절 속에 가둘 수 없을 것입니다. 힘내시 고 희망과 용기를 가지세요."

제 감방으로 돌아와서 저는 제가 남에게 그렇게 감옥 생활 을 신나게 하는 별종으로 비쳤다는 사실에 새삼 놀랐습니다. 저도 감방에 갇힌 수인이라는 엄연한 객관적 사실에 하루에도 몇 번씩 가슴이 옥죄어 왔으니까요. 신군부의 폭정이 언제까 지 이어질지 정확히 가늠할 수 없었기에 늘 불안에 떨고 있기 도 했고요. 그래서 그 기업인이 부러워하는 소리에 내심 당황 했습니다. 하지만 그로 인해 속에서 새로운 힘이 솟아나는 듯 했습니다. 객관적으로 보면 절망적인 상황에서도 꺾이지 않는 희망의 힘이 저희들을 감싸고 있음을 확인할 수 있었기 때문입니다. 자유를 박탈당한 채 좁은 감방에 갇혀 있는 저를 그젊은 교도관이 부러워했던 연유 역시 바로 제가 지녔던 희망의 힘에 있었습니다. 어떤 상황에서든지 의미 있는 존재로 일어설 수 있게 하는 힘이 바로 희망의 힘임을 저는 서대문 구치소에서 그렇게 온몸으로 깨달았습니다.

7

　　　　　1980년 그 가을 감옥에서 체득한 진리는명제는 지금까지 제 삶을 지탱하는 기반이 되어 주었습니다. 희망의 끈을 붙잡고 있는 한 역경의 시간들을 헤쳐 나갈 수 있었습니다.

　하지만 고난과 절망의 순간을 극복하지 못하는 사람들도 많습니다. 그들은 붙잡을 수 있는 희망의 끈이 남아 있지 않거나적어도 그렇다고 믿게 된 경우일 것입니다. 한국 사회가 민주화에 성공해 어느 정도 정치적 자유와 경제적 번영을 누리는단계에 진입했다고 하지만, 아무런 희망 없이 고난에 내몰린사람들은 여전히 많습니다. 한국이 자살률에서 12년째 OECD회원국 가운데 1위를 기록하고 있다는 통계는 이런 이들의 고난을 웅변해 줍니다. 자유를 억압하던 군부 독재 권력은 사라졌는지 모르지만, 희망을 빼앗아 가는 도적은 그 모습을 바꾸어 가며 아직 횡행하고 있는 것입니다. 잔혹한 경쟁, 희망의 사다리를 걷어차 버린 지배계급, 걷잡을 수 없는 빈부 격차, 무책임한 국가권력, 그리고 그런 사회문제들에 무관심한 우리 자신이 모두 희망 도적일 수 있습니다. 지금 우리 곁에 고난의 시간을 견디고 있는 이들은 없는지, 우리는 이들에게 과연 생명의 동아줄, 희망의 끈을 내밀어 줄 수 있을지 주의 깊게 살펴볼 일입니다.

한국 기독교의
새 길을
찾아서

1

　　　　　한국 개신교가 백주년을 맞던 1984년에 저
는 뉴욕에서 망명객으로 지내고 있었습니다. 신군부 세력이
조작한 김대중 내란 음모 사건에 연루되어 군사 법정에서 3년
을 구형받고 형 집행정지로 풀려난 후 미국장로교PCUSA 중동
지역 총무를 맡고 있던 이승만 목사와 에모리 대학 레이니 총
장이 미국 장로교 및 미국교회협의회, 샘 넌Sam Nunn 미상원군
사위원장까지 동원한 헌신적인 모험을 감행한 덕택에 기적적
으로 1981년 10월, 에모리 대학 방문 교수 자격으로 미국 땅
을 다시 밟을 수 있었지요. 하지만 한국의 정치 상황이 갈수록
엄혹해지고 있어 여권과 미국 비자가 모두 만료된 1년 후에도
귀국하지 못한 채 불안한 생활을 하고 있었습니다. 결국 1984
년 8월 15일자로 복권·복직되어 그해 9월, 한국에 돌아가기
까지 저는 3년의 세월을 유배자로 보내야 했습니다.

　망명지에서 세 번째 새해를 맞던 그날의 감회는 아직도 절
절합니다. 특히 그해가 1984년이었기 때문에 여러 가지 생각
으로 마음이 무거웠습니다.

　1984년은 조지 오웰이 자신의 소설 『1984』에서 암울한 전

체주의 체제의 도래를 묘사한 해이지요. '1984 체제'는 오웰의 상상 속에서만 존재하는 것이 아니었습니다. 20세기를 지배했던 두 전체주의 체제에서 그 끔찍한 모습이 부분적으로나마 이미 드러났습니다. 테크놀로지에 기초한 전체주의의 암흑은 첨단 과학기술, 정보 과학기술이 발전하게 되면서 앞으로 더 교묘하게 우리 삶 속으로 스멀스멀 침투해 들어올 수 있습니다. 오웰의 '1984 체제'가 드러내는 몇 가지 특징 중에서 당시 제가 새삼 주목하게 된 것은 언어의 도착倒錯 현상입니다.

『1984』에서는 '사랑성'이라는 국가기관에서 고문이 일상화되고, '진리성'이라는 관료 기구에서 거짓 뉴스가 선전용으로 제조 및 분배되지요. 조지 오웰이 예견했듯, 전쟁이 평화로, 노예의 삶이 자유로, 무지가 힘으로, 억압이 민주주의로 간주되는 일이 전체주의에서는 비일비재합니다. 전체주의 지배 세력은 이 같은 언어 도착, 언어 왜곡을 통해 정치사회적 불안을 억제하려 하지요. 이중적 사고가 일상화되고 이 같은 허위의식이 지배 이데올로기로 작동하게 됩니다. 정의가 정의의 이름으로 파괴되어도, 자유가 자유의 이름으로 훼손되어도 그것이 일상적인 일인 양 여겨지고 당연한 상식처럼 받아들여지게 됩니다. 그만큼 민중의 고통은 더욱 커지게 되지요.

저는 1984년을 이국땅에서 망명객으로 맞으며 오웰의 '1984 체제'가 한반도 전체로 번지는 것이 아닐까 두려웠습니다. 멀리서 보니 조국의 위태한 모습이 전체적으로 눈에 더 잘 들어와 가슴이 더욱 답답해졌습니다. 그래서 더욱 깨어 있는 민중이 시민사회를 이끌어 가야 한다고 생각했지요. 그 점은 지금도 마찬가지입니다. 모양과 강도는 조금 다를지라도, 지배 세력에 의한 언어의 도착, 상식의 전도가 아직 횡행하고 있는 만큼 깨어 있는 시민 의식은 지금도 여전히 중요합니다.

1984년은 한국 개신교가 백주년을 맞는 해이기도 했습니다. 동학혁명이 부패한 조정과 외세 간의 결탁으로 좌절되었던 시점에 한반도에 들어온 개신교는 적어도 초기에는 이 땅의 민중과 민족의 소망을 존중해 주었습니다. 그래서 민주적·민족적인 새로운 종교로 받아들여졌지요. 하지만 일제의 교활했던 문화 통치 기간에 한국에는 보수적인 근본주의 기독교 신앙이 들어오게 됩니다. 독선적 교리 신앙이 번지면서 배타적인 신앙관, 육체에서 분리된 영혼의 안녕을 강조하는 타계他界 신앙이 한국 교회에 뿌리 내리게 되었습니다. 이런 중에도 일제의 종교 탄압에 굴하지 않았던 주기철 목사, 손양원 목사 같은 지도자가 있긴 했지만 말입니다.

그런데 일제 식민 통치가 민족 분단과 함께 종식된 이후에도 한국 사회와 국가, 교회 안에는 친일 세력과 결탁한 반공 세력이 강력한 지배 구조를 형성하게 됩니다. 이들은 한국전쟁 후 세계적인 냉전 체제가 확고해진 틈을 타 냉전 근본주의 정책을 펼쳤습니다. 이승만 정부에서는 이것이 독재 미화의 동력이 되었고, 박정희 쿠데타 이후에는 군사독재의 합리화 기제로 작동했습니다. 바로 이들 지배 집단의 핵심에 기독교 근본주의자들이 자리 잡고 있었지요. 세속적인 냉전 근본주의와 기독교 근본주의 신앙이 결합되면 그곳에 정치적 권위주의가 독버섯처럼 번지게 됩니다. 한국 개신교 1백 년의 역사는 그런 상황에서 전개되었습니다.

개신교 주류 세력은 냉전 근본주의 신앙으로 문민 독재와 군사독재를 정당화시키는 일에 줄곧 앞장서는 역사적 잘못과 죄를 범했습니다. 예수의 하나님 나라 운동을 냉전적 사고에 물든 색깔 공격의 대상으로 삼는 일에 나서기도 했지요. 그러기에 백주년을 맞이하는 이제라도 한국 교회가 지난 잘못을 철저히 회개하고 한반도 평화를 세우는 일에 앞장서기를 간절히 기도했습니다.

2

뿌리 뽑힌 고단한 삶을 사는 중에 유배지 같은 곳에서 제가 신학 공부를 시작하게 된 계기는 그전에는 생각도 못했던 조그마한 사건 때문이었습니다. 기회는 우연히 찾아왔습니다. 기약 없는 망명 생활이 2년째로 접어들고 있던 어느 날, '한완상 반출 작전'을 통해 제가 미국으로 건너오는 데 결정적인 역할을 한 이승만 목사께서 제게 매우 중요하고도 힘든 제의를 해왔습니다.

"한 박사, 유배지 생활을 언제까지 할지 모르는 상황이니 신학교에서 엠디브M-Div 과정을 밟아 보는 것이 어떻겠소. 세계적인 진보 신학자들을 배출한 뉴욕의 유니온 신학교에서 신학 공부를 하면 좋을 것 같은데, 내가 유니온 신학 당국과 상의해 볼 터이니, 지난날 에모리 대학 박사과정 때 이미 학점을 딴 코스들 중 관련 있는 과목들은 면제받는 조건으로 목회자 과정을 밟아 보지 않겠소?"

당시 제 미래가 너무 불확실했기에 그는 제가 세계적 신학교에서 목회자 과정을 마친 후 성직자가 될 수 있는 길을 열어 주고 싶어 했습니다. 그의 사려 깊은 제의를 받고 처음에는 좀 당황했습니다. 하지만 곧이어 제가 성직자가 되기를 바라셨던 오래전 어머니의 소망이 떠올랐고, 또 한국 교회가 새 역사를 쓰는 데 미력이나마 보태고자 하는 열망도 꿈틀댔습니다. 게다가 유니온 신학교는 라인홀드 니버Reinhold Niebuhr, 폴 틸리히 Paul Johannes Tillich 같은 세계적인 신학 거장들이 몸담았던 진보적 신학교였습니다. 한국 진보 신학계를 이끌고 있는 교계 지도자들 중에도 이 학교 출신들이 많이 있지요. 박형규, 김관석, 강원룡, 김찬국, 현영학 등 기라성 같은 동문들 말입니다. 그리고 보니 나이 50을 바라보며, 그것도 미국에 망명객으로 있으면서 신학 공부를 시작하는 것이 어떤 섭리처럼 느껴졌습니다.

1983년 9월 1일, 저는 유니온 신학교에 등록했습니다. 바로 이날 대한항공 비행기가 시베리아에서 사라졌다는 소식을 접했지요. 남북 관계가 더욱 악화되고 한반도 평화는 그만큼 더 위협받는 상황이 될 것이라는 불길한 예감이 엄습해 오는 가운데 저는 예수의 평화를 위해 더욱 헌신한다는 각오로 그렇게 유니온 신학생이 되었습니다.

3

나치가 독일을 장악하고 세계를 위협하던 시절 유니온 신학교에는 독일의 젊은 신학자 본회퍼Dietrich Bonhoeffer가 와있었습니다. 그는 동료들의 만류에도 불구하고 고국으로 돌아가, 히틀러 정권에 대해 침묵하고 있던 독일 교회를 깨우는 일에 앞장섰습니다. 나아가 히틀러를 제거하는 모의에도 적극 가담했지요. 애석하게도 히틀러가 자살하기 불과 두 달 전에 체포되어 처형되고 말았지만, 그는 평화의 모험, 복음의 모험을 감행한 신앙인의 귀감으로 살아 있지요. 그런 본회퍼를 떠올리며 저 역시 제 몫의 모험에 나서 보기로 결심했습니다.

당시 유니온 신학교에는 세계적으로 명성을 떨치고 있던 흑인 신학의 거장 제임스 콘이 있었습니다. 콘의 조직신학 강의를 들으면서 저는 크게 감동을 받았습니다. 그의 열강은 땀으로 젖은 그의 손수건이 고스란히 말해 주었지요. 종강을 알리는 소리가 나면 그의 마지막 말이 입에서 떨어지고 그와 동시에 강의실을 가득 메운 학생들은 일제히 기립 박수로 그의 열강에 화답했습니다. 이 같은 사제 간의 교감은 일찍이 서울대에서는 보지 못한 광경이었지요. 이런 분위기 속에서 사제 간의 관계는 학문적 수준을 뛰어넘어 역사 변혁, 구조 변혁을 함께 고민하고 지향하는 수준으로 발전해 가는 듯했습니다. 정말 신났고 또 부러웠습니다.

아시아 신학이라는 세미나 과목에서 받았던 신선한 충격은 아직도 제 기억에 생생히 남아 있습니다. 수업 첫날 학생들이 서로를 소개하는 시간을 가졌습니다. 출신 지역과 출신 대학, 전문 분야, 유니온 신학교에 입학한 동기 등을 공유하는 시간이었지요. 그런데 그 자리에서 안경을 낀 학자풍의 30대 초반 학생이 자신을 이렇게 소개했습니다.

"보스턴에서 온 ○○입니다. 하버드 대학교 화학과를 졸업하고 회사에서 일했습니다. 소득도 중산층 생활을 하기에 부족함이 없었지요. 유니온 신학교에 오기로 한 것은 제가 무신론자이기 때문입니다. 정말 신에 대해 알고 싶어서 왔습니다. 열심히 공부해 보겠습니다."

한국 같으면 이런 학생은 아예 신학교에 발을 붙일 수가 없습니다. 한국에서 신학교에 입학하려면 교회에 적을 둬야 하고 세례 교인이어야 합니다. 담임 목사의 추천도 필요하지요. 그러니 기독교 신자가 아니면 신학교는 엄두도 낼 수 없습니다. 그런데 유니온 신학교에 입학하는 데는 그런 조건들이 필요 없었습니다. 그 "무신론자" 수강생의 말은 제게 신선한 충격으로 다가왔습니다. 무신론자니까 신학을 배우겠다는 그 학생의 고백도 신선하고 설득력 있었지만, 그런 학생을 기꺼이 받아들인 유니온 신학교가 저는 더 신선하게 느껴졌지요.

오늘날 세계 도처에서 엄청난 갈등과 긴장이 폭발하고 증오와 전쟁이 빈발하는 데는 종교적 배타주의와 독선이 중요한 역할을 하는 듯합니다. 전투나 전쟁도 종교적 독선에서 비롯되는 경우 그 잔인함이 더욱 극성스러워집니다. 종교야말로 관용과 용서를 앞서서 실천하는 힘의 원천이어야 하는데, 현실은 전혀 그렇지 못합니다. 종교의 이름으로, 종교적 확신으로 더 추악한 살육이 벌어지고 있는 것이 오늘의 현실입니다. 그러니 무신론자여서 신학생이 되었다는 고백을 자연스럽게 수용하는 유니온 신학교가 정말 멋진, 열린 신학교로 보였지요. 늦은 나이에도 신학 공부를 시작하기로 한 것이 잘한 선택이었다는 희열과 더불어, 한국에는 왜 이런 열린 신학교가 없는가 하는 안타까움이 밀려왔습니다. 열린 신학, 넓은 신학이 깊고 따뜻한 신앙과 어우러질 때 비로소 하나님 나라를 향한 변혁이 시작될 수 있을 텐데 말입니다.

유니온 신학교에서 공부하는 동안 저는 예수의 하나님 나라 운동이 이웃 사랑과 원수 사랑을 한 줄에 꿴 그 역동성을 핵심으로 한다는 점을 더욱 분명히 깨닫게 되었습니다. 이웃 사랑의 수준을 뛰어넘어 원수 사랑의 수준으로 나아가야 참된 평화가 세워지지요. 그런데 자본주의 시장에서나 전체주의 국가에서는 이웃도 원수로 미워하게 되기에 예수 운동은 수난받게 되지요. 특히 정글 같은 경쟁 사회에서, 승자가 '갑'으로 군림하는 사회에서, 예수의 하나님 나라 운동은 불가피하게 '불온한' 운동으로 탄압받을 수밖에 없습니다. 부패한 국가와 불공정한 시장이 서로 결탁해 약자들을 더욱 괴롭히는 상황에서 예수 운동은 언제든 제도화된 폭력과 색깔론 같은 이데올로기 공세에 직면할 수밖에 없는 것입니다. 2천 년 전 당시 로마 권력과 거기에 기생했던 토착 권력이 예수를 능멸하고 탄압하고 급기야 처단했던 것처럼 말입니다.

그런데 한국의 기성 주류 교회들이 벌이는 '예수 천당 불신 지옥' 운동은 부패한 국가권력이나 시장의 적자들에 맞서 약자들 편에서 하나님 나라를 실현하기보다는, 오히려 물질적 성공을 축복으로 강조함으로써 기득권을 옹호하고 영혼의 구원에 배타적 관심을 돌림으로써 정치사회적 불의에 둔감하게 합니다. 그들의 기복 신앙은 이 땅에 하나님의 공의와 민주화를 실현하고자 애쓰는 이들을 조롱하며, 그들의 닫힌 신학은 근본주의와 맹신을 계속해서 재생산합니다. 유니온에서 신학을 탐구하면서 조국의 교회와 기독교의 문제점들은 제게 더 아프게 다가왔습니다.

4

한국 기독교가 오늘날처럼 '개독교'로 비난받게 된 데에는 여러 가지 이유가 있겠지만, 그중에서도 물질적 복을 숭상하는 것이 정말 심각한 문제입니다. 한국 교회 상당수의 문제가 대형 교회들을 중심으로 드러나고 있다는 점에서도 알 수 있지요. 이와 관련한 뜻깊은 가르침 한 가지를 나누고 싶습니다.

미국에 있는 동안 샌프란시스코의 조그마한 한인 교회인 콘트라코스타 교회에서 '예수를 새롭게 알자'라는 주제로 세 차례에 걸쳐 특강을 한 적이 있습니다. 김재두 목사 부부께서 정성껏 모임을 준비하셨지요. 그 모임이 끝난 후 근처에 있는 샌안셀모 신학교를 방문했습니다. 이 신학교는 한국의 장자 교단으로 알려진 예수교 장로교 통합 측과 긴밀한 관계를 유지하고 있습니다. 그곳에 마침 장로교 신학교(광나루) 학장을 지내신 박창환 교수께서 오시게 되어 그의 제자 되는 목회자 분들이 함께 모여 식사를 하게 되었습니다. 대화 중에 박창완 교수께서 제자들의 교회 근황을 두루 물어보셨고, 그 가운데 한 제자에게 지금 시무하는 교회 규모가 어느 정도 되느냐고 질문하셨지요.

그 제자는 150명 정도밖에 안 된다며, 교회를 크게 키우지 못한 것을 부끄럽게 생각한다는 뉘앙스로 대답을 하더군요. 그러자 박 교수는 교우 한 사람 한 사람 이름을 모두 기억하며 그들을 위해 기도할 수 있느냐고 다시 물으셨습니다. 150명 정도밖에 안 되니까 그렇게 할 수 있었겠지요. 그런데 박 교수는 양들 하나하나의 이름뿐만 아니라 그 가정의 사정들, 특히 어려움을 모두 기억하고 동고同苦하면서 목회를 해나가야 한다고 했습니다. 그래야 진정한 목자, 목회자가 될 수 있다고 말이지요. 이 말은 곧 자기 교회 신자의 이름과 그 가족의 애환을 다 기억할 수 없다면 참된 목자가 될 수 없다는 뜻이지요. 교인 숫자가 많다고 그저 좋아하지 말라는 스승의 경고였습니다.

그렇게 보면 1천 명, 2천 명으로 교인 수가 늘어나는 일은 함부로 기뻐하고 자랑할 일이 아닙니다. 거대 교회를 만드는 일에 여념이 없는 목사들은 진정한 목자 되기를 포기하고 탐욕을 부리는 자들과 같다는 박 교수의 경고는 많은 생각을 하게 했습니다. 진정한 목자 없는 교회가 우후죽순처럼 늘어난다고 복음화가 이루어지는 것은 아니지요. 부활하신 예수께서 베드로에게 "네가 나를 진정 사랑하느냐"고 세 번이나 물어보신 후에 그렇다는 제자의 응답을 들으시고 하신 말씀이 "내 양 떼를 먹이라"라는 당부였습니다. 예수를 사랑하는 것이 곧 양 떼를 돌보는 일이라고 깨우쳐 주신 것이죠. 이것은 약자를 돌보는 일이지 교회를 양적으로 키우는 일이 결코 아닙니다.

수천, 수만 명의 신도를 거느린 거대 교회를 만들려고 몸부림치는 한국 교회 목사들은 그런 예수의 당부를 잊었거나 듣지 못하는 게 분명합니다. 아예 양떼 먹이기를 포기하기로 작정하지 않고서야 이렇게 그 큰 교회를 만들어 그곳에서 교주나 왕 노릇을 하려 하겠습니까. 교인 한 사람 한 사람 이름과 고뇌도 모른 채 대기업 경영하듯 교회를 운영하는 것은 양떼를 먹이는 따뜻한 목회라 할 수 없지요. 박창완 교수의 경고를 지금의 한국 교회는 교파를 막론하고 모두 무시하는 것 같습니다. 현재 한국의 신학교에 박창완 교수 같은 참된 스승이 없기에 한국 교회가 '개독교'라는 오명에서 벗어나기 힘든 것인지도 모르겠습니다.

1984년에 복권·복직이 되어 한국으로 돌아온 후 저는 유니온 신학교에서 배우고 깨달은 바를 바탕으로 압구정 현대교회 (예수교 장로교 통합)에서 한동안 평신도 설교자의 사역을 감당하다가 1987년, 기존 제도 교회에 대한 창조적 대안으로 새로운 교회를 시작했습니다. 한신대에서 성서신학을 가르치는 김창락 박사와 서강대 종교학과 교수로 있던 길희성 박사, 숭실대 철학과의 이삼열 교수 등 기성 교회의 율법주의적 풍토와 근본주의 교리에 크게 실망하고 있던 분들이 저와 뜻을 함께해 새로운 교회, 평신도 열린 교회를 세우는 일에 동참했습니다.

새길 공동체는 기성의 제도 교회와 창조적 거리를 두기로 했고, 바로 그런 거리 두기에서 그 대안성이 부각되기를 바랐습니다. 새로운 교회의 신학적·신앙적 지표는 다음과 같은 신앙고백문에 잘 담겨 있습니다.

> 우리는 세상을 창조하시고 언제나 새롭게 변혁하시는 하나님을 믿으며, 어둠의 역사 속에서도 새날이 밝아 옴을 선포합니다. 우리는 모든 죄악으로부터 우리를 해방해 새로운 사람으로 일으켜 주신 예수그리스도를 믿으며, 인간의 생명과 존엄을 해치는 모든 악의 세력을 거부합니다. 우리는 고난과 역경 속에서도 우리에게 언제나 새로운 위로와 용기를 주시는 성령을 믿으며, 어떠한 절망 속에서도 희망의 복음을 선포합니다. 우리는 교회가 예수그리스도의 십자가의 고난과 부활의 승리에 동참하도록 부름 받은 신앙 공동체임을 믿으며, 사랑으로 서로 사귀고 고통당하는 사람들의 이웃이 되어 하나님 나라의 복음을 증거하는 일에 헌신하기로 결단합니다.

이런 신앙고백은 1987년, 이른바 '87년 체제'가 태동하기 전 가장 어둡고 가장 절망적인 상황, 즉 신군부 정권의 폭정이 절정으로 치닫는 상황에서 터져 나온 것이었습니다. 신군부의 그 잔인한 폭압 정치 속에서 이 신앙고백문이 대안적 희망을 줄 수 있기를, 나아가 이것이 1천7백 년간 이어져 온 제도 교회의 사도신경과도 창조적 긴장을 유지할 수 있기를 바랐습니다. 그렇게 우리는 창조적인 종말 공동체로 새길교회를 출범시켰습니다. 이렇게 출범한 새길 공동체가 기존의 제도 교회와 어떻게 다른지에 대해서는 저희들의 창립 취지문에서 이렇게 밝혔습니다.

> 우리는 섬김 받는 교회에서 섬기는 교회로,
> 교역자 중심의 교회에서 평신도 중심의 교회로,
> 율법주의에 매인 교회에서 은총과 자유의 교회로,
> 닫힌 교회에서 열린 교회로,
> 받는 교회에서 주는 교회로,
> 쌓아 올리는 교회에서 나누어 주는 교회로 발돋움하고자 합니다.

이 창립 선언에서는 일종의 패러다임 전환을 부각시키려 했습니다. 무엇보다 새 공동체는 역사의 예수처럼 섬김 받고자 하지 않고 섬기는 교회를 지향하기로 했습니다. 한국의 대형 교회에 가면 담임 목사가 일종의 교주처럼 권위주의적으로 군림하며 모든 교인들로부터 경배를 받으려 하기에, 그런 교회들과 본질적으로 다른 공동체를 만들어 가고 싶었습니다. 오로지 설교자, 교역자, 목사만 주체적 존재이고, 평신도는 객체로 취급되는 그런 기성 교회와 선을 긋기로 한 것입니다. 기성 교회가 대체로 닫힌 교회, 받는 교회, 쌓아 올리는 교회로 달려간다면, 새길교회는 그와 대조적으로 열린 교회, 주는 교회, 그리고 나누어 주는 교회로 뚜벅뚜벅 걸어가고자 했습니다. 이렇게 나아가는 동안 민족 분단을 고착시키면서 남북 관계 악화를 빌미로 인간의 자유권적·생존권적 기본권과 민주주의를 조직적으로 훼손하는 기독교 냉전 근본주의 문화를 극복하고 싶었습니다. 한마디로 새길교회는 분단 현실에서 평화와 공의를 실현시키는 일, 곧 예수의 하나님 나라 운동을 펼쳐 보고자 했습니다.

그리하여 분단 42년을 맞는 1987년 3월 8일 노동 주일에 106명이 강남 YMCA 강당에 모여 첫 창립 예배를 보았습니다. 김창락 박사가 "하나님 나라 사건"이라는 제목으로 말씀을 선포했지요. 그는 갈릴리 예수의 하나님 나라 비전을 제시하고 장구한 역사의 서구 교회와 신학이 예수의 이 같은 운동을 왜곡시켰다고 비판했습니다. 즉 예수의 하나님 나라는 공동체 속에서 역사를 변혁시키는 구원의 사건인데, 이 사건을 개인화하고 그 실재를 내면화시키는 동시에 내세화시켰다고 말입니다. 김 박사가 제시한 설교의 결론은 지금도 저희들에게 큰 울림을 줍니다. 그는 이렇게 예언자처럼 선언했습니다.

교회는 세계 내적인 하나의 제도나 기관으로 화석화되어서는 안 되며 또한 세상과 관계없는 '영혼들의 결사'로 둔갑해서도 안 됩니다. 교회는 친목 단체도 이익 단체도 아닙니다. 그러므로 교회는 사회 속에 있으면서도 사회에 매몰되어서는 안 되며 늘 사회의 변혁을 지향해야 합니다. 오늘날 우리는 만물을 새롭게 하시겠다는 하나님의 약속을 믿고 끊임없이 기존 사회를 탈출해서 전진하는 도상의 교회를 세움으로써 하나님 나라의 기적을 역사 속에 사건화하는 종말론적 구원의 공동체를 만들어 가야 하겠습니다.

여기서 기존 사회란 온갖 통치 수단으로 공의와 평화를 짓밟는 어둠의 세력과 부패·강압 세력을 뜻합니다. 그리고 종말론적 구원 공동체란, 기존의 이 같은 권력 체제를 극복해 내는 희망 공동체를 뜻합니다. 한국의 민중 신학도 이 같은 종말론적 공동체 역할을 담당했던 기독교 지식인들의 열매이지요. 기교협 역시 그런 대안적 종말 공동체였습니다. 새길 공동체는 이런 변혁적 열린 교회를 제대로 꾸리기 위해 우선 기성 교회의 편제를 답습하지 않기로 했습니다.

저는 장로, 집사, 권사 등의 직제를 도입하지 말자고 제안했습니다. 또 예수의 복음 아래에서는 모두가 자유롭고 평등한 자매요 형제이므로 서로를 자매, 형제로 부르자고 했습니다. 그리고 교회의 권력이 설교권의 독점에서 왜곡되기 때문에 이 설교권을 나누어 갖기로 하고, 원칙적으로 평신도들에게도 강대상(설교단)을 열었습니다. 다만 처음에는 평신도들이 스스로 설교의 부담을 지려 하지 않았기에, 저를 비롯해서 김창락, 길희성, 이삼열 이 네 사람이 번갈아 말씀을 증거하고 그 외에 새길교회 신앙고백과 창립 선언 정신을 이해하는 분들, 특히 외부에서 신학자들을 초청했습니다. 지난 30년을 되돌아보면, 한신대, 연대 신대, 장로교 신학대학, 감신대, 이화여대 등에서 신학을 가르치며 실천하는 여러분들이 새길 공동체가 요청하면 기쁘게 달려오셔서 이 시대 이 땅에 적절한 깊이 있는 말씀과 감동적인 메시지를 전해 주었습니다.

지난 세월 동안 새길 공동체의 자매형제들은 예수의 말씀과 삶에 대한 교리를 믿는 신자들이라기보다는 예수를 직접 따르려는 실천 주체라는 의미에서 '예수 따르미'로 자신의 정체성을 자리매김하고 있습니다. 저희는 예수를 교리의 대상, 신학적 사고의 대상으로 보지 않으려 애쓰고 있습니다. 예수는 우리가 직접 우리의 삶 속에서 살아 내야 하는 동력이라고 고백합니다. 그러기에 예수는 이름이면서 본질이요, 신앙과 신학의 주제이면서 동시에 삶의 실천 자체라 할 수 있습니다. 새길 공동체에서는 예수에 관해 아는 것보다 예수를 사는 것이 훨씬 더 소중함을 강조합니다. 비록 그것이 그대로 현실화되지 않는다 하더라도 부단히 그렇게 살도록 항상 스스로에게 그리고 서로에게 일깨워 주려고 애씁니다.

물론 새길 공동체만이 한국 기독교의 유일한 대안은 아닐 것입니다. 시대 상황과 사회적 조건이 변화하는 만큼 교회의 사명도 달라지지 않을 수 없고, 그러므로 다양한 하나님 나라 운동의 실험과 실천이 필요하겠지요. 하지만 한국 교회가 '개독교'로 비난받는 현실을 극복하고 진정 예수의 삶, 예수의 믿음을 좇는 본을 보이고자 한다면, 무엇보다 끊임없는 자기반성과 회개가 선행되어야 한다는 데는 이견이 없을 것입니다. 독선에 빠져서 고통당하는 이웃들을 외면하거나 더 상처 주고 있지 않은지, '성장'을 외치며 부패한 권력을 정당화하고 탐욕을 부추기는 게 아닌지, 평화와 통일을 위해 헌신하는 대신 분란을 조장하고 분단을 지속시키는 데 앞장서고 있는 건 아닌지, 그리하여 하나님 나라 대신 이 땅의 정당성 없는 정치권력을 위해 헌신하고 있는 건 아닌지 끊임없이 돌아봐야 할 것입니다. 그런 자기반성과 회개를 딛고 민주주의를 훼손하는 정치권력과 용기 있게 맞서며, 한반도 평화를 위해 헌신하고, 인권과 사회정의를 위해 노력하는 신앙 공동체의 길, 곧 새길을 가려고 저희들은 오늘도 노력하고 있습니다.

제2부

새로운 역사에
부치는
편지

온 누리를
교실 삼아

1

저는 미국 유학 후 서울대 사회학과 교수로 부임했습니다. 그로부터 수십 년의 세월이 흐르는 동안 한국 사회는 민주화, 근대화, 통일 같은 국가적 이슈를 둘러싸고 치열한 갈등과 대립, 분열과 혼란을 경험했습니다. 그 와중에 지우기 어려운 고통스러운 기억과 치유할 수 없는 많은 상처들이 사회 곳곳에 남았습니다. 물론 크고 작은 값진 희생 덕분에 일정한 진보가 이루어진 영역도 있습니다. 하지만 우리의 지난 역사는 우리가 지금보다 더 나은 곳으로 나아가야 한다고, 그러기 위해 끊임없이 과거를 반추하고 역사적 교훈에 민감하라고 말합니다. 민주화를 향한 시민사회의 요구와 독재의 영속을 꾀하는 정치권력의 억압이 날카롭게 맞부딪친 역사의 현장으로 돌아온 저는 그 한복판을 고통스럽게 통과했습니다. 1970년 서울대학교에 조교수로 첫 발령을 받은 후 두 번의 해직과 세 번의 부교수 임용을 기록한 이력은 단순히 제 특이한 개인사라기보다 한국 정치사의 굴곡을 상징적으로 보여 주는 희비극이라 할 수 있습니다.

첫 번째 해직을 당한 1976년 2월부터 복직이 이루어진 1980

년 3월까지 저는 들판에서 온 누리를 교실 삼아, 민주주의를 열망하는 많은 이들을 선생 삼아, 값진 것들을 배울 수 있었습니다. 또 김대중 내란 음모 사건에 연루되어 다시 해직을 당하게 된 1980년 5월 이후 1984년 가을 복직하기까지 만 3년간은 미국에서 망명객으로 머물며 고국의 민주화를 열망하는 미주 지역 동포들과 고락을 함께 했습니다. 대학에 있는 동안 사회현상이나 사회문제들에 대해 주로 거리를 두고 관찰하고 분석하며 글을 쓰거나 강의를 했다면, 들판에서는 분노로 가득 찬 가슴으로 글을 쓰고 온몸으로 증언하며 강연을 했습니다. 그리고 1987년 민주화를 전후한 시기부터 문민정부와 국민의정부, 참여정부를 거치는 동안에는 여러 직책을 맡아 직접 국가적 사안과 민족적 문제에 관여할 기회를 가졌습니다. 그 모든 시간 동안 저는 사회학을 그저 추상적으로 강의하고 적용하는 대신 그것을 실천하려 노력했습니다. 사회학 하기Doing sociology를 하고자 한 셈이지요. 그것은 때로 위험을 감수해야 하는 일이었지만, 위험부담만큼 보람도 컸습니다.

부당한 고통을 객관적으로 관찰하고 분석하는 일에는 분노가 필요 없지요. 하지만 그 고통의 부당함에 공감하고 민중·민족과 고통을 함께하게 되면 분노가 터져 나올 수밖에 없습니다. 그 분노는 사사로운 마음에서 나오는 것이 아니라 부당한 권력에 대한 일종의 의분이지요. '이럴 수가 있나' 하고 공공적 분노를 느끼게 되는 것이지요. 바로 그런 분노가 행동을 이끌어 냅니다. 이 같은 의로운 격분이 있어야만 바람직한 변혁과 진보를 향한 실천이 시작될 수 있습니다.

1970년 귀국 이후 저를 격분시켰던 군사독재 체제가 초래한 여러 사건들은 제 개인의 삶에 영향을 주었을 뿐만 아니라 사건들로 억울한 고통을 당한 민중들과 동고同苦하려는 많은 이들을 한 방향으로 움직이게 했습니다. 지금 우리가 일정하게나마 민주적 삶을 누릴 수 있는 것은 그런 동고의 실천이 밑거름이 된 덕분입니다. 그러니까 한국의 민주화 과정에서 제가 휘말렸던, 그리하여 저를 새롭게 각성케 한 사건들과 그 사건들이 제게 남긴 아픔, 깨달음 등을 오늘의 시점에서 회고해 보는 것도 나름대로 뜻깊은 일일 것 같습니다.

그것은 독재 권력에 분노해 일어나 민주화라는 거대한 목표를 향해 힘들게 한 발 한 발을 내딛었던 힘없는 작은 개인들의 역사를 되돌아보는 일이기도 합니다. 그 시절 우리가 어떻게 뜻을 모으고 어떤 노력을 전개했는지, 어떤 실패와 좌절을 딛고 어떻게 작은 승리들을 일구어 냈는지 곰곰이 되짚어 봄으로써 오늘 우리가 무엇을 할 수 있고 또 해야 하는지 가늠해 볼 수 있기 바랍니다. 우리 주위에는 여전히 부당한 고통에 신음하는 많은 이들이 있습니다. 더 정의롭고 더 평화적인 사회를 향한 실천들은 그 고통에 공감하고 함께 분노하는 데서 시작될 수 있으리라 저는 여전히 믿고 있습니다.

2

　　　　　제가 서울대에서 첫 번째 해직을 당하게 된 1976년 전후 유신 체제의 지식인 탄압에서부터 이야기를 시작하겠습니다. 1972년 10월에 유신 체제가 들어선 뒤 정치는 점점 더 전체주의로 기울어지는 듯했습니다. 1975년이 되자 박 정권은 학생운동을 보다 효율적으로 통제할 제도적 장치를 마련하는 일에 분주했는데, 학생들을 의식화하는 역할을 한다고 판단되는 교수들을 제압할 법을 공화당 주도로 제정하려는 움직임도 거기에 포함되었습니다.

　아니나 다를까 그해 가을, 대학교수 재임용제라는 법안이 국회에서 통과되었습니다. 이런 상황에서 부산대 학생 운동권을 강력하게 관리 통제했던 '공적'으로 윤천주 박사가 서울대 총장에 임명되었습니다. 법적 통제 장치를 마련한데다 강력한 인물을 총장으로 임명했으니, 서울대 교수들을 장악하기란 시간문제일 것으로 유신 당국은 판단한 것 같았습니다.

　불길한 징조였습니다. 대학교수에게 학문의 자유는 생명과도 같은 것입니다. 학문의 자유를 누릴 수 없는 교수는 한낱 지식 생산 공장의 노동자로 전락할 수밖에 없습니다. 게다가 학원의 자율성마저 훼손되면 전체주의 체제가 이미 깊숙이 우리 국가와 사회 속으로 침투해 작동하고 있다는 뜻이 됩니다. 교수 재임용제가 국회에서 제정되고 각 대학 총장들이 전체주의 권력의 하수인들로 임명되면 학원은 이미 죽은 것이나 다름없지요. 그러기에 윤천주 씨가 서울대 총장으로 발령 나자 학문의 자유와 대학의 자율을 바랐던 전국의 대학교수들이 긴장했습니다.

1976년 봄, 국가권력이 대학 캠퍼스를 점차 옥죄고 있을 때 저는 한국기독자교수협의회(기교협) 총무로 있었습니다. 회장은 고려대 행정대학 교수였던 이문영 박사였지요. 이 박사와 제가 기교협의 회장과 총무가 된 데는 사연이 있었습니다. 1975년 기교협 총회에서 일종의 이변이 일어났습니다. 기교협은 전국 조직이었는데 회장의 임기 2년이 끝나면 관례에 따라 서울 지역 기교협 회장이 전국 회장 자리를 승계했습니다. 그해 전국 회장은 고려대 김용준 교수였습니다. 서울 회장은 숭실대 철학과 조요한 교수였지요. 그런데 이해 총회에서 조요한 선생이 긴급동의로 이문영 박사와 저를 각기 회장과 총무로 추천했습니다. 이유는 지극히 간단했습니다. 시국이 워낙 수상하게 돌아가고 유신 권력이 대학을 본격적으로 옥죄어 오는 현실을 감안할 때, 이에 적절히 대응하기 위해서는 정치 사회 실정을 잘 아는 사회과학 전공 교수가 회장단을 맡아야 한다는 것이었습니다(이문영 교수의 전공은 행정학이었고, 저는 정치사회학이었습니다). 신학자나 인문학자가 맡으면 상황 판단을 잘못해 기교협을 위기 상황에서 제대로 이끌지 못할 우려가 있다고 했습니다.

다소 이상한 논리였지만, 조요한 교수의 이런 제안을 참석자들은 박수로 가결해 버렸습니다. 저는 신상 발언을 요청했습니다. 기교협 총회에 참석했던 교수들 가운데 국립대 교수는 저 혼자였는데, 저는 사립대 교수와 달리 국가 공무원 신분이기에 총무를 맡기 어렵다고 했지요. 그런데 이문영 박사께서 저를 잠시 회의장 밖으로 부르시더니 사양하지 말고 이 일을 맡자고 저를 설득했습니다. 평소 제가 큰형처럼 존경하던 분의 말씀이라 따르기로 했지요. 하지만 과연 사회과학을 전공했기에 유신 체제의 강압 통치에 더 현명하게 대응했는지 돌이켜 보면 꼭 그렇지는 못했다고 대답할 수밖에 없을 것 같습니다. 오히려 행정학자와 사회학자가 철학자나 신학자보다 더 무모한 짓을 한 듯합니다.

3

1975년 2월 말 기교협 회원이었던 연세대 김찬국 교수와 김동길 교수가 유신 정권에 의해 구속되었다가 석방된 일이 있었습니다. 이문영 회장과 저는 두 분의 석방 환영 기념 강연을 추진했습니다. 석방 환영 예배와 함께 기념 강연회를 열자는 데 대해 기교협 중앙위원들이 모두 적극 찬성해 주었지요.

그런데 기념 강연을 구태여 하기로 한 저희들의 뜻은 보다 깊은 데 있었습니다. 곧 삼일절이 다가오는 만큼 기독교 지식인들이 삼일정신에 따라 유신 정부에 민주화와 인권 보장을 촉구하는 모임을 열고 싶었던 것이지요. 민족은 비극적으로 두 쪽으로 나뉘져 있고, 민중은 억압과 수탈의 대상으로 전락해 있었으며, 학원은 군홧발 아래 신음하고 있는 참담한 상황에서, 1975년 삼일절은 어느 해보다 더 뜻깊게 보내야 한다는 판단이 기교협을 움직였습니다. 3월 1일 당일에 강연을 잡게 되면, 정부 당국이 예비 검속할 가능성이 있다고 판단해 2월 24일 전후로 두 분의 석방 환영 예배를 드리면서 그때 대정부 성명을 내기로 의견을 모았습니다. 이런 모의는 수유리에 살던 안병무 박사 댁에서 했습니다.

당일 기념 예배 사회는 회장인 이문영 박사가 맡기로 했습니다. 기념 강연은 안병무 박사가 맡기로 했고, 기도는 서남동 교수 몫이 되었습니다. 예배 설교 강연의 주제는 '민족과 교회'로 정했습니다. 이날 하이라이트는 대정부 성명을 발표하는 일인데, 누가 이 일을 맡느냐가 문제였습니다. 모두 총무인 제가 맡아야 한다고 했지요. 공무원으로서 정부를 규탄하는 성명을 발표한다는 것이 제게는 부담스러운 일이었지만, 저는 운명이라 생각하고 받아들였습니다. 그래서 안 박사 댁에서 성명의 초안을 마련하고 대정부 요구 사항을 정했습니다. 가장 예민한 부분이었지요.

저희들은 첫 번째로 서울대 법대 최종길 교수의 사인을 밝히라고 유신 정부에 요구했습니다. 당시 유신 정권이 독일에서 연구하고 돌아와 서울대 법대 교수로 있던 최 교수를 중앙정보부로 불법 연행해 갔는데, 그런 그가 어느 날 투신자살했다는 소문이 돌았습니다. 서울대 문리대 교수 휴게실에 모인 교수들이 조용히 수군거리며 이 참상을 서로에게 알렸지요. 하지만 공포에 질려 어느 누구도 이를 공개적으로 논의하지 못했습니다. 각 대학으로 소문이 번져 갔으나 아무도 공식적으로 이를 문제 삼을 수 없었습니다. 그런데 기교협이 주최하는 삼일절 기념 예배 강연에서 이 문제를 공개적으로 제기한 것이었습니다.

둘째로, 당시 광주의 어느 여고에서 국어를 가르쳤던 양성우 선생께서 유신 체제를 겨울 공화국에 빗대어 비판한 시 〈겨울 공화국〉을 낭송한 일로 교사직을 박탈당한 사건이 있었습니다. 기교협에서는 시인 양성우 교사의 복직을 요구했습니다. 셋째로, 당시 『동아일보』에 대한 유신 정권의 압력으로 백지 광고 사태가 벌어졌고, 이에 맞선 시민들의 자발적 성금으로 격려 광고가 실리고 있던 와중이었습니다. 이에 기교협은 유신 정부의 언론 탄압을 철회하라고 요구했습니다. 이렇듯, 기교협의 대정부 성명은 유신 체제의 철폐를 요구하는 것이나 마찬가지였습니다. 최고 권력의 역린을 건드리는 위험한 도전이었지요. 그리고 우리는 그런 도전적 집회를 알리는 광고를 『동아일보』 백지 광고 운동에 동참한다는 뜻으로 『동아일보』에 싣기로 했습니다.

강연 장소는 광화문에 있는 새문안교회였습니다. 원래 교회 본당을 빌리려 했지만 당회의 허락이 나지 않아 교회 교육관에서 열렸는데 엄청난 수의 학생들과 시민들이 몰려들었습니다. 예배실은 꽉 찼고 못 들어온 분들도 밖에 많았지요. 강연을 끝내고 건물 밖으로 나오니 젊은이들이 여럿 모여 기교협 회원들을 박수로 격려해 주었습니다. 제가 성명을 낭독했기에 그때 저는 매우 민감해져 있었습니다. 그런데 밖에서 저희들을 격려하던 젊은이들 중 여럿이 제창하듯, "다음 차례는 한완상"이라고 소리쳤습니다. 제게는 이번 모임이 김찬국, 김동길

두 연세대 교수의 석방을 계기로 열린 것이니 다음번에는 국립대 교수인 한완상이 감옥에 갔다 오라는 뜻으로 들렸습니다. 저는 누가 이런 소리를 지르는지 살폈지요. 크리스천아카데미 간사들, 그중에도 신인령 간사와 한명숙 간사가 눈에 띄었습니다. 그들은 그렇게 외치면서도 반은 장난기로 웃으며 손을 흔들고 있었습니다. 하지만 저는 그들의 몸짓과 외침 속에 이 시대 민중의 뜻이 실려 있다고 느껴져 더욱 긴장됐습니다. 그것을 계기로 더 강력하게 반유신 민주화 투쟁을 펼치라는 명령처럼 들렸죠.

이날 강연을 맡은 안병무 선생의 강연 제목은 "민족, 민중, 교회"였습니다. 내용이 당시 시국에 아주 적절했지요. 한국 교회가 선교의 차원에서 민족 문제와 함께 민중 문제도 진지하게 다루어야 한다고 촉구한 강연이었습니다. 사실 원래 제목은 "민족과 교회"였는데, 강연 전 『동아일보』 격려 광고를 싣기 위해 신문사로 가던 버스 안에서 이문영 박사와 의논해 민족과 교회 사이에 민중을 집어넣은 것이었습니다. 당시 유신체제의 노동 탄압이 극심해지고 있었기에 노동3권 보장을 위해 투쟁하는 민중 문제를 한국 교회가 선교의 과제로 마땅히 다뤄야 한다는 뜻에서 그리한 것입니다.

강연자 안 박사도 『동아일보』 광고를 보고 제목이 바뀐 것을 알고 민중 문제를 강연에서 다뤘습니다. 이 강연은 민중 신학을 한국 사회에 끌어들인 첫 번째 신호탄이었습니다. 이 강연 이후 서남동, 안병무, 현영학 등 여러 신학자들이 민중 신학에 관심을 쏟으며 한국 상황에 적합한 한국적 신학을 발전시키고자 애썼습니다. 훗날 한국 민중 신학은 라틴 아메리카의 해방신학, 미국의 흑인 신학 등과 함께 제3세계 기독교 신학에 적지 않은 영향을 미쳤습니다.

무엇보다 기억해야 할 사실이 있습니다. 이날 강연에 참여했던 교수들은 1년 전(1975년) 공화당이 국회에서 통과시킨 교수 재임용제에 걸려 그 후 모두 해직되었다는 사실입니다. 사회를 맡은 이문영 교수는 고려대에서 쫓겨났고, 강연을 맡은 안병무 박사는 한신대에서, 기도를 맡은 서남동 교수는 연세대에서, 저는 서울대에서 쫓겨났습니다. 순서를 맡지는 않았으나 이 일을 기획할 때 찬성했던 기교협의 중앙 위원들도 거의 다 해직되고 말았습니다. 유신의 칼날은 단순한 과시용이 아니었습니다. 정치적 길로틴처럼 가차 없이 작동했지요.

그날 강연회가 끝나자 어떤 분이 제게 다가오더니 이런 말을 했습니다. "어찌 하시려고 서울대 교수께서 최종길 교수의 사인을 밝히라는 성명을 직접 낭독하셨습니까. 참 큰일입니다." 아마도 형사가 아닌가 싶더군요. 어떤 분은 저보고 오늘 집에 들어가지 말라고 조언하기도 했지요. 여하튼 최종길 교수 문제를 공개적으로 거론한 것 자체가 청와대, 특히 중앙정보부의 심기를 매우 불편하게 한 듯했습니다.

학교 분위기는 사태가 심상치 않음을 더욱 직감하게 했지요. 어떤 동료 교수는 진심으로 걱정되는 목소리로 괜찮겠냐고 물어 왔습니다. 어떤 분들은 경계의 눈빛을 보이기도 했습니다. 저는 태연한 척했습니다. 그래도 신앙과 신학으로 단단히 단련된 기교협 동지들이 있어 든든했습니다.

4

　　　　　당시 기교협은 종말론적 희망으로 무장된 일종의 신념 공동체 같았습니다. 여기서 '종말론적'이라는 것은 세상의 구조적 악을 청소하는 일종의 천지개벽 같은 변혁을 뜻합니다. 이른바 새 하늘과 새 땅이 인간 역사 속에 이루어져, 정의가 큰 강물처럼 흐르게 되고, 평화가 전쟁으로 찌든 땅 위에 이슬비처럼 내리게 되며, 공의가 우람한 산처럼 우뚝 솟아나는 새 질서의 도래를 뜻하지요. 이런 변혁을 꿈꾸며 헌신하는 지식인 공동체가 제 주변에 있다는 것이 제게는 큰 기쁨이요, 보람이었습니다. 각 대학에서 해직 돌풍이 일어날 조짐이 보이면 우리는 다 같이 모여 소식과 정보를 교환하고 서로를 격려했습니다. 정말 동고동락했지요.

　1976년 2월이 되자 뒤숭숭한 소문이 현실로 다가오는 듯했습니다. 이때 문익환 목사는 삼일절을 앞두고 일찌감치 반유신 체제 선언 모임 준비에 착수했습니다. 선언 지지자들의 서명을 받으러 다녔는데, 기왕 해직된 교수들로부터는 서명을 받았지만, 1976년 2월 중순 현재 소문만 무성했지 아직 해직되지 않은 기교협 회원들에게는 서명을 요구하지 않았습니다. 저는 법대 김철수 교수, 경제학과 안병직 교수와 함께 서울대 안에서 꾸준히 해직 대상으로 거론되고 있다는 소문이 무성했지만, 적어도 2월 20일까지는 아무런 구체적 조치가 내려지지 않은 상태였습니다.

　그런데 며칠 후 윤천주 총장이 저를 총장실로 불렀습니다. 단단히 각오를 하고 총장실로 갔지요. 자리에 앉으니 윤 총장은 고려대 이문영 교수가 못마땅하다고 했습니다. 윤 총장 자신도 지난날 고려대에서 정치행태론을 강의한 인연이 있기에 이 교수 얘기를 꺼내는 것 같았습니다. 이 교수는 당시 이미 고대에서 해직된 상태였지요. 제 해직 이야기를 바로 꺼내기가 거북하니 윤 총장은 그렇게 이야기를 빙빙 돌리다가 본론으로 들어갔습니다. 새로운 법에 의해 제가 학교를 떠나야 할 것 같다고 했습니다. 스스로 사임하는 편이 좋겠다고 은근히 의사를 전하더군요. 저는 이미 예상하던 일이었기에 새삼 놀라지는 않았습니다. 그리고 이미 그 결정은 권력의 정점에서 내려진 것이고 윤 총장은 단지 통보하는 역할을 할 뿐이기에 그에게 길게 이야기할 필요도 없었습니다. 저는 간단히 알았다고 하면서 해직 사유 하나만은 분명히 하고 싶다고 했지요. 만일 그 사유가 정치적인 것이라면 스스로 사표를 내지는 않겠으니 파면해 달라고 요구하고 총장실을 나왔습니다.

그다음 날 사회학과의 김채윤 교수 등 몇 분과, 특별히 인간적으로 가깝게 지냈던 정치학과의 구영록 교수 등이 제 연구실을 찾아왔습니다. 파면당하지 말고 사표를 내라고 설득하기 위해서였죠. 총장이 이들에게 내가 파면을 선택하지 않게 해달라고 요청한 것 같았습니다. 교육 공무원이 파면 조치를 받으면 여러 가지 불이익이 따라온다면서 특히 나중에 복직될 가능성이 없어진다고 하더군요. 제 앞날을 위해 동료 교수들은 진심으로 우정 어린 충고를 해준 것이지요. 같은 과의 김채윤 교수는 특히나 제게 사표를 쓰라고 강하게 권유했습니다. 김 교수님과는 스승 이상백 선생님 밑에서 같이 수학하며 오랜 연을 쌓아 왔기에 제 마음도 잠시 흔들렸습니다. 그날 저는 사표냐 파면이냐 결정을 내리지 못한 채 귀가했습니다. 아내의 의견도 물어보고 싶었고 또 제가 큰형님처럼 생각했던 시내 모 사립대학 총장으로 계신 분과도 의논해 보고 싶었습니다.

당시 서울 YWCA 사무총장으로 일하고 있던 아내는 부당한 해직이므로 파면당하라고 충고해 주었습니다. 아내의 그런 대담한 모습에 속으로는 무척 놀랐지요. 그다음 날 큰형님 같은 어느 사립대 총장님을 찾아가 의견을 들었습니다. 그는 제가 학교에 반드시 다시 돌아와야 한다는 점을 매우 강조했습니다. 한국 사회를 올곧게 이끌 일꾼을 길러 내는 일이 이 시대에는 무엇보다 필요한데, 제가 파면당하면 그런 인물을 가르치고 기르는 일을 스스로 포기하는 셈이라고 하셨지요. 조그마한 자존심보다 더 큰 사명감을 생각하라고 하셨습니다. 저는 착잡한 기분으로 제 연구실로 돌아왔습니다.

전날과 마찬가지로 여러 교수님들이 파면을 선택하지 말라고 설득했습니다. 그 와중에 총장실에서 다시 절 불렀습니다. 제가 파면당하겠다는 의지를 버리지 않고 있음을 알고는 매우 당황한 듯했습니다. 윤 총장께서는 매우 인간적으로 저를 대하셨습니다. "내가 부덕해서 또 내 동향 교수를 학교에서 내보내게 됐습니다. 참으로 미안하고 괴롭습니다"라고 말씀하시면서 저를 껴안고 우셨지요. 부산대학에서 학생들을 강경하게 다룬 공적으로 서울대 총장으로 영전되어 온 분이 교수 해직 문제에 대해서는 연약한 모습을 보이셨습니다. 저는 윤 총장의 눈물에 다소 마음이 누그러져 사표를 내겠다고 하고 집으로 왔습니다.

1976년 2월 28일, 저는 사직서를 제출했습니다. 그날이 마침 서울대 졸업식 날이었습니다. 저는 교수직을 졸업한다는 비감한 느낌이 들었습니다. 결국 저는 의원면직依願免職 처리를 받게 되었습니다. 의원면직은 제가 자발적으로 사직한다는 것이니까 형식 논리상 면직시키는 국가는 잘못이 없음을 제 스스로 인정해 주는 셈이 됩니다. 전체주의화하고 있는 권력의 속임수를 잘 알면서도 거기에 동의해 준 꼴이 되었지요. 제 마음은 참으로 무거웠습니다.

5

　　　　　1975년에 박 정권은 종로구 동숭동에 있던 문리대와 법대, 그리고 상대를 모두 관악산으로 옮겨 가게 했습니다. 서울대학교 학생들이 광화문 쪽에서 시위를 벌이지 못하도록 멀찍이 격리하려 한 것입니다. 반정부 시위대가 시내로 진입하는 큰 길목만 막으면 된다고 생각한 것이지요.

저는 애초에 문리대가 동숭동에 있었기에 집을 수유리에 장만했습니다. 그런데 서울대가 관악산으로 옮겨 가게 되는 바람에 통근 버스로도 한 시간 반가량이 걸렸습니다. 매일 한남대교를 건너면서 왼편 강남 쪽에 아파트 단지가 조금씩 모습을 갖추어 가는 것이 보였습니다. 차창 밖으로 그 아파트가 웬만큼 올라간 것을 확인한 어느 날, 그러니까 1975년 10월 말경 그곳에 가보았습니다. 이미 대부분 입주자들이 결정되었지만, 1층과 12층에는 여전히 빈 집이 있었고 간혹 11층의 몇 집이 남아 있었습니다. 그때는 분양 방식이 아니고 선착순으로 아파트 입주자를 받았습니다. 저는 11층 한 곳을 구입하기로 했지요.

그때 48평짜리가 1,340만 원이었습니다. 지금 생각하면 아주 싼 것 같지만 실은 그렇지도 않았습니다. 수유동의 집은 1백 평 정도의 땅에 건평이 40여 평 되는 새로 지은 단독주택이었는데, 당시 시가로 580만 원 정도였으니까요. 그러니 그 집을 팔아도 강남의 아파트를 사려면 460만 원이 더 필요했지요. 여기저기서 급히 돈을 빌려 아파트를 구입하고 11월 5일에 이사를 했지요. 그런데 새 아파트로 간 지 4개월도 못돼 직장에서 해직되었으니 당장 빌린 돈을 갚는 일도 만만치 않은 터에 생활이 걱정되어 앞이 캄캄했습니다. 아내가 버는 것만으로는 생활하기 어려웠죠.

이때 제게 도움을 주신 분이 당시 기독교방송 사장이었던 전성천 박사님이었습니다. 제가 문리대 학생 때 전 박사님은 예일대에서 기독교 윤리로 박사 학위를 받으시고 문리대에 출강하셨습니다. 막스 베버의 종교사회학을 가르치셨는데, 그때 수강했던 인연으로 선생님을 알게 되었습니다. 의협심이 강한 분이셨지요. 제가 서울대에서 쫓겨난 것을 언론을 통해 아시고 전화로 위로해 주시면서 기독교방송국 논설실장으로 오지 않겠냐고 물으셨습니다. 저는 잠시 주저했으나 실천하는 지식인으로서 갈 만한 자리라고 생각해 좋다고 했지요. 당시 정부에 가장 비판적인 언론기관 중 하나가 기독교 방송이었으므로 사회 의사 역할을 하는 데 언론인이 교수보다 더 적합할 수도 있겠다는 생각이 들었기 때문입니다.

전 박사님도 좋아하셨습니다. 그런데 일주일쯤 지나자 전 박사님께서 절 보자고 하시더군요. 알고 보니 중앙정보부에서 강력한 압력이 들어온 것이었습니다. 전 박사님은 솔직히 이야기하시며 자신과 친한 목사님이 한국에서 가장 오래된 출판사에서 기독교 서적을 전문으로 출판하는 기독교서회를 운영하시는데, 그곳에 편집 고문으로 가는 것이 어떠냐고 하셨습니다. 당시 그 서회는 『기독교 사상』이라는 월간지를 내고 있었는데, 이 잡지는 기독교 지식인들의 길잡이 역할을 하고 있었습니다. 마치 기독교계의 『사상계』와 같은 잡지였지요. 김재준, 김정준, 박봉랑, 안병무, 서남동 등 신학계의 기라성 같은 학자들이 모두 이 잡지의 기고자들이었습니다. 저는 기독교서회의 편집고문으로 가서 『기독교 사상』을 보다 예언자적 잡지로 만드는 것도 의미 있는 일이 되겠다 싶었습니다. 그리하여 대학에서 해직된 지 두 달 만에 기독교서회로 출근을 하게 되었습니다.

서회 안에 한 평 정도의 자그마한 편집 고문실을 마련해 주셔서 저는 그곳에서 4년간 넓은 세상을 캠퍼스 삼아 생각하고 글 쓰고 강연하는 활동을 활발히 했습니다. 매달 『기독교 사상』에 기고하면서 서울대 연구실에서는 상상할 수 없을 만큼 살아 있는 글을 쓸 수 있었습니다. 서울대 연구실에서 쓴 전문적인 글이 분석적이고 추상적인 관찰의 글이었다면, 서회에서 쓴 글들은 고발적인 증언의 글이었습니다. 서울대에서 쓴 글이 차가운 머리로 쓴 글이었다면, 서회에서 쓴 글은 뜨거운 가슴으로 쓴 글, 온몸으로 쏟아 낸 글이었습니다. 역사적 사건과 개인의 실존이 맞부딪치며 나온 글이었지요.

이때 쓴 글들이 1978년경을 전후로 책으로 묶여 나왔습니다. 대부분 병든 국가와 사회의 이상 징후들을 진단한 글들이었습니다. 『지식인과 허위의식』(1977), 『저 낮은 곳을 향하여』(1978), 『민중과 지식인』(1978), 『한국 교회 이대로 좋은가』(1981) 등이 이때 나온 책들입니다. 부당한 역사 현실에 분노하며 가슴으로 쓴 글들이기에 다소 호소력이 있었던 것 같습니다. 결국 제가 들판으로 쫓겨난 덕분에 이 같은 책들이 나올 수 있었고, 이 책들이 한국 사회와 국가를 보다 열린사회로, 보다 민주적인 정부로 전환시키는 일에 몸과 마음을 던진 젊은이들에게 조금이나마 용기를 주었던 것 같습니다. 참으로 신기한 일이지요. 그 경험은 제게 소중한 깨달음을 남겼습니다. 대학 캠퍼스보다 거친 들판이 더 적절한 배움과 실천의 마당이 될 수 있다는 깨달음 말입니다. 대학에서 추방당하지 않았다면 이런 책들은 나오기 어려웠을 것입니다. 그래서 저는 지금도 이때의 4년간의 들판 생활, 재야在野의 삶을 행운으로 생각합니다.

뿌리 뽑힌
삶의 아픔

1

1980년 5월 신군부 세력이 조작한 김대중 내란 음모 사건에 연루되면서 저는 두 번째 해직을 당하게 되었습니다. 남산 지하실과 서대문 구치소에서 암울하고 고통스런 시간을 보낸 후 이승만 목사와 레이니 에모리 대학 총장 등 여러 동지들의 헌신적인 노력 덕택에 기적적으로 미국행 비행기에 오른 것이 1981년 10월 3일 저녁이었습니다. 아내와 상의 끝에 저는 혼자 LA로 떠났습니다. LA에는 친동생이 살고 있었지요. 마침 그 무렵 아버님께서 처음으로 미국을 방문하셔서 동생 집에 묵고 계셨습니다. 사랑하는 아내를 먼저 하늘 나라로 보내고 또 닷새 만에 둘째 아들인 제가 연행되어 행방불명되었으니 아버님의 심적 고통은 엄청났을 것입니다. 그런데 1년 반쯤 지나 이렇게 LA에서 만나게 되었으니, 불효자식으로서 면목이 없었습니다.

그런데 그렇게 아버님을 동생 집에서 일주일가량 뵈었던 것이 결국 마지막이 되고 말았습니다. 1981년 12월, 한국으로 돌아가신 아버님이 귀국하신 후 위암이 악화되어 고생하시다 1984년 6월 19일, 세상을 떠나셨기 때문입니다. 저는 미국에서 불법 체류 신세의 망명객으로 살고 있었기에 아버님 장례에도 참여할 수 없었습니다. 어머님의 소천 때에도 임종을 지키지 못한 불효자식이었는데, 아버님께서 돌아가실 때도 임종을 지켜볼 수 없는 불효자식이 되고 말았습니다. 그 회한은 지금까지도 제 가슴속 깊이 남아 있습니다.

1984년 9월 초, 3년간의 미국 망명 생활을 끝내고 귀국했을 때 저는 아버님이 유서처럼 쓰신 글씨를 보고 너무 놀랐습니다. 그해 2월 25일, 저의 해금 소식을 신문 보도로 확인하신 아버님께서는 친필로 이런 붓글씨를 남겼습니다.

歲本甲子年 凡事如意享通 一九八四年二月二十五日
完相解放復權 稀七又 父 舍石 書

1984년은 갑자년이었습니다. 세월의 시작이지요. 그러니 세월의 뿌리 해인 갑자년에 모든 일이 형통해지길 바란다고 했습니다. 제가 해금된 날이 1984년 2월 25일이었습니다. 거기까지 붓으로 쓰신 후 내친김에 갑자년 8월 15일 해방의 날에는 제가 복권되길 희망하셨지요. 아들이 복권·복직되기를 바라시는 아버님의 마음을 그 글씨에서 절절히 읽을 수 있었습니다. 그때 아버님의 연세가 희수인 77세였지요. 그 글을 남기실 때만 해도, 비록 투병 중이셨지만 미국에 다시 가겠다는 뜻을 갖고 계셨다고 합니다. 그런데 그해 6월 19일 병이 악화되어 세상을 떠나셨던 것입니다. 그리고 두 달도 안 된 그해 8월 15일, 저는 아버님의 소망 혹은 예언대로 기적 같이 복권·

복직되었습니다. 아버님께서 석 달만 더 사셨더라도 제가 복권된 모습을 보시고 임종하셨을 텐데 정말 안타깝기 짝이 없었습니다.

2

　　　　　1981년 10월 6일 저는 아버님을 뒤로하고 LA를 떠나 워싱턴 덜레스 공항에 도착했습니다. 문동환 박사와 사모님이 마중을 나와 계셨습니다. 문 박사 내외분은 1980년 5월 말경 귀국하려 했으나, 그때 동지들이 모두 신군부에 의해 일망타진되었다는 소식을 듣고 귀국을 단념한 채 미국에 체류하면서 조국의 민주화를 위해 동분서주하고 있었습니다.

　다음 날 미 국무부의 클리블랜드 씨를 만나 그간의 여러 가지 협조에 감사드렸습니다. 그리고 한때 미국 대통령으로 출마했던 햇필드Mark Hatfield 상원의원의 보좌관도 만났습니다. 모두 한국의 민주화를 위해 힘썼던 분들이지요. 그리고 10월 10일 저는 드디어 종착지 애틀랜타에 도착했습니다. 1962년 9월에는 27세의 젊은이로 왔던 곳인데, 그로부터 19년이 지나 뿌리 뽑힌 몸으로 모교에 돌아오니 만감이 교차했습니다.

　에모리 대학원에서 신학 박사 논문을 쓰고 있던 남재현 목사께서 공항에 나와 제가 묵을 기숙사로 안내해 주었습니다. 다음 날 제 지도 교수였던 도비 교수님을 비롯해 여러분들과 만나 회포를 풀었습니다. 제 형편에 대해서는 레이니 총장을 통해 들어서 대충 알고 있는 듯했습니다. 레이니 총장은 점심을 사주면서 위로와 격려의 말씀을 아끼지 않았지요. 고마운 동지임을 다시 확인했습니다.

1981년 가을은 참 을씨년스럽고 우울했습니다. 마흔 중턱을 넘어선 나이에 앞날이 어떻게 펼쳐질지 전혀 가늠할 수 없었기 때문입니다. 서울에 두고 온 아내와 세 딸이 미국으로 건너올 수 있을지, 온다면 어떻게 이 식솔을 거느리고 생활을 이어 갈지 여러 가지 걱정이 가슴을 짓눌렀습니다. 여전히 감옥살이 중인 DJ를 위시한 동지들에 대한 걱정과 미안함도 사무쳤습니다. 게다가 유신 시절보다 더 억압적이고 수탈적인 권력으로 국민을 찍어 누르고 있는 신군부의 횡포를 생각하니 잠조차 깊이 이룰 수 없었습니다. 불면의 밤을 보내다 보니 어두워지면 두려워지기까지 했지요.

그러던 차에 뉴욕에 있는 이승만 목사를 비롯한 동지들이 빠른 시일 안에 뉴욕을 꼭 다녀가라고 요청해 왔습니다. 그곳의 목요기도회에서 특별히 제 뉴욕 방문을 고대한다고 했습니다. 서울의 목요기도회를 본 따 뉴욕의 민주화 세력이 매주 목요일 저녁에 뉴욕 한인 교회 지하실에 모여 한국의 민주화와 평화통일을 위해 집회를 갖는다고 했습니다. 저는 몸과 마음을 사로잡고 있는 걱정을 잠시 내려놓고 동지들로부터 힘을 얻고자 며칠 뉴욕에 다녀오기로 했습니다.

11월 1일에 뉴욕 라구아디아 공항에 도착했습니다. 서울에서부터 잘 알던 손명걸 목사님께서 마중 나와 저를 데리고 그의 집으로 갔습니다. 손 목사는 NCC 및 WCC와 손잡고 한국

민주화 운동에 헌신하고 있던 감리교 목사였습니다. 그날 밤 저는 손 목사를 통해 당시 뉴욕 민주화 세력의 동향에 대해 처음으로 알게 되었습니다.

뉴욕의 기독교 민주화 세력은 두 흐름으로 나뉘어 있는데, 하나는 선민주 후통일의 입장을 취하는 흐름이고, 손 목사 본인이 여기에 속한다고 했습니다. 또 하나는 선통일 후민주의 입장을 선호하는 흐름인데, 여기에 이승만 목사가 속해 있다고 했습니다. 결국 저를 미국으로 빼내는 데 적극 힘썼던 분들은 후자의 세력이었던 셈이지요. 그런데 저는 서울에 있을 때 NCC 중심으로 민주화 운동에 참여했고 또 WCC에 깊이 관여했으니 굳이 따지자면 선민주 후통일 그룹에 가까웠습니다.

하지만 제게는 그때나 지금이나 민주화와 통일이 별개의 역사적 과제가 아니었습니다. 이 둘은 항상 함께 추진되어야 할 과제라 확신했죠. 남북 관계가 악화되어 평화와 통일의 희망이 꺾이게 되면, 항상 이득을 보는 쪽은 수구 냉전 세력이었습니다. 그들은 그것을 국내 정치적으로 활용해 자신들의 권력 기반을 공고히 하고, 역사를 후퇴시켜 왔습니다. 그러기에 남북 관계 개선을 통한 평화 정착 문제는 국내의 민주화와 정의, 인권, 복지 문제와 떼놓을 수 없는 문제였고, 이는 지금도 마찬가지입니다.

그런데 해외에 나와 있으니 국내 정치에는 직접 관여할 수 없고 그 대신 한반도 평화와 통일 문제에는 보다 효과적으로 영향력을 발휘할 수 있겠다는 생각이 들었습니다. 해외 민주 세력이 국내 민주·평화 세력을 멀리서나마 지원하는 데에는 한반도 평화와 통일 문제가 더 적합한 의제일 수 있다고 판단한 것이지요. 하지만 평화·통일 의제와 민주화 의제가 결코 제로섬 관계는 아님을 저는 미국에 있는 동안 강조하고, 또 설득해 보고 싶었습니다. 그러나 이 일이 결코 만만치 않다는 것을 바로 깨닫게 되었습니다. 이런 점은 국내와 큰 차이가 없는 것 같았습니다.

3

　　　　　뉴욕의 한국 민주화 운동은 제 가슴을 뛰게 할 만큼 활발했습니다. 11월 7일에 저는 전두환 정권 아래서 한국 민주주의가 더욱 위축되고 있음을 증언할 기회를 가졌습니다. 이런 때일수록 해외의 한국 동포들과 외국 동지들이 한국의 민주화와 한반도 평화통일을 위해 더욱 힘써 줘야 한다고 호소했지요. 그러면서 저는 1919년 삼일 만세 운동의 동력이 국내에서 약화되고 있을 때 중국 상해에서 임시정부 중심으로 독립운동이 본격화되었던 역사적 사실을 상기시켰습니다. 제가 그렇게 말한 것은 해외에 거주하는 한인들이 선민주파와 선통일파로 나뉘어 서로 불신할 것이 아니라, 1920년대 상해 임시정부가 그랬듯, 힘을 합쳐 조국의 민주주의와 평화 실현을 위해 더욱 노력해 달라고 호소하려 한 것이었습니다. 임시정부 밑에서는 민족주의 애국 세력과 사회주의 애국 세력이 힘을 모아 조국 해방을 위해 헌신했음을 새삼 일깨우고 싶었습니다.

그런데 이 말을 들었던 분들 중에 제 진의를 오해하는 분들이 있었음을 나중에 알게 되었습니다. 다소 보수적인 분들 가운데 제 발언을 국내 민주화 운동보다 국외 민주화 운동이 더 절박하다는 주장으로 오해한 경우가 있었다고 합니다. 심지어 임시정부 같은 것을 해외에 설치해 해외에서부터 한국 민주화를 선도해야 한다는 주장으로 오해하기도 했다고 합니다. 그런 오해가 주로 선민주 후통일을 주장하는 분들 속에서 빚어진 것 같아 저는 몹시 씁쓸했고 또 당황스러웠습니다. 저는 국내 민주화 세력이 신군부의 DJ 내란 음모 사건 조작으로 심한 상처를 입고 있는 만큼 해외에서 조국의 민주화를 위해 더욱 열성적으로 헌신해야 함을 역설했던 것이니까요.

뉴욕의 민주화 세력이 그렇게 두 파로 갈라지게 된 것은 이승만 목사께서 그간 북한에 여러 번 방문했다는 사실을 불편하게 생각하는 분들이 문제를 제기하면서 비롯된 듯했습니다. 선민주파는 국내에서 엄청난 고난을 겪으며 박정희 군사 정권과 치열하게 싸워 온 분들과 긴밀한 유대 관계를 맺고 있었습니다. 그분들의 입장도 존중되어야 했지요. 그런데 바로 그런 민주화 운동을 한반도 평화통일 운동과 별개로 볼 수 없다는 것, 그렇게 보아서도 안 된다는 것이 제 생각이었습니다. 남북 간의 긴장과 갈등이 증폭될수록 한국의 민주화는 더욱 훼손된다는 역사적 사실을 온몸으로 겪어 왔기 때문입니다. 남북 간의 갈등이 격화되어야만 반민주적인 국내 통치를 더 강화할 수 있다고 확신하는 세력이 시퍼렇게 살아 있음을 저는 잘 알고 있었습니다. 이른바 남북 간 적대적 공생 관계가 작동하게 되면 남북 간 평화도, 한국 민주화도(북한 민주화는 말할 것도 없고) 모두 훼손되고 말지요. DJ가 여전히 감옥에 갇혀 있는 것은 그를 용공분자로 몰아붙여 무력화시켜야만 군부 독재를 더 쉽게 지속할 수 있다고 믿는 세력이 집권하고 있기 때문이었습니다.

이런 사실을 일부 해외 민주 세력은 제대로 깨닫지 못하는 듯했습니다. 그래서 저는 선민주와 선통일 간의 대립은 어디까지나 전술적 차이로 축소되어야 한다고 강조하고 싶었습니다. 그 차이가 전략적 차이 또는 원칙의 차이로 확대되어 버리면, 해외 민주 세력은 회복 불능의 분열 상황으로 치닫게 될 것이고, 그렇게 되면 국내 군부 통치를 이롭게 하는 꼴밖에 되지 않으니까요. 이런 제 생각을 정확하게 이해하지 못한 NCC와 WCC에서 일했던 동지들이 저를 다소 경원시하는 듯했습니다. 그런 분위기를 느끼며 저는 참 안타깝고 불편했습니다.

뉴욕에 온 지 열흘째 되던 날에는 미국 감리교회에서 영향력 있는 김해종 목사가 자신이 시무하는 교회 신도들 40여 명을 모아 놓고 제게 신앙 간증을 해달라고 부탁했습니다. 저는 1년 전, 그러니까 1980년 여름 남산 지하에서 심문을 받으며 겪었던 일, 특히 신약성서를 반으로 찢어 옆방의 목사님께 주었던 이야기, 그때 반쪽 성서를 받고 그 얼굴이 환한 빛으로 바뀌던 모습 등 고난 중에도 '부활'의 능력을 체험할 수 있었던 시간을 간증했습니다. 가슴이 메어지는 얘기를 함께 들으며 서로 가슴 따뜻해지는 기쁨을 나누었습니다. 간증 후 교우들이 3백 달러를 거둬 주었습니다. 평생 그런 격려금은 처음이었지요. 송구스러웠지만 마음은 따뜻해졌습니다.

11월 14일 뉴욕에서의 일정을 마치고 애틀랜타로 돌아왔습니다. 에모리 대학 기숙사에 도착하니 갑자기 절간에라도 온 듯 적막했습니다. 편지함을 보니 케네디 상원의원과 샘 넌 상원의원이 보낸 격려 편지가 기다리고 있었습니다. 이분들 모두 한국의 민주화에 지대한 관심을 가지고 있었지요. 특히 넌 의원은 리처드 워커Richard Walker 주한미국대사를 움직여, 제 도미를 성사시켜 주었으니 저로서는 참으로 고마웠습니다.

그해 연말이 다 되어서는 아내와 세 딸도 미국으로 오게 되었습니다. 12월 29일, 케네디 공항에서 마침내 가족을 만났지요. 안중식 목사, 이승만 목사, 김정순 장로, 김홍준 선생 등 뉴욕 목요기도회 회원들이 함께 환영해 주었습니다. 세 딸은 넋이 나간 것처럼 어리둥절해 했습니다. 아내는 서울 YWCA 총무 일을 다 마무리 짓지 못한 채 급히 출국했음에도 활기찬 모습을 보여 적이 안심했습니다. 아내는 애틀랜타 한인 장로교회로부터 전도사로 수고해 달라는 요청을 받았는데, 저는 이화여대 기독교학과를 나와 서울 YWCA 간사와 총무로 오래 봉사해 온 아내가 교회 전도사 역할도 정성껏 잘하리라 믿었습니다.

1981년의 마지막 날은 목요기도회 회원들과 그 유명한 리버사이드 교회에서 송구영신 예배를 보았습니다. 그 후 임순만 박사 댁에서 새벽 5시까지 회포를 풀었습니다. 이분들 중 상당수가 북한에서 내려온 분들이라 조국의 평화통일과 민주화를 유별나게 열망했지요. 이날 동지들 모두 조국의 민주화와 평화통일을 새해 소원으로 빌며 이를 위해 함께 노력하자고 다짐했습니다.

4

　　　　　　　1982년 1월 2일, 저는 아내와 세 딸을 데리고 뉴욕을 떠나 제2의 고향 같은 애틀랜타로 돌아왔습니다. 무엇보다 세 딸이 미국 학교에서 공부할 수 있도록 하는 게 우선이었죠. 다행히 세 딸 모두 무사히 등록을 마쳤습니다. 문제는 아이들 모두 영어를 못한다는 것이었습니다. 한국에서 중학교를 다니다 온 첫째와 둘째는 기초영어는 익혔기에 그나마 안심이 좀 됐지만, 초등학교 5학년인 막내는 정말 걱정스러웠습니다. 아비를 잘못 만나 아이들이 먼저 뿌리 뽑힌 삶의 시련을 학교에서부터 겪게 될 것이라 생각하니 몹시 마음이 아팠습니다.

　등교 첫날 막내딸 주리를 데려다주는데, 교실에 들어가지 않으려고 칭얼거리더군요. 낯선 환경에 대한 당연한 반응이었지요. 저는 교장과 담임교사에게 아이가 언어 소통이 안 되니 특별히 잘 보살펴 달라고 부탁했습니다. 첫날은 그저 그렇게 보냈던 것 같습니다. 다음 날 아침 다시 주리를 데리고 나서는데, 아이가 한국어 성서를 들고 가겠다고 했습니다. 아무런 소통이 안 되는 교실에서 혼자 겪을 고독과 아픔을 그것으로 달래겠다고 생각했던 것 같습니다. 아빠와 떨어지지 않으려는 아이를 간신히 달래 교실로 보냈습니다. 교실에는 10여 명의 아이들이 큰 책상에 둘러앉아 토론식 수업을 하고 있었지요. 애처로운 딸의 시선을 등 뒤로 느끼며 저는 조용히 교실을 빠져나왔습니다.

　그런데 두 시간쯤 지나 학교에서 다급한 연락이 왔습니다.

막내가 복통을 호소하며 교실에 누워 있다고 했습니다. 가슴이 쿵 내려앉았지요. 급히 학교로 가서 교실 창문 너머로 들여다보니 조그마한 책상 옆에 새우처럼 온몸을 웅크리고 누워 신음하고 있었습니다. 책상 위에는 한국어 성서가 펼쳐져 있었지요. 선생님은 급성 위장 장애가 생긴 것 같다고 했습니다. 저는 막내를 안고 집으로 돌아와 배를 쓸어 주며 안심시켰습니다. 갑작스러운 환경 변화로 받은 문화 충격과 언어불통에서 오는 사회 심리적 충격이 아이의 위를 일시적으로 마비시킨 듯했습니다.

다음 날 저는 아이를 데려다주고 교실 밖에서 창문으로 딸의 행동을 조용히 지켜봤습니다. 미국 아이들이 자기들끼리 재잘거리고 놀면서 주리를 가끔 힐끗 쳐다보았습니다. 수업이 시작되자 주리는 작은 책상 위에 아예 한국어 성서를 펼쳐 놓고 읽기 시작하더군요. 평소 아이가 성서를 읽는 모습을 본 적이 없었기에 더욱 처연한 마음이 들었습니다. 선생님은 주리의 그 같은 행동을 이해하는 듯 전혀 간섭하지 않았습니다. 딸의 얼굴에는 소통에서 완전히 소외된 외로움과 괴로움이 뒤섞인 미묘한 표정이 엉켜 있었습니다. 또 위경련이 시작되려는지 가끔 배를 만지기도 했습니다. 그런 아이의 모습을 창문으로 몰래 훔쳐보면서 저도 모르게 눈물이 흐르더군요. 창 밖에서 마음속으로 발을 동동 구르는 아비의 동고同苦도 딸의 아픔을 덜어 주지 못하는 것 같아 안타깝기 짝이 없었지요.

저는 눈물을 삼키며 집으로 돌아왔습니다. 뿌리 뽑힌 자의 고통을 딸의 모습에서 아프게 읽으며, 제가 유배지에 와있음을 새삼 절감했습니다. 유배지의 삭풍이 저보다 딸들에게 먼저 들이닥쳐 상처를 입히는 모습을 보면서 다시금 마음을 다잡았습니다.

5

　　　　　본격적인 애틀랜타 생활을 시작한 지 얼마 지나지 않아 미국 전역에서 강연과 설교를 해달라는 요청이 오기 시작했습니다. 2월 6일에 샌프란시스코 지역의 민주화 단체들의 요청으로 이틀간 강연과 신앙 강좌를 하고 그다음엔 뉴욕으로 날아갔습니다. 뉴욕에서는 민주화와 평화를 위해 애쓰는 단체인 코리아 액션 그룹Korea Action Group에서 한국의 민주화와 통일 문제를 놓고 강연했습니다. 한국은 현재 국내적으로 군부 독재와 치열하게 싸우다 보니 민주화 문제를 집중적으로 다룰 수밖에 없는 실정임을 설명하면서도 민주화 운동이 한반도 평화와 통일에 궁극적으로 기여하는 방향으로 추진되어야 한다고 강조했습니다. 특히 남북 간의 적대적 공생이라는 비극적인 현실에 주목하자고 역설했지요. 적대적 공생 관계가 비극적인 까닭은 너무나 자명합니다. 하지만 남과 북의 권위주의적(독재적) 권력 주체는 놀랍게도 그런 자명한 현실을 제대로 인식하지 못하고 있습니다. 즉 북측 강경 군부 세력은 그들의 강경 대남 정책이 남쪽의 반공주의 세력을 결과적으로 도와주어 남한의 민주화를 어렵게 한다는 역설을 모릅니다. 마찬가지로, 남한의 수구 세력은 그들의 의도와 관계없이 그들의 대북 강경 정책을 통해 결과적으로 북의 지배 세력을 더욱 강화시킨다는 사실을 외면합니다. 이들은 자기들도 모르는 사이에 친북 역할, 종북 역할을 하고 있는 것이지요. 그러기에 비극인 것이지요. 저는 한국의 민주화 운동이 이 같은 적대적 공생 관계를 극복하지 않고서는 장기적으로 성공하기 힘들다고 보았습니다. 따라서 남북 관계 개선과 평화, 그리고 통일 문제를 항상 민주화 문제와 긴밀히 연관시켜 해결해야 한다고 주장했습니다.

뉴욕 집회가 끝나고 2월 12일에는 시카고로 갔습니다. 오후에는 시카고 기독교방송에 출연해 대담을 하고, 저녁에는 3백 명이 모인 집회에서 한국 정치사회 문제를 놓고 강연했습니다. 여기서 이재현 박사와 곽노순 목사를 만났습니다. 이 박사는 한때 주미한국대사관에 공보관으로 봉직했으나, 한국 군사정부를 비판했다고 해서 파면당하고 시카고에서 교수로 있었습니다. 이분들과의 대화에 저는 늦은 새벽까지도 시간 가는 줄을 몰랐습니다.

그리고 날이 밝자 이번에는 LA로 날아갔습니다. 전 서울 시장이었던 김상돈 선생이 마련한 장소에서 시국 강연을 했습니다. 그다음 날에는 영락교회 한경직 목사 밑에서 부목사를 하셨던 홍동근 목사가 시무하는 교회에서 설교를 했습니다. 선한 사마리아인의 비유로 설교를 했는데, 이 비유를 한국 상황에서 새롭게 해석했습니다. 여리고 언덕에서 불한당을 만나 모든 것을 다 빼앗기고 죽도록 얻어맞아 사망 직전에 놓인 유대인을 저는 한국 민주화와 인권 그리고 평화와 통일을 위해 헌신하다가 군부 독재 세력에 의해 억압받는 우리 동포에 비유했지요.

홍동근 목사는 비록 영락교회 출신이요, 그곳에서 부목사로 봉직했지만, 결코 한경직 목사식의 반공주의자는 아니었습니다. 오히려 착하고 용기 있는 사마리아인처럼 북한 동포를 보듬고 보살펴 주는 평화 선교에 일찍부터 앞장서고 실천해 온 분이었습니다. 그래서 그는 미국에서도 '용공적' '친북적' 목사로 비판받아 왔습니다. 그와 비슷하게 뉴욕의 김정순 교장도 영락교회 장로였지만, 한반도 평화 실현에 있어서는 수구 냉전적 신앙을 갖고 있지 않았습니다. 이 두 분은 영락교회 출신이지만 일종의 창조적 변종이었습니다. 착한 사마리아인을 주제로 강연하면서 저는 착한 크리스천이 용기 있는 크리스천이라는 진리가 청중에게 제대로 전달되지 못하는 것 같아 안타까웠습니다. 착한 것과 용기 있는 것이 자연스레 이어지지 않는 현실도 안타까웠지요.

그날 홍 목사 교회에서 저는 피아니스트 백건우 씨와 그 부인 윤정희 씨를 만났습니다. 백건우 씨가 홍 목사의 조카라는 걸 그제야 알게 되었죠. 저는 세계적으로 명망 있는 음악인들 중에 소중한 가치에 헌신하는 분들이 있다는 것을 알고 있습니다. 이를테면 세계적 첼리스트인 로스트로포비치는 인권을 탄압하는 독재국가에서는 절대로 연주를 하지 않았습니다. 또 베토벤이 나폴레옹을 자유 투사로 여겨 그에게 헌정하기로 한 곡을 그가 독재자로 변신하자 장송곡으로 명명한 유명한 일화는 그가 얼마나 가치 지향적이고 변혁적인 작곡가였는지 말해 줍니다. 신념과 철학이 있는 예술가들이야말로 어두운 시대에 반짝이는 희망의 별이라 하겠습니다.

LA에서 며칠 쉬면서 저는 한국 민주화에 대해 두 차례 더 강연을 했습니다. 저는 제가 미국 어느 곳에서 강연을 하든 그 내용이 즉각 모국의 권력 당국에 보고된다는 사실을 알고 있었지만, 조국의 자유와 평화를 바라는 해외 동포들에게 핵심을 비껴가면서 강연을 할 수는 없었습니다.

2월 26일에는 브루클린 교회의 요청으로 다시 뉴욕에 갔습니다. "역사와 민중 속에 오신 예수"라는 주제로 강연과 설교를 했습니다. 예수 당시의 로마제국이 지금의 미국과 비슷한 군사 패권국이었다고 지적하고 팍스로마나 체제에서 갈릴리 예수가 어떤 메시지를 던졌는가를 강조했습니다. 또 오늘날 한국의 거대 교회가 예수의 하나님 나라 선교를 무시하고, 천박한 번영 신앙을 전파한다고 비판했지요. 28일 주일은 삼일절 예배로 드린다기에 삼일운동의 동력이 갈릴리 예수의 복음에서 나왔음을 설교로 풀어냈습니다.

저는 3월 2일에야 애틀랜타로 돌아와 가족의 얼굴을 볼 수 있었습니다. 하지만 제대로 쉬지 못한 채 다음 날 바로 노스캐롤라이나의 몬트리트 수양관에서 열린 미국 장로교 선교대회에 미국 대표들과 함께 참석했습니다. 회의 주제가 "사회경제적 정의와 복음"이었습니다. 회의 첫날인 3일에 저는 어린 시절 품었던 사회 의사의 꿈을 한국 상황에서 실현하기가 얼마나 어렵고 고통스러웠는지 증언했습니다.

예수께서는 계급의 장벽, 성의 장벽, 인종의 장벽 등 온갖 부당한 구조적 장벽을 열린 밥상 운동을 통해 제거하려 하셨습니다. 그러니 크게 보면 예수님도 구조적 차별로 발생하는 사회적 아픔을 치유하려는 사회 의사였다고 할 수 있지요. 또 예수께서는 당시 종교적으로나 사회적으로 저주의 대상이었던 심각한 질병에 걸린 환자들을 무상으로 치유해 주었습니다. 종교적으로 불결하다고 낙인찍힌 질병에 걸리게 되면 환자는 육체적 고통뿐만 아니라 사회적 격리와 차별까지 당하는 구조적 고통을 겪어야 했습니다. 예수님은 이 같은 중환자의 육체적 아픔을 고쳐 주셨을 뿐만 아니라 이른바 종교적 낙인마저 지워 주셨지요. 그리고 회복 이후의 삶을 지속시킬 수 있는 환자의 주체적 능력까지 확인시켜 주셨습니다. '당신의 믿음이 당신을 낫게 했음'을 확인시켜 주신 것입니다. 예수는 이런 진정한 치유의 기쁨을 안겨 준 사회 의사였습니다.

저는 이 같은 총체적 나음, 요샛말로 힐링을 맛보게 하는 예수 운동이야말로 사회경제적 정의 구현과도 연결된다고 생각했습니다. 그런데 미국의 교회 현실을 보면 번영 신학과 값싼 은총의 신앙이 기승을 부리고 있는 것 같았습니다. 텔레반젤리스트(TV로 복음을 증거하는 분들)가 쏟아 내는 메시지에는 사회정의나 샬롬 만들기 같은 공공적이고 변혁적인 동력이 없었지요. 물론 한국 교회는 미국보다 더 심했습니다. 군사독재의 압축적 경제성장 논리가 교회로 유입되어 교회도 천박한 성장론에 물들기 시작했고, 양적 팽창에 열을 올리면서 세계에서 가장 큰 교회들이 한국에 있음을 자랑으로 여기는 교회 지도자들도 많았으니까요. 저는 이런 교회 상황에 예수님이 오신

다면 이렇게 말씀하실 것 같다고 덧붙였습니다.

"나는 크리스천이 아닙니다. 나는 갈릴리 예수요, 부활의
예수그리스도입니다. 당신들은 나와 아무 상관이 없습니다."

제 이야기에 불편해 하는 분도 있었고, 동의하는 분도 있었
지만, 어느 쪽이든 제가 던진 경고를 쉽게 잊지는 않으리라 생
각했습니다.

그 후로도 저는 미국 전역을 누비며 조국의 민주화와 평화
통일 문제와 관련된 강연과 토론 모임을 바쁘게 이어 갔습니
다. 그런데 뉴욕과 캘리포니아 강연을 마치고 애틀랜타로 돌
아온 어느 초여름, 애틀랜타 소재 한국 총영사로부터 전화가
왔습니다. 긴히 얘기할 것이 있다면서 점심시간을 내달라고
했지요. 다음 날 시내 조용한 일식당에서 처음으로 총영사를
만났습니다. 50대 후반의 외교관이었습니다. 이런저런 얘기를
하다가 본론으로 들어가더군요.

"한 교수께서 미국 여기저기 다니면서 하시는 강연에 대해
한국 정부에서 대단히 신경을 쓰고 있습니다. 특히 지난번 LA
에서 한 강연에 대해선 매우 강경한 반응이 있었습니다. 저한
테도 압력 같은 것이 있었죠. 앞으로 좀 더 신중하게 활동하실
수는 없는지요."

그는 직업 외교관으로서 몇 년 후면 은퇴할 텐데 저 때문에
불명예 퇴직을 하게 될지 모른다고 푸념했습니다. 그간 아무
탈 없이 지내 왔는데, 이제는 자기 앞날이 염려될 지경이라면
서 제 협조를 요청했습니다. 저는 호소에 가까운 그의 요청에
얼마간 미안한 마음이 들었습니다. 그래서 왜 제가 그렇게 행

동할 수밖에 없었는지를 차분히 설명했지요.

한국의 정치발전은 경제성장과 비례해서 이뤄져야 하는데, 현재 군사 권위주의 체제하에서는 민주화라는 정치발전이 압축적 경제성장으로 인해 심각하게 훼손되고 있어 한국의 국제적 이미지가 매우 좋지 않다는 점을 상기시켰습니다. 정치발전과 경제발전이 동시에 효과적으로 추진되어 우리나라도 총체적 선진국이 되어야 하지 않겠냐고 했습니다. 제가 동분서주하는 것이 바로 그 일을 위해서이고, 그러니 제 바쁜 삶도 따지고 보면 나라 사랑에서 비롯된 것이라고 해명했습니다. 다만 저의 애국적 행위를 현재 군사정부가 전혀 이해하지 못하는 것일 뿐, 제가 국가 위신을 손상시키는 것이 아니라 민주화와 인권을 탄압하는 현재 집권 세력이 오히려 국가 위신과 국가 이익을 훼손한다고 말입니다. 그랬더니 총영사는 단호하게 영어로 이렇게 대꾸했습니다.

"Don't mesmerize me."

감언이설로 자신을 현혹시키지 말라는 뜻이었습니다. 그의 이 한 마디에 저는 갑자기 피곤을 느꼈습니다. 논리 대 논리로 대응하지 않으려는 갑이 약한 을의 논리를 꺾고 싶을 때 흔히 내뱉는 점잖은 표현이라고 여겨졌기 때문입니다. 지난 10년간 저는 여러 장소에서 여러 권력 기구 종사자들로부터 "국가관이 없다", "인간이 되라", "애국심이 없다" 등의 거친 욕설을 들어왔습니다. 그때마다 깊은 모멸감과 피로감을 느꼈지요. 어떤 때는 징그러운 구렁이가 내 몸을 휘감아 드는 것 같기도 했습니다. 결국 어색한 분위기에서 그와 헤어졌지요. 그가 저로 인해 부당한 불이익을 받지 않길 바라는 것 말고는 제가 그를 위해 할 수 있는 일은 없는 것 같았습니다.

그 이후에도 제 행보는 이전과 같이 이어졌습니다. 8월 중순에는 워싱턴에서 한국 민주화와 통일을 위한 재미국민연합의 통합 총회가 열린다고 꼭 참석해 달라는 요청이 왔습니다. 8월 14일 셰라톤 호텔에서 열린 민통연합 총회에도 참석했습니다. 미국 전역에서 한국 민주화에 헌신해 온 분들이 모였습니다. 이날 지명위원회에서 문동환 박사가 저를 수석 부회장으로 추천했습니다. 저는 실행 위원으로 캐나다의 이상철 목사와 이재현 박사를 추천했지요. 민통연합 총회에서 수석 부의장으로 선출되었으니 제 활동 범위가 더 넓어지고 그 강도도 더 거세지게 될 것 같았습니다. 그만큼 전두환 정부와의 대결도 더 치열해질 수밖에 없었지요. 이제 곧 여권이 만료되는데 정부가 저의 미국 체류를 연장해 주지 않을 것은 너무도 뻔한 일이었습니다.

저는 이제 불법 체류자로 본격적인 유배 생활을 준비해야 했습니다. 비자 문제도 간단치 않았습니다. 1960년 후반 미국에서 대학교수로 있을 때 영주권을 갖고 있었는데, 그것을 복원시키는 문제를 장로교 교단의 협조로 미국 변호사를 통해 알아보았습니다. 하지만 8월 18일, 이민국에서 거부했다는 전갈을 받았습니다. 10월에 여권과 비자의 효력이 모두 상실되면, 저는 정치적 망명을 선택할 수밖에 없는 상황이 되었습니다. 뉴욕의 동지들, 특히 이승만 목사는 미국교회협의회와 장로교가 저를 보살펴 줄 것이라고 귀띔하면서 안심하라고 격려해 주었습니다.

사형수 DJ,
워싱턴에 오다

1

　　1982년 12월 들어 제 마음은 온통 한국 정치 상황에 쏠려 있었습니다. 아직도 옥에 갇혀 있는 동지들 가운데 이번 연말에 누구라도 석방될 수 있을지 촉각을 곤두세웠지요. 서대문 구치소에 있을 때 아침이면 마주치던 DJ의 비서 한화갑 씨를 위로한답시고 'DJ는 꼭 살아서 미국에 가게 될 것'이라 호언장담한 적이 있었는데, 과연 이번 성탄절에 그렇게 될 수 있을지 궁금했습니다. 만약 전두환이 미국의 압력으로 DJ를 살려 준다면, 절대로 국내에 그대로 머물게 하거나 일본으로 보내지는 않을 것이니 석방 즉시 미국으로 쫓아낼 거라고 한 것이었지요.

　12월 2일 오전 11시, 민통연합에서 기자회견이 있었습니다. 문부식과 김현장이 일으킨 부산 미문화원 방화 사건에 관한 기자회견이었습니다. 이날 회견장에는 한국 민주화에 적극 협력해 온 페기 빌링스 여사와 패리스 하비 목사가 참석했습니다. 문동환 박사와 저도 참석했지요. 이른바 한미 '혈맹' 관계를 생각하면 이 방화 사건은 한국 사회에서 벌어진 거의 최초의 반미 사건인데, 예상과 달리 기자회견은 퍽 초라했습니다. 회견장에 온 미국 언론인도 소수였고, 질문도 날카롭지 못했습니다. 저는 적이 실망스러웠습니다.

이날 저녁 뉴욕 목요기도회에는 서울 동대문 감리교회에서 시무하시는 장기천 목사가 오셔서 메시지를 전했습니다. 예배가 끝난 후 그는 제게 놀라운 얘기를 들려주었습니다. 한국기독학생회총연맹 간사인 정상복 씨와 제 제자인 권진관 군이 감옥에서 나와 미국으로 신학 공부를 하러 오려고 애쓰는 중인데, 당국이 출국을 허락하지 않는다는 것이었습니다. 장 목사는 그 이유가 저 때문이라고 했습니다. 미국이나 유럽에 나가 있는 이른바 반정부 인사들 중에서 유독 제가 반정부 활동을 계속하고 있기 때문에 저와 연관된 젊은이들이 출국 허가를 받지 못한다는 것이었습니다.

제가 한국기독학생회총연맹 이사장이었을 때 정상복 씨는 간사였습니다. 저와는 치안국 특수 수사대에서 잠시 대질 심문도 했었지요. 권진관 군은 서울대 학생이었고, 선교교육원에서 신학 공부를 할 때 저도 그곳에서 특강을 했습니다. 목요기도회에서 장 목사가 그런 소식을 공개적으로 전해 주었을 때 저는 몹시 당황했습니다. 제가 한국 민주 인사들의 출국을 결과적으로 막고 있다는 생각에 당혹감을 감출 수 없었죠. 그런 얘기는 총영사관을 통해서도 가끔 들었던 터지만, 막상 신앙 동지로부터 듣게 되니 참으로 민망하고 불편했습니다.

그날 목요기도회에서는 문부식과 김현장의 법정 진술 기록을 함께 읽었는데, 그러다 보니 2년 전 그 잔인했던 여름과 가을이 새삼 떠올랐습니다. 특히 군사 법정에서 DJ마저 공산주의자로 몰아 사법 살인을 하려 한 군부의 음모를 직접 목격했기에 저는 처연해졌습니다. 문부식과 김현장은 결코 공산주의자가 아니었습니다. 자유민주주의자인 신학생과 젊은이를 정치권력이 공산주의자로 낙인찍어 진짜 공산주의자로 만들어낸다면, 북한 정부는 가만히 앉아서 그들의 적화 야욕을 성취시키는 꼴이 아닙니까. 정말 희한한 비극적 역설이 한반도 남쪽에서 현실화되고 있다고 생각하니 기가 막혔습니다.

12월 16일 이른 아침이었습니다. 뉴욕 주에 있는 한 대학에서 정치학을 가르치면서 한국 민주화를 위해 동분서주했던 최승일 박사의 전화로 잠이 깼지요. 그는 놀랍고 반가운 소식을 전해 주었습니다. DJ가 육군교도소에서 서울대병원으로 이감되었다는 것입니다. 그 소식을 듣는 순간 저는 DJ가 성탄절 특사로 석방될 것임을 직감했습니다. 최 박사도 같은 생각이었습니다. 저는 바로 워싱턴의 문동환 박사에게 확인했지요. 그리고 이승만 목사에게도 알렸습니다. 곧이어 『뉴욕타임스』에 부시 부통령의 강력한 압력으로 DJ가 서울대병원으로 이감되었다는 뉴스가 실렸습니다. DJ가 석방되면 23인의 공동 피고들 모두가 조만간 자유의 몸이 될 것이기에 그 소식을 듣고 저는 정말 기뻤습니다. 그러나 다른 한편 미국의 압력에 의해서만 이 같은 소식을 듣게 되는 우리의 무력한 처지에 가슴이 아프고 답답하기도 했습니다.

드디어 DJ와 이희호 여사, 그리고 둘째 아들 홍업이 12월 23일 저녁에 워싱턴에 도착한다는 전갈을 받았습니다. 뉴욕의 민주 세력은 모두 환희의 긴장 속에서 그들을 기다렸습니다.

그날 공항에는 워싱턴에 있는 문동환 박사 내외와 이근팔 씨, 뉴욕에서 내려간 우리 부부와 김윤철 장로, 그리고 최승일 박사 등 몇 사람이 직접 나가 DJ와 그 가족을 맞기로 했습니다.

　워싱턴 공항에는 이미 기자들 10여 명이 그를 기다리고 있었습니다. DJ가 탄 비행기의 도착 시각인 밤 9시 40분에 맞추어 문 박사와 저는 비행기 가까이 마중을 나갔습니다. 드디어 비행기에서 내리는 DJ와 이 여사의 모습이 보였습니다. DJ는 갓 군에 입대한 청년처럼 짧은 머리에 표정은 생각보다 밝았고 모습도 건강해 보였습니다. 오히려 이 여사가 몹시 피곤해 보였지요. 입국 수속도 그다지 오래 걸리지 않았기에 바로 대기실로 나와 최 박사의 노련한 통역으로 기자회견을 했습니다. 심각한 정치적 질문은 없었습니다. 긴 여정에 지친 DJ와 가족을 위해 숙소로 잡아 놓은 힐튼 호텔로 직행했습니다. 저도 그 호텔에 방을 잡았는데, 앞으로 회포를 풀 시간은 넉넉하다고 생각했기에 그날은 그저 가벼운 덕담만 나눴습니다. 멀리서 온 사형수 가족이 참으로 오랜만에 자유롭게 편히 쉬기를 바랐습니다.

2

　　　　다음 날은 크리스마스이브였지요. 미국에선 온 가족이 함께 모여 1년 중 가장 다정다감하게 지내는 날입니다. 멀리 떨어져 있던 가족도 이날만은 함께 모여 가족의 행복을 확인합니다. DJ의 모든 가족이 이곳에 함께 모이지는 못했지만, 이번 크리스마스는 그 가족에게 특별한 의미가 있을 것 같았습니다. 이날 제 아내와 김윤철 장로는 뉴욕으로 돌아갔고, 저는 남아서 문 박사와 함께 DJ와 이야기를 좀 더 나누기로 했습니다. 그런데 일본 기자들의 등쌀에 밀려 저녁을 먹은 뒤에야 겨우 우리끼리 밀린 얘기를 얼마간 할 수 있었습니다. 문 박사도 떠난 뒤 DJ와 둘이 남게 되었을 때, 저는 제가 그간 미국에서 겪었던 경험을 토대로 DJ께 몇 가지 유의해야 할 사항을 말씀 드렸습니다. 어떤 것은 그를 불편하게 했을지 모르겠습니다. 하지만 저는 정치인이 아닌 지식인의 양식을 갖고 자유롭게 말씀 드렸습니다.

첫째, 민주화, 인권, 평화 등의 가치에 대해서는 단호하게 적극적인 견해를 표명하고 또 두려움 없이 정치적 비전을 제시해야 하지만, 정권에 대한 욕심을 드러내는 발언은 삼가는 것이 좋겠다고 했습니다. 둘째, 생사의 험한 골짜기에서 벗어나 지금은 평온한 초원에 오셨고, 더구나 제3세계 지도자의 지위를 얻게 되었음을 강조했습니다. 단순히 한국 정치인이 아니라 세계적 민주 지도자의 반열에 올라 미국에 온 것이라 했지요. 그런 만큼 세계를 향해 제3세계의 입장에서 메시지를 표명해야 한다고 했습니다.

셋째로 지난 10년간 국내 민주 세력의 반미 감정이 고조되고 있는 현실에 조응해서 조국의 평화와 통일에 대한 미국 교포들의 관심도 매우 커졌다고 말씀 드렸습니다. 민주화와 평화 통일에 대해서는 균형을 맞추려는 움직임이 있다는 점도 전했습니다. 미국과 유럽의 교포들 중에 선통일을 강조하는 분들이 점점 많아지는 듯한데, 이들과 선민주를 강조하는 전통적 민주 세력 간에 미묘한 긴장이 존재한다고 알려 드렸습니다.

제가 보기에는 민주화와 통일을 선후 문제로 접근하기보다 동시에 추구하고 추진해야 한다는 주장이 더 설득력을 갖는다는 말씀도 드렸습니다. 서로 다른 입장을 가진 분들이 모두 DJ의 입을 주시하고 있기 때문에 그들을 하나로 뭉치게 하기 위해서라도 동시 추구가 필요하다고 했습니다. 남북 간의 긴장과 대결을 빌미로 민주화를 좌절시키려는 냉전 수구 세력이 오늘의 한국 지배 세력이기에, 민주화 투쟁과 평화통일 추구는 언제나 함께 추진되어야 한다고 강조했습니다. 저는 DJ도 이 논리를 충분히 이해하고 있다고 확신했습니다. 다만 전술적 차원에서 때로는 선통일 주장을 앞세우는 일은 삼가하는 것이 좋겠다고도 말씀 드렸습니다.

넷째로 최근 문부식 사건에 대한 미국 언론의 무관심을 확인했기에, DJ께서 이들의 억울한 고난을 더 부각시킬 필요가 있다고 했습니다. 이 젊은이들의 고통과 분노는 광주 참사와 맞닿아 있으므로 미국이 우리 국민, 특히 젊은이들의 희생에 더 적극적인 관심을 갖도록 촉구해 달라고 했지요.

여기까지 말씀 드린 뒤 저는 주저하다가 두 가지를 더 언급했습니다. 잘못 들으면 불쾌해 하실 수도 있다는 생각이 들었지만, 한국의 평화와 민주주의를 위해 DJ의 개인적 성품도 매우 중요한 요인이라고 판단했기에 감히 말씀 드렸습니다. 하나님이 인간에게 두 개의 귀를 주시고 입을 하나만 주신 것은 귀를 입보다 두 배 더 사용하라는 뜻이 아니겠느냐면서 DJ가 되도록 많은 얘기를 들으시면 좋겠다고 했습니다. 그리고 자신의 과거와 현재, 미래에 대해 이야기할 때 자기 자랑 식이 되는 걸 피하시도록 조언했습니다.

"선생님은 이제 이미 너무 유명해지셨기 때문에 자신의 입으로 자기 자랑을 할 필요가 전혀 없습니다."

제가 건방지게 이런 말씀을 드린 것은, 프로 정치인들은 결코 이런 얘기를 DJ에게 직접 하지 않는다는 것을 잘 알고 있었기 때문입니다. 저는 DJ가 미국 망명 생활을 하는 가운데 조국과 세계 앞에서 명망 있는 역사적 인물의 품위를 보여 주길 바랐습니다. 한낱 정치적 이해관계에 몰두하는 현실 정객이 아니라 인권, 평화, 정의, 자유 같은 인류의 보편적 가치를 고양시키는 세계적 명사가 되기를 바랐습니다. 그리하여 이런 보편적 가치가 짓밟히고 있는 제3세계 현실에 주목하고, 그런 비극적 현실을 타개해 나가는 세계적 지도자의 품격을 보여 주시길 정중히 요청했습니다.

제가 그런 요청을 드릴 수 있었던 것은 DJ가 군사 법정에서 최후진술을 할 때 제가 받은 감동의 파장이 아직도 제 가슴속에서 큰 울림을 내고 있었기 때문입니다. 1980년 11월 9일 오전에 그가 토해 낸 최후진술의 마지막 부분은 이랬습니다.

나는 나에 대한 관대한 처분보다 다른 피고들에 대한 관용을 바란다. 결국 이분들에 대한 혐의의 책임자는 나이기 때문이다. …… 나는 그저께 구형(사형)을 받았을 때 의외로 차분한 마음이었다. …… 이것은 내가 기독교 신자로서 하느님이 원하시면 이 재판부를 통해 나를 죽이실 것이고, 그렇지 않으면 이 재판부를 통해 나를 살릴 것이라고 믿고 모든 것을 하느님께 맡기고 있기 때문이라고 생각한다.

마지막으로 여기 앉아 계신 피고들께 부탁드린다. 내가 죽더라도 다시는 이런 정치 보복이 없어져야 한다는 것을 유언으로 남기고 싶다. 어제 한완상 박사가 예언자적 사명과 제사장적인 사명이 있다고 말씀하셨는데, 나는 이를 사회 구원과 개인 구원으로 부르고 싶다. 나는 기독교 신자로서 민주 회복을 통한 사회 구원, 민족 구원을 생각했다. 재판부, 국선·사선 변호인, 교도소 관계관, 내외신 기자의 노고에 감사드린다. 그리고 검찰부에서 한 노고 그 자체에는 감사드린다.

DJ는 자신을 죽이려는 세력을 저주하지 않고, 그들의 악행에 대한 보복을 오히려 중단시키려 했습니다. 그것이야말로 평화의 문을 여는 열쇠라고 믿었기 때문이지요. 저는 DJ가 이제 망명지 미국에 와서 그 같은 품위를 더욱더 높일 수 있기를 바랐습니다. 그런데 그를 정치꾼으로 전락시키려는 잡스러운 욕심쟁이들이 그의 주변에 몰려들 것 같아 저는 그 점이 걱정스러웠습니다.

12월 25일 크리스마스 오전, 저는 DJ를 모시고 시내에 있는 성 마태 성당에 갔습니다. 그 큰 성당에는 이미 일본 기자들이 북적이고 있었지만 한국 기자들은 잘 보이지 않았습니다. 엄숙한 미사 도중 갑자기 큰 소리로 우는 소리가 들려왔습니다. DJ의 울음소리였지요. 죽음 골짜기에서 꾹꾹 누르고만 있던 한恨의 응어리가 마침내 활화산처럼 폭발해 버린 것이지요. 사흘 전만 하더라도 죽음의 그림자가 드리워진 육군교도소에 갇혀 있던 사형수가 이제는 자유롭고 평안한 성당에서 성탄절 미사를 드릴 수 있다는 사실이 바로 하나님의 엄청난 은혜임을 소리 높여 외치고 싶은 심정도 그의 호곡에 한몫했으리라 생각했습니다. 그는 신앙심 깊은 가톨릭 신자였으니까요. 그는 감격했을 때 언제 어디서도 진솔하게 울 수 있는 매우 인간적인 정치인이었습니다. 다만 그 서러운 울음소리가 너무 컸기에 저는 조금 당황했습니다. 내일 아침 일본 신문은 오늘 DJ의 호곡하는 사진을 1면 톱으로 실을 것이라 예감했지요. 물론 한국 언론은 DJ의 동향에 관해 일체 침묵하도록 단속을 받았을 테지만요.

그날 오후 저는 기차를 타고 뉴욕에 돌아와 브루클린 한인 교회에서 성탄 예배에 참석한 뒤 임순만 교수 댁에서 목요기도회 동지들과 워싱턴 얘기로 꽃을 피웠습니다. 밤늦게 스토니 포인트에 돌아오니 몸이 몹시 고단했습니다. 하지만 이제 새 역사가 동트겠구나 하는 기대로 마음은 얼마간 가벼웠습니다. 게다가 DJ가 들려준 충격적 얘기의 감동이 긴 여운을 남기고 있었습니다. 그러니까 1980년 7월 15일에 김대중 내란 음모 사건의 공동 피고들이 일부는 육군교도소로, 나머지 일부는 서대문 교도소로 각각 분리 이감되기 직전, 권정달과 이학봉 두 군부 실세가 DJ에게 와서 DJ의 생명을 담보로 타협을 제안한 일이 있었다고 합니다. 좋게 말하면 신군부와 손을 잡고 함께 일하자는 제의였다고 했습니다.

그때 DJ는 무슨 조건으로 그런 제의를 하느냐고 물었답니다. 그랬더니 두 사람은 신문 뭉치를 던져 주며 이것을 읽어 본 후 대답을 달라고 했답니다. 그 신문 뭉치에는 그때까지 DJ가 전혀 모르고 있던 광주 학살에 관한 보도가 들어 있었습니다. 물론 당시 신군부가 편집·왜곡한 보도였지요. 그것을 자세히 읽고 난 뒤 DJ는 너무 놀랍고 너무 가슴이 아파서 그들의 제안을 도저히 받아들일 수 없었다고 했습니다. 광주의 그 억울한 주검이 자기 탓으로 받아들여져 오히려 오열했다고요. DJ가 신군부의 유혹을 물리칠 수 있었던 힘도 민중의 억울한 고통에 동고하려는 그의 비장한 결단에서 나온 것이었습니다.

DJ가 미국에 도착했다는 소식은 곧 『뉴욕타임스』에도 실렸고 몇몇 방송에서도 보도가 되었습니다. 저는 오래전부터 준비해 오던 '아시아학자회의' 일로 정신없이 바빴지만, 12월 29일 DJ와 관련한 뉴스를 다루는 CBS TV에 출연했습니다. 거기서 저는 미국의 현 정부가 전두환 정권에 보내는 지지는 한국의 민주화 세력 입장에서 보자면 일종의 배신이라고 지적했습니다. 한국에 언론의 자유가 있다면 그런 비판이 터져 나올 텐데, 한국 현실이 당장 그렇지 못하다는 점을 에둘러 언급했습니다.

1983년 1월 초가 되면서는 DJ의 뉴욕 방문 문제를 놓고 뉴욕이 다소 시끄러워졌습니다. DJ는 조지타운 대학병원에서 받기로 한 건강진단 결과가 좋으면 바로 뉴욕에 오고 싶다고 알려 왔습니다.

그의 뉴욕 방문일이 눈앞에 닥쳐오자 저는 두 가지 문제로 머리가 아팠습니다. 하나는 DJ에 접근하고 싶어 하는 이들 가운데 민주화나 평화 실현에는 관심이 없으나 다만 정치적 이해관계로 그를 가까이하고자 하는 사람들이 더러 있다는 사실이었습니다. 또 다른 문제는 DJ의 미국 체류가 선민주를 주장해 온 교포들에게 큰 힘이 된다고 생각하는 경향이었습니다. 그런 생각을 하는 사람들은 DJ를 이른바 선통일 세력으로부터 떼어 놓으려 했습니다. 민주화와 통일의 동시 추진을 강조하는 입장까지도 DJ가 멀리해 주기를 바라는 듯했지요. 저는 민주화의 꿈과 평화통일의 꿈은 결코 별개일 수 없다고 확신했기에, DJ가 앞으로 다양한 견해를 가진 민주 세력을 자유롭게 만나되 균형을 잃지 않길 바랐습니다. 또한 이익을 중히 여기며 정치적인 이해관계로만 접근하는 중리重利 인사들과 원칙이나 옳음을 소중히 여기는 중의重義 인사들을 확실하게 분별하시길 바랐습니다.

　　다른 한편 저는 DJ가 시국 강연을 하면서 현재의 군사 정권을 정치적으로 심하게 비판한다면, 신군부 세력이 도쿄 납치 사건과 유사한 무모한 모험을 미국에서도 저지르지 않을까 몹시 염려가 되었습니다. 저처럼 정치와는 거리를 두고 있는 사람이 인권과 민주화를 역설하는 강연에도 예민하게 구는 신군부 세력이, 대통령의 꿈을 지니고 있는 DJ가 그들을 비판한다면 또 무슨 흉측한 짓을 저지를지 모른다는 생각에 불안했습니다.

　　DJ는 1월 9일, 뉴욕에 도착했습니다. 다음 날부터 곧바로 바쁜 일정이 시작되었지요. 우선 오전에 통칭 475라고 불리는 미국교회연합기구 건물에서 기자회견이 있었습니다. 최승일 박사가 회견을 재치 있고 명쾌하게 잘 진행했습니다. 최 박사의 영어는 정말 탁월했습니다. 게다가 그는 한국 민주화에 헌신해 온 드문 지식인이었습니다. 특히 DJ 일이라면 물불을 가리지 않았지요. 그가 일찍 죽지 않았더라면, 그래서 DJ가 대통령이 되었을 때 청와대 외교안보 수석으로 일할 수 있었다면, DJ 정부가 보다 대차게 햇볕 정책을 추진해 갈 수 있었을 텐데 저는 생각합니다. 그래서 그의 때 이른 소천이 아쉽기 그지없습니다.

기자회견이 끝난 뒤 미국교회협의회가 DJ 일행을 위해 마련한 오찬 자리에서 이희호 여사는 '용감한 여성상'Valiant Women's Award을 받았습니다. 미국교회협의회가 미국 교회 전체를 대표해서 주는 명예로운 상이었지요. DJ가 지금에 이르기까지 이희호 여사의 헌신은 말할 수 없이 컸습니다. 아내로서, 민주 투쟁 동지로서, 또한 최고 참모로서 이 여사는 DJ의 오늘을 있게 한 분이시지요. 제가 가까이서 직접 보았기에, DJ에게 꼭 필요한 내조와 외조 모두를 이 여사보다 더 잘할 수 있는 분은 없다고 단언할 수 있습니다.

오후 4시가 지나서야 DJ와 함께 숙소인 스토니 포인트 수양관으로 돌아올 수 있었습니다. 하지만 곧이어 저녁 6시부터 수양관이 마련한 DJ 환영 행사가 기다리고 있었습니다. 이 자리에는 뉴욕의 각계각층 지도자들, 특히 조국의 민주화와 평화에 관심이 많은 교포 3백여 명을 초청했습니다.

만찬이 끝난 저녁 8시부터 강당에서 DJ의 강연이 있었습니다. 미국에 도착한 이후 첫 대중 강연이라 열기가 뜨거웠습니다. 강연장에 들어서니 명필이신 김정순 교장이 쓴 "민족, 민중, 민주의 지도자 김대중 선생 강연" 현수막이 자리를 훤하게 비추고 있었지요. DJ의 강연에 앞서 이희호 여사께서 흐느끼며 짧게 인사 말씀을 하셨는데, 거기서부터 벌써 청중들의 가슴은 뜨겁게 달아올랐습니다.

원래 DJ의 강연은 20분 정도로 예정되어 있었지만, 강연장이 감동의 물결로 출렁거렸기에 50분 넘게 이어졌습니다. 이날 저녁 강당을 가득 메운 뉴욕 지역 민주 인사들은 평생 온몸을 바쳐 한국 민주화를 위해 헌신해 온 민주 투사에 대한 존경심으로 뜨거운 박수를 보냈습니다. 사형수로서 온갖 부당한 고통을 몸소 겪은 역사의 증인이 그곳에 서있다는 사실만으로도 청중에게 감동을 줄 수 있었습니다.

다음 날도 바빴습니다. DJ는 오전 9시에서 10시 20분까지 도쿄 TV와 인터뷰를 했습니다. 이어서 11시 20분까지는 뉴욕의 교포들 가운데 민주화에 헌신했던 분들과 접견했고, 12시부터 오후 2시까지 인권변호사 버틀러와 오찬을 함께 했습니다. 그는 DJ가 미국의 정치·경제 실력자들 모임에서 연설할 수 있도록 주선하겠다고 했습니다. 그 뒤 오후 4시까지는『피플』지와 인터뷰를 했습니다. 주로 일본에서 납치당한 뒤 박정희 정권이 자신을 현해탄에서 수장시키려 했을 때 기적같이 살아날 수 있었던 일을 회고했지요. 그런 다음 뉴욕 한인 상공회의소 임원들과 잠시 환담했습니다.

그렇게 바쁜 하루를 보내면서 DJ는 한식을 먹고 싶어 하셨습니다. 마침 제 아내가 얼큰한 육개장을 맛있게 요리할 자신이 있다고 하여 집으로 모시게 되었습니다. DJ 부부와 함께 서울에서 뉴욕을 방문한 이돈명 변호사, 그리고 저희 부부가 호젓하게 저녁을 즐기기로 했지요.

그런데 이날 전혀 예상치 못한 해프닝이 있었습니다. 식탁에 둘러앉아 이런저런 얘기를 나누다가, DJ가 이 변호사에게 국내 사정에 대해 물었습니다. 이 변호사는 수첩을 꺼내 국내 정치 상황을 설명하면서, 민주화 추진 흐름이 상도동계와 동교동계 간의 연합으로 이루어지고 있는데, 상도동은 단합이 잘되고 있지만 동교동은 그렇지 못한 것 같다고 조심스레 이야기를 꺼냈습니다. 저는 동교동계의 수장이 지금 국내에 없으니까 그럴 수 있겠다고 생각했지요. 그런데 이때 DJ가 동교동 동지들이 더욱 굳게 뭉쳐 상도동 못지않은 조직력을 확보해야 한다고 힘주어 말했고, 이 변호사는 DJ의 그 말씀을 수첩에 적는 듯이 보였습니다. 그 모습을 보면서 제가 조용히 문제 제기를 했습니다. 당장 두 김 씨 지도자가 서로 떨어져 있는 상황에서 두 분의 단합된 힘이 그 어느 때보다 더 긴요하다고 확신했기 때문에 이렇게 말씀 드렸습니다.

"엄혹한 군사독재를 종식하기 위해 두 분 지도자는 어디 계시든지 힘을 모아야 합니다. 미국에 오신 선생님께서는 국내에 있는 모든 민주 세력에게 김영삼 총재를 중심으로 더욱 단단히 뭉치라고 호소하셔야 하고, 김 총재께서는 해외에 있는 모든 민주 세력이 지금 미국에 있는 김대중 선생을 힘껏 밀어

주어야 한다고 호소해야 합니다. 그래서 두 분이 어디 계시든 하나가 되어 군사 통치를 종식시켜야 합니다. 국내와 해외 모든 민주 세력의 단결을 호소하셔야 합니다."

이런 얘기는 제 가슴속 깊은 곳에서 저절로 흘러나온 것이었습니다. 진심으로 드린 말이었지요. 하지만 DJ는 얼굴색이 달라지며 매우 당황하셨습니다. 그러자 이 여사께서 개입해 이렇게 말씀하셨습니다.

"한 박사님은 학자시라 잘 모르시겠지만, 우리가 YS에게 너무나 여러 번 당했습니다."

그리고는 그간 섭섭했던 일들을 언급하셨습니다. 그 얘기를 듣는 순간 저는 혹시 사모님이 제가 경상도 사람이고 서울대 출신이기에 YS를 더 지지한다고 판단하시고 저리 말씀하시나 하는 생각이 퍼뜩 들었습니다. 저는 더욱 단도직입적으로 이렇게 대답했습니다.

"(DJ와 YS) 두 분이 그간 정치적 입장 차이로 어떻게 서로를 서운하게 했는지 저는 잘 모릅니다. 하지만 지금 중요한 것은 두 분이 힘을 합쳐야만 전두환 정권을 종식시킬 수 있다는 점입니다. 이 시점에서 제가 YS를 더 지지한다는 뜻으로 드리는 말씀은 결코 아닙니다. 저는 경상도 사람이지만, 민주화를 위해 제가 누구와 함께 감옥에 갔습니까? YS하고 갔나요? 아니 잖습니까. 선생님하고 같이 가지 않았습니까?"

그러자 DJ는 갑자기 식사를 중단하고 자리에서 일어나셨습니다. 그 길로 이 여사님과 함께 저희 집을 떠나셨지요. 저는 무척 당황했습니다. 이돈명 변호사도 매우 난처해 하셨습니다.

제 아내는 부엌에서 후식을 마련하느라 식탁에서 벌어진 일을 모르고 있다가 두 분이 떠나신 것을 알고는 저를 곤혹스러운 눈으로 쳐다봤습니다.

결국 제가 호스트 노릇을 잘못해서 때문에 벌어진 일이라 너무 민망하고 죄송스러웠습니다. 그런 '불편한' 이야기도 폭넓게 수용하실 수 있으리라 믿고 드린 말씀이었는데, 결과는 허망할 만큼 당혹스러웠습니다. 그날 저녁 DJ 부부는 수양관에 묵지 않고 뉴욕 한인 상공회의소의 정형기 씨 댁으로 가셨습니다. 그러고는 다음날 워싱턴으로 바로 돌아가셨지요.

DJ의 첫 뉴욕 방문이 그렇게 씁쓸하게 마무리되어 저도 마음이 퍽 상했습니다. 제 자신에 대해 언짢았고, 한국 민주화의 전망을 생각하니 더 착잡했습니다. DJ와 YS가 한국의 민주화를 위해 필요한 두 지도자인데, 이 두 분 간의 미묘한 갈등이 앞으로 민주화와 평화 구현에 반드시 순기능을 하리라 장담할 수 없다는 불길한 생각이 들었습니다. 두 정치 지도자의 능력과 카리스마가 아무리 뛰어나다 한들 그것이 민주화와 평화 실현에 도움이 되지 못한다면 무슨 소용이 있겠습니까. 그렇다고 그 두 분보다 더 한국 민주화에 헌신해 온 분이 한국 정치계에 있는 것도 아니기에 제 마음은 더 불안하고 불편해졌습니다. 정치인 DJ와 저 사이의 거리가 만만찮다는 것을 확인했다는 점도 씁쓸했지요.

제가 식탁에서 그렇게 말한 데는 제 나름의 상황 판단이 있었습니다. 그간 DJ와의 대화를 통해 저는 그의 생각을 대충 알게 되었습니다. 국내 사정이 호전되고 정치인들의 정치 활동이 자유로워지면 대통령 직선도 가능해질 것으로 DJ는 내다보고 있었습니다. 현재 정치인들을 옭아매고 있는 정치규제법이 풀리면 재야 중심의 단독 정당이 나올 수 있다고 판단하시는 듯했습니다.

저는 그런 그의 판단에 일말의 불안감을 느꼈습니다. 만일 DJ가 국내에 있다면 몰라도, 그의 미국 체류가 길어지는 사이 DJ 없는 국내 상황에서 재야 중심의 야당이 생기면 YS 중심으로 뭉치고 있는 현재 야당과 갈등하게 될 가능성이 클 것이기 때문입니다. 만일 DJ가 해외에서 YS를 지지한다고 선언한다면, YS를 중심으로 재야 세력이 뭉쳐 군사정부를 종식시키는 데 큰 도움이 되리라 저는 생각했습니다.

또한 저는 DJ가 지금 워싱턴에서 마치 파벌 정치를 부추기는 식으로 발언해 국내 민주 세력을 약화시키기보다, 장기적인 안목에서 국내 민주 세력이 재야든 정당인이든 모두 하나로 뭉치는 데 힘을 쏟으라고 먼저 요청하고 설득해 주길 바랐습니다. 조국의 민주화라는 대의를 위해 정치적 라이벌인 YS를 지원해 국내 민주 세력을 더욱 단합시키고 군사독재를 청산하는 데 무엇보다 힘을 쏟기를 기대한 것이죠. 이런 제 뜻을 DJ가 혜량해 주길 바랄 뿐이었습니다.

그로부터 일주일쯤 지난 어느 날 아침, 워싱턴에서 DJ로부터 전화가 왔습니다. 지난번 일은 자신의 생각이 깊지 못해 그런 것이니 양해해 달라고 하셨습니다. 저는 오히려 제가 어른을 제대로 모시지 못한 결례를 저질렀다고 사과드렸습니다. 그리고 얘기를 좀 더 이어 가고 싶었는데 그만 전화가 끊어졌습니다.

그 뒤 2월 3일, DJ가 워싱턴에서 "미국의 민권운동과 한국의 인권 운동"이라는 제목으로 강연을 하게 되어 저는 거기에 참석했습니다. 그리고 15일에는 DJ가 케네디 상원의원과 만날 일정이 있으니 뉴욕의 민주 인사들이 많이 와서 축하해 주길 바란다고 해서 다시 워싱턴에 갔습니다. 문동환 박사, 최승일 박사와 저는 케네디 의원과 DJ가 사진을 찍으려 할 때 두 분 곁에 가까이 서려고 몰려드는 사람들을 보았습니다. 저희 셋은 자리를 양보하고 멀찍이 서서 그들의 모습을 쳐다보며 과연 이 사람들이 무엇을 위해 몸싸움하듯 몰려가는지 서로 눈짓하며 물었지요. 아마도 케네디 상원의원, DJ와 함께 찍은 사진을 크게 확대해서 자기 사업소에 걸어 놓고 과시하려는 것이었겠지요. 사사로운 이익을 위해 이런 기회를 이용하고자 하는 욕망이 그들의 거친 몸짓에 드러나는 듯해 씁쓸했습니다.

저는 대략 2주일에 한 번씩 워싱턴에 들렀습니다. DJ가 묵고 있는 아파트는 보안이 철저했습니다. 아파트 1층에서 한참을 기다려야 들어갈 수 있었지요. DJ를 만나면 그간의 국내외 상황에 대해 서로 의견을 나누었습니다. 뉴욕 민주 세력의 근황도 알려 드렸지요. 당시 뉴욕 목요기도회를 이끌고 있던 동지들, 특히 임순만 교수와 장혜원 박사 부부, 김정순 교장 내외, 김홍준 장로 부부 등은 DJ가 미국에 체류하는 동안 미국은 물론 세계적으로 널리 알려지기를 원했습니다. 저도 그들의 의견에 전적으로 동감했습니다. 그 바탕에는 무엇보다 DJ에 대한 존경심이 깔려 있었고, 그의 신변 안전에 대한 염려도 작용했습니다.

어느 날 워싱턴에서 DJ 부부와 홍업 씨만 있을 때 함께 조찬을 하게 되었습니다. 마침 그때 미국에서는 간디의 전기 영화가 인기리에 상영되고 있었지요. 저도 동지들과 그 영화를 보고 깊은 감명을 받았던 터라 DJ께 한국의 간디가 되시라는 뜻에서 이렇게 말씀 드렸습니다.

미국에서 선생님이 간디의 품위를 지니고 간디처럼 고매한 가치를 힘 있게 선포하는 활동을 해주시면 좋겠습니다. 인권, 평화, 자유, 정의 같은 주제를 놓고 강연하시면서 한국 민주화와 평화통일 문제를 언급하는 것이 좋겠습니다. 이 시대 한국이 낳은 사상가로 인식되면 더욱 좋겠습니다.

그런데 선생님이 간디보다 네루와 같은 이미지를 더 강하게 보이면 여러 가지 어려움이 생길 수 있습니다. 한국의 신군부 세력이 선생님을 네루로 보게 되면 정권욕에 불타는 정객으로 간주해 여러 가지로 방해하려 할 것이고 또 위험에 빠트리려 할 것입니다. 지금은 백범 또는 함석헌 선생의 풍모가 더 적절할 듯합니다. 이렇게 망명 생활을 하실 때 간디에 머물러 계시더라도, 때가 되면 네루처럼 정치 지도자가 되라고 국민들이 요구하게 될 것입니다. 간디의 품격을 지니고 있다가 상황의 요청으로 네루가 되는 것은 온당하고 또 자연스러운 일일 것입니다. 그런데 상황이 무르익지 않았는데 네루의 속셈을 드러내면, 신군부가 시퍼렇게 살아 선생님의 일거수일투족을 치밀하게 모니터링하고 있는 지금 상황에서는 위험을 불러오게 될 것입니다. 그리고 설령 그렇지 않다 하더라도 네루가 되려다가 이미지에 손상을 입게 되면, 간디는 아예 될 수 없을뿐더러 네루가 되기도 힘듭니다.

제가 다소 무례를 무릅쓰고 이렇게 말씀 드린 이유는, DJ가 대도시에 강연을 하러 가면 그를 이용하려는 사람들이 큰 호텔에 비싼 방을 여러 개 잡아 놓고 부산하게 달라붙는다는 얘기를 여러 번 들었기 때문이었습니다. 또한 DJ도 얼마간 그런 부산함을 즐기는 것 같다는 인상을 받기도 했습니다. 그래서 불편하게 끝났던 지난 번 저녁 식사 자리에 이어 이날도 또 그런 말씀을 드린 것이지요. 그런데 이날은 DJ가 이렇게 딱 잘라 말씀하셨습니다.

"한 박사, 당신은 학자니까 자꾸 그런 말을 하는데, 한 박사는 내가 정치인임을 잊지 마시오."

저는 잠시 어리둥절했습니다. 그 말씀이 틀려서가 아닙니다. 오히려 현실적으로 너무나 맞는 말이었지요. 그때까지도 제 가슴속에는 1980년 봄부터 가을 사이에 전두환 군부 세력으로부터 혹독한 시련을 받으면서 DJ가 보여 준 품격 있는 지도자의 모습이 살아 있었습니다. 죽음의 그림자가 어른거리며 저희를 공포로 몰아갔던 그 삼엄한 군사 법정에서 그가 보여 준 의젓한 모습에 저희 공동 피고들은 모두 깊은 존경심을 품게 되었지요. 그에게 사형이 구형됐을 때 24명의 공동 피고인들은 어느 누가 먼저랄 것도 없이 모두 벌떡 일어나 애국가를 목청껏 제창했던 기억이 여전히 가슴 깊은 곳에 자리하고 있었습니다. 그런 제게 그날 아침 DJ의 그 '현실적인' 말씀은 너무도 아픈 말이었습니다.

DJ가 한국의 최고 정치 지도자가 될 만한 분이라는 걸 저는 단 한 번도 부정해 본 적이 없었습니다. 다만 DJ와 YS가 힘을 합쳐 군사 권위주의를 먼저 청산하고, 그런 다음 두 분이 민주적으로 경쟁해서 한 분이 최고 지도자의 자리에 올라야겠지요. 그리고 누구든 떨어진 분은 당선된 분을 열심히 돕다가 다음 번에 그 자리를 이어받게 된다면, 우리나라가 순조롭게 민주 국가로 뻗어 가는 데 더할 나위 없이 좋겠다고 생각했습니다. 두 분이 합리적으로 이어서 집권하게 되면 군사 권위주의와 군부 통치가 남긴 불행한 흔적들을 보다 철저하게 청산할 수 있을 테니 말입니다. 만일 두 분이 분열되면, 군부가 그 분열을 백분 활용해 민주화와 평화통일을 저해할 것입니다. 이 같은 불길한 생각이 후일 우리의 현실이 되리라고 그때는 전혀 생각할 수 없었습니다.

6·29선언의
정치학

1

　　　　　　1984년 8월 15일자로 제 시민권이 회복되
고 동시에 서울대로 복직도 된다는 소식을 뉴욕 총영사인 김
세진 박사에게 전해 들은 것이 8월 14일이었습니다. 복권과
복직이 한꺼번에 이루어졌으니 귀국을 서두르지 않을 수 없었
지요. 목요기도회 동지들의 축하와 아쉬움을 뒤로하고 홀로
먼저 짐을 꾸려 귀국 길에 올랐습니다. 아내와 세 딸을 미국에
남겨 두려니 마음이 무거웠지요. 9월 8일 김포공항에 도착해
맛본 조국의 공기는 전에 없이 달콤했습니다. 짐 찾는 곳에서
제 짐이 나올 때까지 기다리고 있는데, 건장한 장년이 카트를
끌고 제게 다가왔습니다.

　"한 교수님, 그간 수고하셨습니다. 귀국 축하드립니다. 지
금 밖에는 한 교수님과 친한 분들이 한 교수님 귀국을 축하하
기 위해 기다리고 있습니다. 예춘호, 이문영, 김상현, 한승헌
선생 등이 계신 것 같습니다."

　그는 이렇게 친절하게 말을 걸어왔지요. 그러면서 자기를
알아보겠느냐고 물었습니다. 그래서 찬찬히 그 얼굴을 들여다
보았으나 도무지 누군지 알 수가 없었습니다. 잘 모르겠다고

했더니 그는 이렇게 대답했습니다.

"그럴 리가 없는데 …… 억울한 피해를 받았다고 생각하는 사람은 가해자를 반드시 기억하는 법인데, 정말 저를 모르시겠습니까?"

제게는 도통 기억에서 찾을 수 없는 얼굴이었습니다. 그는 1980년 초여름 남산 지하 2층에서 저를 단독으로 두 시간 동안 특별 심문한 사람이 바로 자신이라 하더군요. 제 책 『민중과 지식인』 등을 갖다 놓고 저의 '불온한' 사상에 대해 심문했다고 했습니다. 그 얘기를 듣고 나자 그런 조사를 받은 일은 기억이 났지만 심문자의 얼굴은 여전히 모르겠더군요. 아마도 그에 대한 사적인 적개심이나 복수심이 없어서 그랬던 것 같았지요. 하지만 그는 제 말을 믿기 힘들다는 듯이 고개를 몇 번 가로저으며 제 짐들을 카트에 실어 주었습니다. 그러면서 굳은 표정으로 질문을 하나 하겠다고 했습니다.

"앞으로 한 교수님께서는 김대중 씨와 어떤 관계를 가지려 하십니까?"

저는 그를 정면으로 쳐다보며 불쾌한 표정을 지었습니다. 귀국하자마자 또 조사 받는 기분이어서 적잖이 언짢았지요.

"이제 김대중 씨는 자유롭게 정치하도록 놓아주시기 바랍니다. 현 정부가 그분을 계속 감시하고 통제한다면, 저는 그분 곁에서 그분을 도울 수밖에 없습니다. 만일 이 정부가 저 같은 지식인이 김대중 씨를 날카롭게 비판해 주기를 바란다면, 그것은 어렵지 않습니다. 김대중 씨는 정치인이므로 민주 정치를 할 수 있도록, 자유롭게 정치 활동을 할 수 있도록 해주십시오."

저는 그에게서 카트를 넘겨받고 감사하다고 인사한 후 밖으로 나왔습니다. 밖에는 3년 만에 보는 그리운 동지들이 기다리고 있었습니다. 오랏줄에 묶여 군사 법정에 함께 들락날락할 때가 엊그제 같은데 이렇게 감옥 밖에서 만나다니 너무 기뻤습니다. 3년 전 외롭게 여기를 떠날 때 그분들 모두 감옥에 있었는데, 이제 석방되어 자유인으로 다시 만나게 되니 정말 감개가 컸습니다.

하지만 그 순간 저는 과연 우리가 진정 자유롭게 활동할 수 있겠는가를 스스로 되물을 수밖에 없었습니다. 방금 들었던 질문이 협박으로 제 귓가를 계속 맴돌았기 때문입니다. 어쩌면 우리가 작은 감옥에서는 석방되어 자유인이 된 것 같지만, 따지고 보면 아직도 큰 감옥은 벗어나지 못하고 있다는 생각이 들었습니다. 국내에 들어와 있어도 계속 유배지의 삶을 강요받게 되지 않을까 하는 일말의 불안을 떨쳐 낼 수 없었습니다. 그러나 오늘만큼은 동지들과 형제들을 다시 만나 자유롭게 소통할 수 있다는 것이 너무 기쁘고 감사했습니다.

2

　　　　　제가 서울대학으로부터 세 번째로 부교수 발령 통지서를 받은 날은 1984년 10월 25일 목요일이었습니다. 1970년 미국에서 서울대학으로 자리를 옮길 때 조교수로 발령을 받은 후 4년이 지난 1974년에 부교수로 진급했습니다. 그리고 1976년 2월에 서울대에서 해직된 후 4년이 지나 1980년 3월에 복직될 때 또 부교수로 발령을 받았었지요. 그 해 5월에 김대중 내란 음모 사건에 연루되어 다시 해직되고 3년간 미국 망명 생활을 한 뒤 1984년에 복직하면서 이번에도 또다시 부교수로 발령받은 것입니다.

한 사람이 같은 대학에서 10년 동안 세 번 부교수로 임용된 것은 확실히 특이하고 이례적인 일이지요. 한국의 정치 상황이 만들어 낸 일종의 비정상적 신기록이라고 하겠습니다. 오랜만에 들판에서 다시 상아탑으로 돌아와 눈빛이 초롱초롱한 학생들을 가르치는 일은 뿌듯하고 보람 있었습니다. 지난 3년간 미국에서 뿌리 뽑힌 삶을 살며 조국 분단에서 오는 아픔을 뼈저리게 느꼈기에 젊은이들을 가르치는 일에 더욱 사명감을 느꼈습니다. 그들이 평화의 일꾼이 되도록 가르쳐야겠다고 더 굳게 다짐했습니다.

하지만 다시 돌아온 서울대 교정은 일종의 불신의 공기로 냉랭했습니다. 졸업식 분위기가 당시 상황을 단적으로 드러내 주었지요. 어느 나라에서나 대학 졸업식은 엄숙하게 진행되지만, 형식이 그러할 뿐 실은 환희와 축제 분위기가 절제 있게 넘쳐 나기 마련입니다. 하지만 서울대 졸업식에서는 마치 장례식 같은 어두움과 긴장감이 감돌았습니다. 복직 후 저는 손님처럼 객석에 앉아 참으로 희귀한 졸업식을 목도해야 했습니다. 한국에서만 볼 수 있는 기괴한 졸업식이었습니다.

총장이 치사를 시작하자마자 수천 명의 졸업생들이 노래를 부르며 질서 있게 퇴장해 버렸습니다. 대학원 졸업생들도 문

교부 장관이 치사를 시작하자 퇴장했습니다. 게다가 일부 학부생들은 대학 당국에 등을 돌려 앉아 있기도 했습니다. 한국 최고 교육기관의 권위가 학생들에 의해 거부당할 뿐만 아니라 박살나고 있었습니다. 존경받지 못하는 대학 당국자들을 지켜보며 같은 교수로서 무척이나 곤혹스러웠습니다. 이런 상황에서 졸업식에 참석한 보직 교수들이 애써 무감각한 표정으로 앉아 있는 것을 보며 저는 부끄러웠습니다. 공안 요원들이 학교 교실에 침입해 학생들을 거칠게 체포해 갈 때, 개 끌려가듯 잡혀가는 그들을 보고도 멀뚱멀뚱 구경만 한 제 자신이 가장 부끄러웠지요. 절규하며 저항하는 저 젊은이들이야말로 속죄양으로 끌려가는 희생 제물임을 잘 알면서도, 그저 쳐다보고 있을 수밖에 없는 제 모습에 자괴감이 밀려왔습니다.

인간은 유적 존재이며 상호 주관적 존재이기에 남의 억울한 고통에 결코 멀뚱거릴 수 없습니다. 남의 입장에 서서 그 아픔, 그것도 억울한 아픔을 역지사지하고 역지감지하지 못하는 어른이 어찌 가르치는 권위를 지난 참된 어른이 될 수 있겠습니까. 남의 입장, 그것도 억울하게 고난당하고 죽임을 당하는 남의 입장에 서기를 거부하면서 어떻게 선생 노릇을 할 수 있겠습니까. 그 시절 대학에서 학생을 가르쳤던 저는 스승이나 지식인으로서의 소명을 다하지 못하는 제 자신에 대해 항상 부끄러운 마음을 떨쳐 버릴 수 없었습니다.

1970년대 초 참으로 영특하게 공부도 잘하고 시대 흐름을 구조적으로 잘 읽어 내던 제자들이 하나둘 주변에서 사라져 갔습니다. 어떤 학생은 노동 현장으로 떠나기도 했습니다. 과연 그런 제자들이 당국이 주장하는 대로 모두 친북 과격 혁명 분자일까 자문해 보았습니다. 그 답은 제 자신의 삶을 보더라도 명백했지요. 박정희 정부와 전두환 정부는 저를 불온한 좌경 교수라고 낙인찍었습니다만, 저는 다원적 민주주의를 위해 노력하는 지식인일 뿐이었습니다. 굳이 이름을 붙이자면, 진보적 자유주의자라 할 수 있겠지요. 비극적 분단 상황에서 바른말 하는 젊은이나 지식인 들이 안방에서 마루로 쫓겨나고, 마루에서 다시 마당으로 내몰리게 되니 점점 사나워질 수밖에 없었습니다. 그러다 마당에서 거친 들판으로 쫓겨나게 되면 재야인사가 되어 더욱 거칠게 급진적이 되었지요. 급기야 들판에서 깊은 산골로 쫓겨 가게 되면 폭력적 저항도 서슴치 않으며 '위험한' 정체성을 갖게 됩니다. 이런 일련의 과정 속에서 온건한 보수주의자가 예민한 자유주의자로 자연스럽게 진화하고, 자유주의자는 급진적 과격파로 진화하게 되는 것입니다. 그러다가 결국에는 폭력적 혁명가가 되기도 하겠지요.

그렇다면 이런 정체성 변화를 유도하는 주체는 누구일까요. 온건한 혁명적 세력으로 만들어 버린 이들은 바로 냉전 수구 세력입니다. 결국 진짜 '친북 좌파'나 '종북 인사'는 오히려 강경한 냉전 수구 지배 세력이었습니다. 다만 그들은 북한에 대한 증오심에 사로잡힌 나머지 자신들의 정치가 북의 강경 세력을 결과적으로 도와주는 꼴이 된다는 사실을 인식하지 못할 뿐이지요. 이것이 오늘날 우리 민족의 비극, 즉 적대적 공생 관계의 비극입니다.

그런 상황에서 1987년 새해를 맞았습니다. 어둠의 힘이 발광하는 가운데 추위가 절정에 달하면 언젠가는 새벽에 도달하게 됩니다. 아침의 찬란한 햇살을 보기 위해서는 칠흑 같은 어둠 속에서도 눈을 계속 부릅뜨고 있어야 한다고 자신을 다잡았습니다. 아니나 다를까 1987년 초부터 대통령 직선제를 갈망하는 국민들의 요구가 분출하는 것 같았습니다. 군사 통치를 정상적 민주주의 정치로 변혁시키려는 적극적 움직임이 여기저기서 터져 나오기 시작했습니다.

이런 시민사회의 움직임을 불안하게 지켜보던 전두환 신군부 정권은 4월에 들어서자 호헌 조치라는 강경 대응책을 발표했습니다. 이른바 체육관 선거를 그대로 강행하겠다는 의지를 밝힌 것이지요. 시민들은 그 같은 위협에 굴하지 않았습니다. 학생들이 헌법 개정을 위한 투쟁에 앞장서자 시민들도 적극적으로 호응하며 시위에 가담하기 시작했습니다.

6월로 접어들면서 학생과 시민의 연합 시위 모습은 더욱 뚜렷해졌습니다. 저는 6월 26일 강의를 끝내고 오후에 시내로 나가 보았습니다. 넥타이를 맨 시민들이 시위에 적극적으로 참여하고 있었습니다. 시청에서부터 동대문까지 저도 그들과 함께 걸었습니다. 동대문에 이르러 사방을 살펴보았더니, 근처 고가도로 위에도 시위를 응원하는 시민들이 가득 차 있었습니다. 일촉즉발의 긴장감이 곳곳에서 감돌았습니다.

저는 그곳에서 바로 시민혁명의 열기를 느꼈습니다. 그 모습에서 이 운동의 중심이 계급만이 아님을 대번에 감지할 수 있었지요. 그렇기에 이 열기가 더 힘차게 뻗어 나갈 수 있겠다고 생각했습니다. 그전에 흔히 보았던 학생들의 시위나 노동자들만의 시위보다 더 힘 있고 더 무서운 시위가 지금 우리 사회에서 터져 나오고 있다는 확신이 들었습니다. 넥타이맨 신중산층과 자영업자인 구중산층이 젊은 학생들과 노동자들과 한데 섞여 벌이는 이 시위는 그전의 시위 양상과 확실히 다른 힘을 뿜어내고 있었습니다. 한국 사회의 시민운동이 한 단계 진화하고 있는 현장을 직접 목격한다는 뿌듯함을 온몸으로 느끼며 제 가슴은 떨렸습니다.

하지만 동시에 저는 전두환 정부가 이런 상황에 어떻게 대응할지가 염려되었습니다. 7년 전 12·12 쿠데타를 일으켰던 신군부가 1980년 5월에 재야 민주 세력과 연합한 DJ 지지 정치인들을 어떻게 잔인하게 통제했는지를 직접 경험했던 저로서는 또다시 전 씨가 무자비한 국가 폭력을 구사할지 모른다는 불길한 생각을 떨쳐 버릴 수 없었습니다.

하지만 7년 전 5월에 그들이 선택했던 그 잔인한 통제를 다시 시도하려면 DJ 같은 속죄양이 있어야 했고 광주 같은 특정 지역에서 저항이 터져 나와야 하는데, 이번에는 그런 조건이 마련되지 않았습니다. 정권 입장에서는 다소 곤혹스럽겠다는 생각도 들었습니다. DJ를 7년 전처럼 색깔론으로 처형할 형편도 아니었고, 무엇보다 계급과 연령을 아우르는 시민들의 저항이 어느 한 지역에 국한되지 않고 전국으로 번질 기미가 보였기 때문에 신군부가 7년 전처럼 강경 일변도로 나오기는 쉽지 않아 보였습니다. 청와대로서는 계엄령 선포도 고려하겠지만, 워싱턴의 동의를 얻기가 만만치 않을 것이고 무엇보다 이젠 시민들이 만만치 않았습니다. 신군부 내부에서도 의견이

분분한 듯했습니다. 6월 중순까지 정국은 그렇게 아슬아슬 돌아가고 있었지요.

3

　　　　6월 29일이 되었습니다. 이날 집권당 대표 노태우는 고뇌에 찬 얼굴로 중대 발표를 했습니다. 이른바 '6·29선언'이었지요. 핵심은 국민의 여망을 수용해 대통령을 국민이 직접 뽑도록 개헌을 한다는 것이었습니다. 언뜻 보기에는 신군부 세력이 민주 시민의 저항과 요구에 항복한 것 같았지요.

　하지만 저는 신군부의 실세인 전두환이 의도적으로 침묵을 지키면서 노 대표를 주인공으로 내세운 것임을 느낄 수 있었습니다. 신군부의 저의가 무엇인지 몹시 신경이 쓰였죠. 전 씨와 노 씨 간의 권력 다툼이 아니라면, 그들 사이에 고도의 정치 공작적 음모가 있는 게 아닌가 싶었습니다. 민주 세력을 분열시킬 수 있는 확실한 장치를 그 선언 속에 숨겨 놓는다면 직선제를 해도 승산이 있다는 치밀한 정치적 계산이 깔려 있는 게 아닐까 하는 생각이 계속 저를 괴롭혔습니다.

　6·29선언에는 여덟 개의 주요 민주화 조치가 담겨 있었습니다. 그중 제일 중요한 것은 제1항과 제3항이었지요. 제1항은 대통령 직선제 개헌을 통한 평화적 정권 교체 약속이었습니다. 제3항은 김대중의 사면 복권과 시국 관련 사범들의 석방 조치였습니다. 그런데 이 선언을 작성한 주체들은 제3항의

조치가 민주 세력을 두 갈래로 분열시키게 될 것임을 예견한 듯했습니다. 두 김 씨는 단순한 두 사람이 아니었습니다. 지역과 정치 인식에 있어 확연히 다른 두 세력을 대표하는 존재였지요. 정치·문화, 지역 정서, 역사 인식, 한반도 평화와 통일에 대한 시각 등에서 서로 미묘하게 대립하는 정치적 양대 산맥이었습니다. 신군부는 이 점을 매우 교묘하게 정치 공학적으로 활용할 것 같았습니다.

긴박하게 돌아가는 상황에서 저는 예춘호 선생과 만나 솔직하게 의견을 나눴습니다. 재야인사들이 6·29선언으로 정치 활동을 할 수 있게 된 DJ를 대통령 선거에 나가도록 할 것이라는 데 저희는 인식을 같이했습니다. 그렇게 되면 DJ와 YS는 갈라설 수밖에 없으며, 바로 그 점을 신군부가 노리고 있다는 점에 대해서도 의견이 일치했습니다. 그럴 경우 그간 민주화를 외치며 싸워 온 시민, 학생, 노동자, 지식인, 종교인 등의 실망이 얼마나 클 것인지 염려했지요. 일이 그렇게 되지 않도록 하기 위해 우리 재야 세력이 무엇을 할 수 있을지 진지하게 고민해 보자고 했습니다. 하지만 시간이 그리 넉넉하지 않았습니다.

그때 마침 문익환 목사가 석방되었습니다. 그의 석방을 함께 기뻐하고 또 그를 위로하기 위해 DJ가 재야인사 10여 명을 초청했습니다. 그 자리에서 그는 올해 말에 있을 대통령 선거에 자신이 나가야 할지 재야 동지들에게 물었습니다. 개신교 지식인들과 성직자들은 그의 출마를 대체로 지지했습니다. 장을병 교수도 이에 동조했습니다. 하지만 저와 유인호 교수, 예춘호 씨는 신중한 입장을 표명했습니다. 6·29선언으로 인해 DJ가 대선에 나갈 수 있는 객관적 상황이 조성된 것은 사실이었지요. 특히 제3항은 DJ의 대선 출마를 위한 문을 활짝 열어 놓은 것이었습니다.

그런데 저는 바로 여기에 함정이 있다고 판단했기 때문에, DJ나 YS가 우선 이 함정부터 심각하게 인식해야 한다고 생각했습니다. 이것이 좁게는 재야 세력, 넓게는 한국 민주화 세력을 '분열시켜 통치하려는 술책'이 아닌지 두 지도자 모두 현실을 직시하고 자신의 정치적 야망을 조절하는 성숙함을 보여주길 바랐습니다. 그래서 DJ의 대선 출마는 보다 신중하게 접근하는 것이 좋겠다고 한 것이지요.

그때 제가 희망했던 것은, 할 수만 있다면 재야 세력이 두 김 씨로 하여금 상황의 미묘함을 인식하게 해 서로 충분한 논의를 거친 후 두 분 중 한 분이 출마를 양보하게 하는 일이었습니다. 반드시 후보 단일화를 이룩해야만 1961년 군사 쿠데타 이후 26년간 지속되어 온 반민주적 통치 구조와 군사주의 문화를 청산할 수 있다고 믿었기 때문입니다. 동시에 DJ와 가까운 재야인사들 중에도 이번에는 YS가 대통령이 되도록 해서 사회 전반에 뿌리 내린 군사 통치 제도와 문화를 대청소한 뒤, 그다음 번에는 DJ가 집권해 한반도에 평화와 통일의 꿈을 실현하도록 설득하는 것이 남한에서 정치 민주화와 경제 민주화를 함께 성숙시키는 길이라고 믿는 분들이 있는 듯했습니다. 저희도 그것이 바람직하다고 생각했으나 과연 DJ가 그것을 수용할지는 장담할 수 없었지요.

이런 소망과 믿음을 가지고 그날 모임에서 저는 신중론을 펼치면서 누구보다 DJ 자신이 이런 제 입장을 이해해 주길 기대했습니다. 그것은 이미 미국 망명 시절부터 제가 일관되게 견지해 온 의견이며, 불편함을 무릅쓰고 여러 차례 DJ에게 충언을 드린 적도 있었지요. 또 DJ의 대선 출마를 적극 지지하는 동지들도 신중론을 펴는 제 속뜻을 이해해 주리라 생각했습니다.

하지만 그것은 저의 일방적인 바람이었습니다. 이문영 교수, 안병무 박사, 문익환·문동환 목사 등 그간 함께 고생해 온 동지들은, 겉으로 말은 하지 않았으나, 못마땅해 하는 듯 보였습니다. 정치학자인 장을병 교수는 어느 만찬 자리에서 제게 노골적으로 이렇게 말했습니다. "한 박사도 경상도 사람의 한계를 넘지 못하는군." 그런 그의 발언을 소주 탓으로 돌리기엔 제 마음이 너무 아팠습니다. 군사독재 시절, 제가 대구 경북고 출신으로서 이른바 'TK 진골'인데도 경상도 군부 정권에 맞서 싸워 왔는데, 이제 와서 그것도 한국정치학을 전공하는 동지로부터 TK의 한계를 넘지 못한다는 평가를 받으니 참으로 서글펐습니다. 그렇다고 그와의 우정이 깨진 것은 아니었습니다만, 그때는 정말 가슴 아팠습니다.

그날 저의 신중론이 DJ를 불편하게 했음을 깨닫고 저는 문득 1984년 9월 3년간의 미국 망명 생활을 청산하고 귀국했을 때 김포공항에서 안기부 직원에게 제가 한 말이 새삼 떠올랐습니다. 그때 했던 이야기대로, 이제 필요하다면, 한국의 민주화가 더욱 성숙되고 한반도의 평화가 제도적으로 실현될 수 있게 하는 길이라면, DJ에게 아픈 소리도 들려줘야 한다고 생각했습니다.

6·29선언 이후 정치 상황은 급박하게 돌아갔습니다. 재야
는 둘로 완전히 쪼개졌습니다. 동교동 편에 선 재야 민주 인사
들은 DJ를 비판적으로 지지한다면서 '4자 필승론'이라는 프레
임을 만들어 내고 있었습니다. 동교동계 정치인들은 후보 단
일화를 주장하는 세력들의 지원을 기대하고 있는 듯 보였습니
다. 이때 저는 후보 단일화 쪽에 서있었습니다. 정말로 후보
단일화를 원했습니다. 그런데 과연 그것이 가능할지는 자신이
없었습니다. 유니온 신학교 교수였던 라인홀드 니버의 "평온
을 비는 기도"The Serenity Prayer가 떠올랐지요.

주여, 우리에게 우리가 바꿀 수 없는 것을 평온하게 받아들이
는 은혜와, 바꿔야 할 것을 바꿀 수 있는 용기, 그리고 이 둘을
분별하는 지혜를 허락하소서.

이 기도가 제겐 절박했습니다. 반드시 변화시켜야 할 군부
통치를 변혁하기 위해서는 어떤 선택을 해야 하는데, YS와 DJ
중 누구를 선택하기가 개인적으로 힘든 일이기에, 이것을 분
별할 수 있는 지혜와 용기를 달라고 기도했습니다.

4

1987년 10월 초 어느 날로 기억합니다. 저

는 김영삼 총재부터 설득해 보겠다고 결심하고 당 총재실로 그를 찾아갔습니다. YS는 반갑게 저를 맞아 주었습니다. 저는 둘러대지 않고 단도직입적으로 DJ가 몇 살 더 위인지 여쭈었습니다. 그는 싱긋 웃으며 서너 살 위라고 답했습니다. 그렇다면 대통령 임기 정도의 연수만큼 DJ 나이가 더 많은 셈임을 슬쩍 상기시키면서, 이번 대통령 선거는 형님뻘인 DJ에게 대범하게 양보하시는 것이 어떻겠느냐고 조심스럽게 물었습니다. 저는 YS가, 나이야 DJ보다 동생뻘이지만 정당 정치 경력과 경험 면에서는 본인이 훨씬 앞선다고 대답하리라 예상했습니다. 하기야 YS가 원내 총무일 때 DJ는 대변인을 했으니, 정당 정치 이력에서 그 차이는 엄청난 것이기는 하지요. 그런데 YS는 제 질문의 속뜻을 이해했다는 듯 이렇게 말했습니다.

"한 박사, 너무 염려하지 마소. DJ와 나는 이미 서로 뜻을 모으기로 했소. 너무 걱정하지 마시오."

이 대답을 듣고 저는 '하! 두 분이 이미 어떤 식으로든 합의를 봤구나. 누군가 선거 직전에 후보 단일화를 발표하겠구나.' 하고 안심했습니다. 두 분이 후보 단일화의 효과를 극대화하기 위해 겉으로는 격렬하게 겨루는 척하며 국민의 관심을 최대로 끌어올린 후 마지막 순간 극적인 양보를 이루어 그 여세를 몰아 대통령 선거에서 승리를 거두려는 계획이 있는 거라고 믿고 속으로 박수를 쳤습니다.

하지만 이상하게도 YS를 만나고 온 후에도 마음이 놓이지 않더군요. DJ를 지지하는 측에서는 4자 필승론을 본격적으로 공론화하고 있었습니다. 두 김 씨에 JP까지 가세하게 되면 여당 후보에게 갈 표가 JP에게 상당 부분 쏠리게 되고, 경상도는 여당 후보와 YS 지지로 갈라지지만, 호남 표는 똘똘 뭉쳐 DJ를 지지할 터이니 승산이 있다고 4자 필승론자들은 장담했습니다.

저는 그런 논리와 프레임이 몹시 잘못된 것이라 판단했습니다. 군정 종식을 바라는 범민주 세력이 전체로 보면 비슷비슷한 비율로 양분될 것이기에 노태우 후보가 압도적으로는 아니더라도 쉽게 당선될 테니까요. 저는 그들의 주장이 그저 최후의 극적 단일화를 이룩하기 위한 전술이기만 바랐습니다. 그런데 시간이 흐를수록 점점 더 불안해졌습니다. DJ 지지자들 중에서도 DJ에 대한 군부의 불신을 고려해 이번에는 전술적으로 YS를 지원하면 좋을 것이라 생각하는 분들이 있었습니다. 그러나 DJ에게 감히 그렇게 간하는 분은 없었죠. DJ의 카리스마 앞에서 대체로 주눅 들기 마련이기에 저는 이 같은 가능성에 기대를 걸지 않았습니다.

11월로 접어들어도 민주 세력은 도저히 합쳐질 기미를 보이지 않았습니다. 동교동 측은 더욱 확신에 차서 4자 필승론을 확산시키고 있었습니다. 상도동계는 이를 믿지 않았지만, 적어도 DJ보다는 YS가 더 많이 득표할 것으로 믿는 것 같았습니다. 집권당 후보를 이기지 못한다면, 2등을 하는 것이 아무런 의미가 없는데도 말입니다. 12월이 가까이 다가오자 저는 6·29선언의 주체들이 애초에 계획했던 결과가 현실로 다가오는 듯해서 더욱 불안해졌습니다. 신군부의 노회한 공작에 휘말려 26년간 민중의 숨통을 죄어 온 군부 통치가 합법적으로 연장될지 모른다는 생각만으로도 저는 치가 떨렸습니다. 그런 결과가 나온다면, 두 김 씨는 책임을 지고 정계를 영원히 떠나야 마땅할 것이라고 저는 생각했습니다.

5

　　　　　11월 28일 밤, 사건이 터졌습니다. 대한항공 858기가 미얀마 상공에서 폭발해 115명 탑승자 모두가 사망한 것입니다. 곧 주범은 마유미라는 가명을 사용한 김현희라고 발표되었습니다.

이 사건이 보도되자 저는 가슴이 무너져 내렸습니다. 김현희가 찡그린 얼굴에 흰 마스크를 쓰고 괴로운 몸짓으로 기관원의 부축을 받으며 비행기에서 내리는 사진이 모든 신문에 대서특필된 그날, 이제 선거는 끝났구나 하는 절망감이 태풍처럼 몰려왔습니다. 이 사건이 민주 세력의 소망을 단칼에 꺾어 버릴 수 있는 '북풍'으로 작용할 것임이 너무 분명했기 때문입니다. 이제 반북 정서가 들불처럼 번지게 될 것이고, 극우 냉전 세력의 목소리는 더 힘을 얻게 될 것이 뻔해 보였습니다. 남북 강경 지배 세력 간에 적대적 공생 관계가 작동하게 되면 온건 평화 세력과 합리적 민주 세력이 설 자리를 잃게 되지요. 참으로 고약한 분단 고착 메커니즘인 적대적 공생 관계가 또다시 기승을 부릴 테니 말입니다. 저는 김현희의 일그러진 얼굴을 보며 한국 민주주의도, 한반도의 평화도 그렇게 처참히

일그러질 것임을 직감했습니다.

　이런 때일수록 두 김 씨는 더욱더 후보 단일화를 위해 애써야 할 텐데, 양 진영에서는 그럴 조짐이 전혀 보이지 않았습니다. 대한항공기 폭파 사건이 몰고 올 북풍에 대해 안타깝게도 두 지도자마저 예상하지 못하는 것 같았습니다. 만일 그 적대적 공생의 부정적 효과를 진실로 이해했으면서도 두 김 씨가 서로에게 조금도 양보하지 않는 거라면 그들은 한국 민주화의 투사도 지도자도 아니라고 저는 생각했습니다. 오히려 역사 앞에 죄를 짓는 죄인이었지요.

　12월 7일, 마침 미국 주간지 『타임』이 대한항공기 폭파 사건 이후에도 대통령 선거가 거칠게 진행되는 한국의 모습에 대해 다음과 같이 신랄하게 비판하는 기사를 실었습니다. "남한에서는 우아한 패배의 기술이 실제로 전혀 알려지지 않고 있기에, 앞으로 선거의 후유증은 보다 아릴 것이다." 멋지게 질 수 있는 힘을 지닌 지도자가 궁극적으로 역사의 승리자가 된다는 진리를 민주 지도자로 자처하는 정치인들조차 이해하지 못하고 있다는 아픈 지적이었습니다.

　저는 선거일이 가까워질수록 더욱 초조해졌습니다. 연구실에서도 집에서도 가만히 앉아 있을 수가 없어 12월 14일에는 엄청난 군중이 모여든 유세장에 직접 나가 보았습니다. 열광적으로 환호하는 군중들 앞에서 밝게 웃는 후보들의 얼굴, 엄청난 청중 수에 감격해 흥분한 그들의 얼굴, 기세 좋게 큰소리로 승리를 장담하는 모습, 지지 군중에 떠밀려 무개차를 타고 제왕처럼 거들먹거리는 모습을 지켜보며 저는 절망했습니다.

1987년 12월 16일 대선 결과 노태우 후보가 36.6퍼센트로 대통령에 당선되었습니다. YS와 DJ는 각각 28퍼센트, 27퍼센트를 얻었습니다. 두 후보의 지지도를 합치면 55퍼센트로 후보 단일화를 했다면 여유 있게 집권당 후보를 이길 수 있었지요. YS가 DJ보다 23만 표를 더 얻어 겨우 2등을 했지만, 예상대로 그것은 아무 소용이 없었습니다. JP는 8퍼센트를 얻었습니다. 이 결과도 예상했던 것과 같았습니다.

이른바 '87년 체제'는 애초부터 심각한 타격을 받았습니다. 그것은 민주화로 나아가게 하는 체제가 아니라 냉전 수구 지배 세력의 집권을 연장시켜 주는 체제였습니다. 학생, 노동자, 시민이 마련해 준 민주화 실현의 동력을 민주 지도자를 자처하는 두 김 씨가 스스로 해체시켜 버린 꼴이 되고 말았죠. 노태우 후보 당선의 일등 공신은 두 지도자의 탐욕이었습니다. 민주 세력의 성숙치 못한 분열 추수주의도 저를 한없이 부끄럽게 했습니다. 무엇보다 1987년 1월에 경찰 고문으로 죽은 박종철 군의 희생과 6월 6일 최루탄에 맞아 사망한 이한열 군의 죽음 앞에, 살아남은 기성세대로서 할 말이 없었습니다.

선거 결과가 최종 발표된 후 저는 너무 화가 치밀어 올라 상도동에 전화를 했습니다. YS에게 당장 정계를 떠나시라고 했지요. 민주화를 외치며 싸웠던 이 땅의 민중 앞에 석고대죄해야 한다고 했습니다. YS는 헛기침을 하면서 괴로운 헛웃음을 웃었습니다. 그리고 머리도 식히고 성찰도 할 겸 곧 강원도로 떠날 생각이라며 이렇게 한마디를 덧붙였지요. "한 박사 책인 『민중과 지식인』도 가져갈 것이오." 그 말을 듣고 YS는 정말 미워하기 쉽지 않은 분이라는 생각이 들었습니다.

역사적인 대선이 이렇게 참담하게 끝난 후 저는 YS와 DJ가 이번 선거에서 본인들이 노태우 후보를 당선시킨 일등 공신이라는 사실을 뼈아프게 자각하고, 그로 인해 군부 통치가 연장되었다는 진실 또한 치열하게 반성하길 바랐습니다. 물론 두 후보 지지에 눈이 어두워 군부 수구 세력에게 미래를 내맡기는 우를 범한 저를 포함한 재야 민주 세력도 심각하게 반성해야 했습니다.

하지만 그 시점에서 보다 중요한 것은, 서로 상처를 싸매주는 일이었습니다. 그러기 위해서는 상도동이든 동교동이든 선거에서 참패한 민주 세력 중 누구라도 자기 잘못을 먼저 솔직히 고백하는 용기를 발휘해야 했습니다. 두 김 씨를 지지했던 모든 민주 인사들이 각각 자신들의 단견과 탐욕에 대해 개인적으로는 물론 집단적으로도 반성할 수 있어야 했습니다. 새롭게 헤쳐 가야 할 멀고 험한 대장정이 우리를 기다리고 있기에, 힘과 지혜를 한데 모아 더 겸손하고 더 용기 있게 차고 나가야 했지만 현실은 그렇지 못했습니다.

1노 3김과
3당 합당

1

　　　　　　1987년 12월 대선에서 민주 세력이 부끄
럽게 참패한 후 당장 이듬해 봄 총선이 초미의 관심사가 되었
습니다. 앞선 실패를 거울삼아 두 김 씨와 그 지지자들이 국민
의 여망을 충실히 따르는 정치적 결단을 내리길 많은 국민들
이 바랐습니다. 하지만 과연 두 분이 역사와 국민 앞에 석고대
죄 하는 심정으로 총선에서나마 야권 통합을 이루어 낼 수 있
을지 저는 매우 회의적이었습니다.

　두 분의 대권욕은 상상 이상으로 대단했습니다. 대선에서
패했는데도 DJ쪽은 4자 필승론의 입장을 굽히지 않는 듯했습
니다. 그들의 정치 기반인 호남의 비상한 단결력을 기대하는
눈치였죠. 물론 호남의 단결력은 경상도 패권주의에 의해 부
당하게 피해를 입은 탓이기에 어느 정도 자연스러워 보이기도
했습니다. 하지만 그들의 한을 민주적으로 보다 성숙하게 풀
어내기 위해서라도 지역을 뛰어넘는 야권 통합이 절실했습니
다. 소아를 버리고 대의를 좇는 결단이 필요했지요.

　다른 한편 총선을 앞둔 노태우 대통령의 입장도 그렇게 편
치는 않아 보였습니다. 집권당에 유리한 판세 속에서도 37퍼
센트 정도의 지지밖에 얻지 못했으니 정국을 제대로 관리해

나가기가 쉽지 않아 보였죠. 게다가 4·26 총선에서 야권 단합이 이루어져 두 김 씨가 협공하면 여소야대의 현실에 직면할 것이고, 설사 두 김 씨가 야권 통합에 또 실패한다 하더라도 국회 의석수에서 집권당은 여전히 소수당에 머물 수밖에 없었습니다. 그렇게 되면 노태우 정부는 분열된 야당을 더욱더 분열시키려는 공작 정치의 유혹에 빠져들게 되겠지요. 특히 두 야당이 끈질지게 중간 평가를 요구하며 공세의 고삐를 조인다면, 그 위기에서 탈출하기 위해 비상 대책을 강구하려 할 것입니다. 그러기에 정국이 다시 불안하게 요동칠 것임을 쉽게 예상할 수 있었습니다.

1988년의 4·26총선은 17년 만에 소선거구제로 치러졌습니다. 애초에 YS쪽에서는 소선거구제에 다소 비판적이었습니다. 지역적 지지의 견고함이 DJ에 비해 약하다는 것을 잘 아는 통합민주당 내에서는 중선거구제로 가야 제2당 자리를 굳힐 수 있다고 생각하는 사람들이 많았습니다. 하지만 명분상 중선거구제는 민정당의 기득권을 보장해 준 선거제도이기에 거부감도 있었습니다.

YS는 대선 패배 후 잠시 강원도에 칩거하면서 자기 성찰의 시간을 갖고 있었습니다. 그는 강원도에서 하루에 한 번쯤 제게 전화를 했습니다. 그때 저는 이번 총선을 반드시 소선거구제로 치러서 국민의 심판을 받아야 한다고 주장했지요. 이 소문을 들은 당내 중진들 중에서 저를 노골적으로 비난하는 목소리가 있다는 얘기가 들려왔습니다. 하기야 승자 독식을 허용하는 소선거구제는 호남 지역을 대변하는 평화민주당에 유리한 것이 사실이었습니다. 하지만 민정당의 기득권을 보장해 주었던 중선거구제를 6·29 이후에 YS가 답습한다면 군정 종식을 바라는 국민들의 기대가 또다시 꺾이게 될 거라고 저는 판단했습니다. 또 소선거구제 입장을 견지해야 두 김 씨가 총선 전에 야당 통합을 이룰 가능성이 높아질 거라고 생각했습니다. DJ와 평민당은 소선거구제를 확고하게 선호했기 때문입니다.

하지만 두 김 씨는 결국 야당 통합을 이루지 못했습니다. 그 결과 지역주의 정치는 더욱 강화되었죠. 우선 민정당은 호남 지역에서 전멸했습니다. 지역구 87석과 전국구 38석을 합쳐 125석에 그쳤습니다. 민주당(통일민주당)은 득표율에서 24퍼센트 대 19퍼센트로 평민당을 앞섰습니다. 하지만 지역 지지의 강도가 평민당보다 약한 탓에 지역구 46석과 전국구 13석을 얻어 59석에 그쳤습니다. 평민당은 총 70석을 차지했습니다. 민주당보다 11석을 더 얻어서 제2당이 되었지요. 민주당은 국민 전체의 지지를 평민당보다 더 많이 받고도 의석수에서 밀려 제3당으로 밀려났습니다.

그 결과를 보고 저는 YS에게 죄송한 마음이 들기도 했지만, 부끄럽지는 않았습니다. 오히려 두 김 씨가 또 분열된 채로 총선을 치렀다는 사실에 분노가 솟구쳤습니다. 대선에서 분열해 군정 종식에 실패했는데, 4개월 후 총선에서도 통합을 이루지 못해 민정당을 제1당으로 올려놓고 말았으니 말입니다.

다만 DJ가 뛰어난 총선 전략을 펼쳤던 점은 높이 살 만했습니다. 그는 평민당의 호남 정당 이미지를 탈각시키기 위해 문동환, 박영숙 등 기독교 재야인사를 부총재로 기용했습니다. 문 목사를 수석 부총재로, 또 여성인 박영숙 씨를 비례대표 1번으로 내세웠지요. 그리고 본인은 11번으로 물러났습니다. 또 여당을 견제하는 선명 야당의 기치를 내세우며 북방 외교를 통해 통일의 길을 열겠다고 했습니다. 여러 가지로 신선한 아이디어들이었습니다. 상대적으로 민주당은 그러지 못했죠.

대선에 이어 총선 역시 씁쓸하게 끝이 났지만, 그나마 한 가지 위안이 되었던 것은 한국에서 정당정치가 정착된 이후 처음으로 집권당이 과반수 의석 확보에 실패했다는 사실이었습니다. 대선 직후 예견했던 대로 여소야대 정국이 현실이 되었습니다. 하지만 사사건건 서로 대립하고 다툴 가능성이 높은 두 야당으로 분열되었으니, '야대'의 효과가 제대로 나타날 수 있을지는 모르는 일이었지요.

더 불안한 것은 두 김 씨의 정세 판단이 가져올 파장이었습니다. 양쪽이 단결해 군부 정치를 종식시키기에는 대선과 총선을 치르는 동안 더욱더 심각해진 서로에 대한 불신이 너무 컸습니다. YS는 DJ가 있는 한 대통령이 되기는 틀렸다고 생각했을 것이고, DJ 역시 YS와 맞서는 한 자신이 구상하는 새로운 정치를 펼치기가 현실적으로 어렵다고 판단하고 있었지요. 게다가 호남의 지지가 확고할수록 자신이 대통령이 되기는 더 어렵다는 역설적 현실을 뼈저리게 실감하고 있는 듯했습니다. 두 분 중 한 분이라도, '내가 아니더라도 군부 통치를 완전히 극복할 수 있다면 상대방을 밀어주겠다'는 살신성인의 도덕적 자질을 갖추고 있다면 희망이 있을 텐데, 당시로선 그 가능성이 전무해 보였습니다. 게다가 힘껏 선명성 경쟁을 벌이는 두 야당 사이에서 어떻게든 정치공작적으로 여소 국면을 타개해 보려는 집권당의 권력의지는 대단했습니다. 그래서 총선 이후 한국 정치의 앞날은 한층 더 예측할 수 없이 요동치게 될 거라는 불안한 예감이 엄습했습니다.

4·26 총선으로 마련된 여소야대의 정국은 역사적인 5공 비리 청문회를 이끌어 냈습니다. 겨울 공화국의 아픈 기억을 공유하고 있는 세대에게는 한편으로 통쾌한 일이었지만, 다른 한편으로는 지난날 실세들의 후안무치한 모습에 억장이 무너지는 분노를 느껴야 했습니다. TV를 통해 전국에 생중계된 당시 청문회에 대한 국민의 관심은 대단했습니다. 5공 시절 막강한 권력을 휘두르던 이들이 국회에 나와 심문을 받는 장면은 흥미진진한 구경거리였지요. 날카롭고 재치 있는 질문으로 한때 권력의 정점에 있던 자들을 몰아세우는 야당 의원들은 시합에 나선 국가 대표 선수처럼 주목을 받았습니다. 그렇게 청문회 정국이 몰고 온 열기 속에 1988년이 저물었습니다. 청문회를 통해 대부분의 국민들은 적잖이 카타르시스를 느꼈지만, 저는 여소야대 국면의 불안감을 한층 더 깊이 맛보게 된 군부 통치 세력이 국면을 타개하기 위해 어떤 정치 공작을 꾸밀지 불안하기만 했습니다.

2

　　　　1989년 새해부터 저는『한국일보』에 약 6
개월간 매주 칼럼을 연재하기로 했습니다. 그 시점은 국내뿐
만 아니라 국제적으로도 급격한 전환의 시기였습니다. 70년
이상 이어 온 냉전 체제가 막바지를 향해 숨을 헐떡이고 있었
고, 국내에서는 잔인했던 군부 통치가 마지막 몸부림을 치고
있었습니다. 저는 이런 전환의 시기에는 역사의 흐름이 인류
의 보편 가치를 구현하는 방향으로 나아갈 수 있도록 지도자
들이 헌신해야 한다고 촉구하고 싶었습니다. 그래서 편지 형
식을 빌려 몇 사람의 지도자에게 그런 노력을 호소하는 내용
으로 칼럼을 쓰기로 결심했습니다. 첫 번째 수신자는 노태우
대통령이었습니다.

　　보통 사람의 위대한 시대를 열겠다는 의지로 대통령에 취임하
　　신 지 벌써 1년 가까이 되었습니다. 그간 실타래처럼 얽혀 있
　　는 온갖 비민주적 유산을 도려내시려고 얼마나 애쓰고 계십니
　　까? 그런데 대통령께서 감사원과 법제처의 1989년 업무 보고
　　를 받는 자리에서 하신 몇 가지 말씀이 우리 보통 사람들을 곤
　　혹스럽게 하고 불안케 했음을 솔직히 말씀 드리지 않을 수 없
　　습니다. 대통령 주변에는 현명한 정책 보좌관들이 있어 국민의
　　이 같은 불안과 곤혹이 왜 생기는 것인지 밝혀 주고 있으리라
　　짐작합니다만, 이 편지 칼럼을 빌려 세 가지 문제점을 말씀 드
　　리고자 합니다.
　　첫째, 체제 수호를 위한 법질서 확립의 문제입니다. 여기서 체

제란 자유 개방체제를 뜻한다는 것을 누구나 동의할 것입니다. 자유 체제의 가장 두드러진 특징이란 국민의 자유권적 기본권(언론·집회·결사·신앙·양심의 자유)과 생존권적 기본권(노동 3권을 위시한 노동자의 기본 권리)을 탄력성 있는 의회정치의 틀 속에서 구현하는 것이 아니겠습니까? 노 대통령께서도 잘 아시다시피 이같은 자유 개방체제는 지난 20, 30년간 한국 정치사에서 특정 집단과 사람들에 의해 위축되고 훼손되어 왔습니다.

멀리 보면 제1공화국의 주역에서부터 제3, 제4, 제5공화국의 주역들에 이르기까지, 아주 가까이는 지금 6공화국의 일부 핵심 간부들에 이르기까지, 그들이 자유의 이름으로 국민의 자유를 제약했고, 정의의 이름으로 정의를 짓밟았으며, 사회 정화의 미명 아래 온갖 부패와 부정을 저지르지 않았습니까. 노 대통령께서도 동의하시리라 믿습니다만, 한마디로 자유 개방체제를 수호하려면 먼저 그와 같은 반민주적 주체들로부터 체제를 수호해야 합니다. 다시 말하지만, 비민주적이고 정의에 반하는 전 시대의 어려운 유산부터 말끔히 청산하는 일이 체제 수호의 제1차 과제라 생각합니다. …… 그러므로 자유 개방체제를 굳건히 지켜 나가기 위해서도 이것을 파괴했던 세력과 인물들을 대통령께서는 멀리해야 합니다.

둘째로, 공권력의 권위를 세우는 문제입니다. 대통령께서는 체제 수호와 민생 치안을 위해 공권력을 강화해 법질서를 확립하라고 훈시하셨습니다. 당연한 말씀이지요. 다만 여기서 국민이 바라는 공권력의 행사가 어떤 것이며, 그 행사의 우선적 과녁이 누구냐 하는 문제는 신중하고 현명하게 판가름하셔야 할 것입니다. 국민의 절대다수는 국민을 불안케 하는 각종 흉악범들을 공권력으로 속 시원하게 다스려 주길 바랍니다. 살인·강간·납치·인신매매·강도 따위를 철저하게 억제하거나 통제해 주기 바랍니다. 사랑하는 딸과 아내가 외출하는 것을 불안한 마음으로 지켜봐야 할 정도로 민생 치안이 빈사 상태에 빠져 있다면 도대체 공권력은 어디 갔단 말입니까? 공권력公權力이 공空권력으로 전락했다는 증거가 아니겠습니까?

그런데 말입니다. 민생 치안이 부재하다시피 한 까닭이 어디에 있겠습니까? 그것은 공권력을 이른바 '반체제 인사들'을 통제하는 데 주로 활용해 왔기 때문이 아니겠습니까? 보다 철저한 민주화와 통일을 부르짖고 전 시대의 모든 비리와 완전히 단절할 것을 절규하는 젊은이들을 통제하는 일에 공권력을 집중 행사해 왔기 때문에 민생 치안이 소홀했던 것 아닙니까? 그러므로 우리는 여기서 국민 의사를 다시 확인해야 하겠습니다. 작년 12월 서울대 사회과학연구소가 한국방송공사 의뢰로 국민 의식조사를 실시했는데, 그중 이런 질문이 있었습니다. '최근 매스컴 보도에 따르면, 일부 집단이나 학생이 좌경화되었다고 합니다. 어떻게 대처하는 것이 바람직하다고 생각하십니까?' 응답 내용을 보면, 절대다수인 70퍼센트가 설득과 포용을, 11퍼센트가 그들 주장의 적극 수용을 바람직한 대처로 보았습니다. 강력 대처는 10퍼센트에 불과합니다. 국민 절대다수가 설득과 포용과 수용을 원하고 있는 것입니다.

원래 공권력은, 강력하게 행사해야 할 때 빈약하게 행사하고 아예 사용하지 않아야 할 때 강경하게 사용하면, 결국 제도화된 추악한 폭력이 되어 국민을 적으로 삼는 불행한 정권을 탄생시키고 맙니다. 그런 정권의 말로는 정말 비참한 것 아니겠습니까? 이제 국민의 뜻은 명백합니다. 민생 치안에는 강력한 공권력을, 지난 20여 년간 줄기차게 자유와 정의와 통일을 뜨겁게 외쳐 온 젊은이들이나 이견자들에게는 오래 참는 포용력을 발휘해야 합니다.

셋째로, 소신과 무소신(또는 보신주의)에 관한 것입니다. 우리는 지금 잘못된 소신과 옹고집으로 국민의 민주 열망을 짓밟고 권위주의 정치를 펼쳤던 '소신의 장본인'이 국민의 질타와 경멸을 한 몸에 받으며 백담사에 은둔하고 있음을 목격하고 있습니다. 소신, 참으로 좋은 덕목입니다. 그러나 잘못된 소신은 무소신만 못합니다. 왜냐하면 그것은 국민에게 고통을, 민족에게는 상처를, 사회에는 비리를, 인류에게는 조롱을 남기기 때문입니다. 정말 이 시점에서 역사적으로 요청되는 소신은 밖으로 신해빙의 평화 흐름을 주체적으로 관리하면서 안으로 민주 개방체제를 굳건히 다져 가는 가운데 민족 통일을 성취하려는 소신인 줄 압니다. 야대 현실에 불안해하는 공직자들에게 5공식의 소신이나 극우식의 소신을 권장한다는 오해를 받아서는 안 될 것입니다. 그것은 6·29선언의 진실성을 스스로 부인하는 일이기 때문입니다. 정말 보통 사람들의 불안을 덜어 주고, 그들에게 희망과 희열을 안겨 주는 존경받는 대통령이 되시기 바랍니다.

이 칼럼이 나가자 반응이 뜨거웠습니다. 칼럼 형식이 편지글인 데다 대통령이 수신자였기 때문에 그랬던 것 같습니다.

물론 그중에는 겁도 없이 감히 대통령을 상대로 건방진 글을 썼다고 언짢아하는 교수들도 있었습니다.

제가 노태우 대통령을 칼럼의 수신자로 정한 데는 나름의 인연이 작용했습니다. 노 대통령이 12·12 사태 이후 수도경비사령관으로 있을 때 저는 서울대에 4년 만에 복직한 상태였습니다. 짧은 '서울의 봄' 기간이었지요. 당시 국민의 80퍼센트가 민주화를 열망하고 있었습니다. 12·12 쿠데타를 통해 신군부가 나라의 실권을 장악한 때였으나 국민의 민주 열망은 뜨거웠습니다. 4월 어느 날 저는 서울대 학훈단장과 함께 노 사령관을 만나 만찬을 할 기회를 가졌습니다. 그 자리에서 일개 교수인 제가, 그것도 재야에서 4년간 고생하다가 겨우 복직된 교수가 노 사령관에게 계엄령 해제를 요구했습니다. 그러자 그는 이렇게 되묻더군요.

"계엄령하에서 무슨 불편한 일이 있소?"

"언로가 막혀 있지 않습니까? 한국 군부가 라틴아메리카 군부를 벤치마킹해서는 안 됩니다."

"그러면 한 박사, 한국군이 미국 군대, 영국 군대를 닮으란 말이오?"

그는 퉁명스럽게 나무라듯 대답했습니다. 저는 이렇게 응대했지요.

"미국 군대, 영국 군대를 닮으라는 것이 아닙니다. 대한민국 군대는 주체적으로 민주 군대임을 만방에 보여 달라는 것입니다."

그의 얼굴에는 불쾌한 기운이 흘렀습니다. 만찬 후 학훈단장이 사령관에게 저와 가끔 정구를 치면서 뜻있는 대화를 이어 갈 수 있기 바란다고 한마디 했으나 노 사령관은 묵묵부답이었습니다. 그러고 나서 다음 달 중순 저는 신군부에 의해 체포되어 두 달간 지옥 심문을 받게 되었고 그해 여름 군사재판에 넘겨졌습니다.

제가 그를 다시 만난 것은 3년간의 미국 망명 생활을 마치고 귀국한 후 학교 일과 한국사회학회 일로 바쁘게 지내던 무렵이었습니다. 당시 그는 군복을 벗고 민정당 대표를 맡고 있었습니다. 마침 『중앙일보』 창간 기념 파티가 있어 참석했는데, 그 자리엔 정치인들도 많았습니다. 노태우 대표는 이미 참석자들과 두루 인사를 나누고 있었지요. 제게도 다가오더니 얼굴은 쳐다보지도 않고 손을 잡으며 "노태우입니다. 잘 부탁합니다"라고 의례적인 인사를 건네더군요. 상대방이 누군지 알려고도 하지 않는 정치인 특유의 상투적인 인사치레였지요. 그때 제가 손을 놓아주지 않고 꽉 잡으면서 말을 걸었습니다.

"노 대표님, 제가 누군지 아시겠습니까?"

그제야 노 대표는 제 얼굴을 들여다보더니, 놀랍다는 듯이 "이거 한완상이 아이가" 하더군요(그는 제 경북고등학교 3년 선배였습니다). 저는 빙그레 웃으며 화답했지요. 그랬더니 저를 잡아당기면서 귀에 대고 이렇게 조용히 이야기했습니다.

"니 그때 나하고 정구를 쳤더라면 고생하지 않았을 것인데 …… 그간 고생 많이 했다."

저는 예상외의 그 태도에 놀라기도 했지만, 그의 기억력에 더 놀랐습니다. 딱 한 번 식사를 한 적밖에 없는데, 학훈단장이 지나가는 말로 건넸던 이야기를, 겉으로는 묵살하는 것처럼 보였지만, 계속 기억하고 있었던 것입니다.

두 번째 칼럼은 평민당 김대중 총재에게 보내는 편지였습니다. 이제 자유롭게 정치 활동을 이어 나가는 DJ의 모습을 보며 저는 몹시 흐뭇했습니다. 그러면서도 동시에 이제야말로 그에게 남들이 못하는 고언을 할 때가 되었다고 생각했습니다. 1984년 가을, 미국 망명에서 귀국하던 길에 안기부 직원에게 했던 말대로 저는 두 번째 칼럼에서 그에게 고언을 던지는 편지를 쓰기로 작정했습니다.

누구나 불안한 눈초리로 앞뒤를 두리번거리지 않고 거침없이 말할 수 있고 정치 문제를 숨죽여 귓속말로 주고받을 필요가 없는 자유로운 사회가 우리 몸에 와닿아야 할 것입니다. 또한 새벽이나 밤늦게 문 두드리는 소리에 가슴 뛰는 두려움을 느꼈던 우리들이었기에, 불안과 공포로부터 완전히 해방된 민주의 날을 진정 맞고 싶습니다. …… 지난 9일과 10일 남한강에서 열린 평민당 정책 세미나는 저의 불안을 더욱 부채질했습니다. 그렇지 않더라도 최근 당국의 강화된 노동 통제로 이미 불안을 느끼고 있던 차에, 평민당 세미나의 한 사건이 다른 차원에서 저의 불안을 가중시켰음을 고백하지 않을 수 없습니다. 그것은 어느 지구당 위원장이 김 총재를 역사철학자로 숭배한다면서 김대중주의를 만들 것을 역설한 사건입니다. 물론 김 총재께서도 당황하셨을 것이고 즉석에서 제지했겠지요. 얼핏 보기에 그것은 일과성의 해프닝이었다고 생각되고, 그 책임을 찾는다면 과잉 충성 당사자에게 있다고 가볍게 넘길 수 있겠습니다. 그런데 저는 그것을 단지 그분 한 사람의 지각없는 과잉 충성 발언으로 보기 어렵다고 생각합니다. 오히려 그것은 오늘날 평민당 안에 존재하는 한 구조적 흐름의 표현이 아닌가 생각합니다. …… 어떻든 이 같은 흐름의 생성에 대해서는 지도자로서 김 총재가 일단의 책임을 져야 한다고 생각합니다. …… 암울했던 유신 시절, 박 대통령을 위해 총알받이도 마다치 않겠다고 장담했던 과잉 충성 분자들 중 단 한 사람도 충성 할복자살을 했다는 소식을 들어 본 적이 없지 않습니까. 그들의 과잉 충성은 박 대통령을 죽음으로 몰아붙였고, 한국 정치를 야만의 상태로 전락시키지 않았습니까. 그런데 어찌된 연고로 국민 정치의 개화를 서두르는 제1야당에서 이 같은 과잉 충성 발언, 개인숭배 발언이 나올 수 있단 말입니까!

저는 일찍이 김 총재가 이 땅의 간디가 되기를 바랐습니다. 그것은 월남月南, 단재丹齋, 고당古堂, 도산島山, 백범白凡 같은 민족적 어른들을 가까이 모셔 보지 못했던 세대의 한 때문인지 모르겠습니다. 도대체 쳐다볼 만한 어른이 없는 나라에 사는 백성들의 실존적 적막함과 상황의 삭막함이 어떠하리란 것은 김 총재께서도 잘 아실 것입니다. 김 총재께서는 여러 번 죽음의 골짜기를 헤매셨지요. 그러기에 한낱 정치적 대권에 매달리는 정객으로 끝나기보다는 역사적 대의명분을 향해 달리는 민족적 어른이 되시길 바랐습니다.

당시 평민당의 남한강 수련회에서 당원들이 모두 황색 유니폼을 입고 일사불란하게 단합 대회를 진행하는 가운데 과잉 충성 발언까지 나오는 것을 보고 저는 경악했습니다. 그래서 당내 민주화는 일사불란에서가 아니라 다사불란多絲不亂에서, 우렁찬 제창에서가 아니라 아름다운 합창에서 성숙해진다고 경고했습니다. 한국의 민주 야당이 강압적 군부 통치 세력에 의해 끊임없이 생존의 위협을 받고 있을 때에는 그 막강한 국가권력에 저항하기 위해 야당 지도자가 강력한 카리스마를 갖는 게 필요할 수 있습니다. 그러나 야당 세력이 집권 군부 세력을 견제할 만큼 힘을 키우게 되면 성숙한 당내 민주주의의 모습을 보여 줘야 합니다. 그래야만 민주 정당의 권위가 서고 더 정당하게, 더 효율적으로 집권 세력을 견제할 수 있는 것입니다. 그래서 저는 DJ가 자신이 그토록 존경하는 예수의 카리스마적 지도력을 본받아야 한다고 했지요. 자기를 죽이려는 악의 권력을 사랑으로 변화시켰던 그 위대한 지도력을 상기시켰습니다. 그 칼럼은 이렇게 끝을 맺었습니다.

양식 있는 많은 국민들은 이번 김대중주의 발언을 듣고 야당인 상태에서 이런 소리가 들린다면, 항차 집권했을 때는 얼마나 무시무시한 개인숭배 발언이 나오게 될 것인가 하고 염려하고 있음을 김 총재께서는 아셔야 합니다. 그 숭배자를 나무라기에 앞서 스스로의 모습을 성찰하셔야 합니다. 김대중주의는 김대중 자신을 파괴할 뿐만 아니라 우리 모두의 소망인 민주화를 파괴할 것이며 역사를 역진시킬 것이기 때문입니다. 이제 당내 민주화 없이 나라 전체의 민주화를 이룩할 수는 없습니다. 주변에 '그렇게 하면 안 됩니다'를 거침없이 충고할 수 있는 동지들을 가까이 모으십시오. 나라 전체의 민주화를 앞당기기 위해 큰 종의 겸손을 보이십시오.

이 칼럼이 나간 후 DJ의 심기가 매우 불편했음을 여러 사람을 통해 전해 들었습니다. 하지만 저는 그가 제 진의를 꿰뚫어 보고 이해해 주길 바랐습니다. 이 칼럼에 대해 정치권에서는 다양한 반응이 나왔습니다. 대체로 평민당은 매우 불편해했지만 공식적으로 드러내지는 않았습니다. 민주당이나 민정당에서는, 드러내 놓고 말하지는 않아도, 속으로 고소해하는 듯했지요. 재야 민주 세력들 사이에서는 DJ를 공식적으로 비판하는 일이 있기 힘든 만큼, 각자 속으로 자기 나름의 판단을 하는 것 같았습니다.

이후 저는 YS와 JP에게도 고언의 편지를 쓰기로 결심했습니다. 특히 당시 YS는 제2야당으로 전락한 민주당 총재였기에 5공 비리 문제나 광주 문제, 지방자치제와 중간 평가 문제 등에 평민당보다 더 활발하게 힘을 쏟고 있었습니다. 그런데 제가 YS에 대해 불안을 느낀 것은 그의 특출한 지도력이 갖는 장점에도 불구하고, 그 장점들을 뒤집어 보면 그것이 바로 약점이 되기 때문이었습니다. 비록 그의 인품과 인간성에 대해서는 호감을 갖고 있었지만, 분단 상황에서 민주화와 평화통일을 동시에 이룩해 낼 수 있을 만한 정치 지도자의 역량을 갖추고 있는지의 측면에서 볼 때 YS는 적잖이 한계가 있는 듯했습니다.

탁월한 정치 감각과 순발력으로 야당을 이끌어 온 김 총재의 경력은 한국 야당사에서 소중한 한 면을 차지할 것입니다. 원내 총무 다섯 번, 총재를 세 번씩 하고 있으니 이것만으로도 기네스북에 올라갈 만한 업적이라 하겠습니다. …… 이렇게 말하는 제 자신이 얼마간 불안합니다. 그것은 김 총재의 정치 스타일 때문입니다. 하기야 김 총재가 단재丹齋나 만해萬海 같은 인물이 되기를 기대한 적 없고, 어디까지나 철저한 현실 정치인으로서 민주화의 기수가 되어 주기를 바랐기에 크게 실망한 것은 없지만 얼마간의 불안은 감출 수 없습니다. 그것은 한마디로 감感의 정치와 순발력의 정치에 대한 불안입니다.

아시다시피 현대는 과학기술의 시대입니다. 비록 정치가 종합예술이라고는 하나, 그 종합성 때문에 과학적 인식능력과 분석능력을 더욱더 필요로 합니다. 이제는 단순한 감이나 순발력으로 정치를 이끌어 나가기 어렵습니다. 지난날 김 총재의 탁월한 감이 먹혀들었다 해서 앞으로도 그럴 것이라고 낙관하신다면 민주당이 과학적 정책 정당으로 발돋움하기는 어려울 것이고, 지금의 인기를 유지하기도 힘들 것입니다. 설혹 감이 정곡을 찌른다 하더라도 문제가 있습니다. 감에만 의존함으로써 자기 판단을 과신하는 독선에 빠질 위험이 있기 때문입니다. 그러기에 민주당을 정책 정당으로 발전시키기 위해서는 감보다 합리적 토론을, 순발력보다 과학적 분석을 더욱 소중히 여겨야하겠습니다.

'사람의 머리는 빌릴 수 있으나 건강은 빌릴 수 없다.' 이것은 널리 알려진 김 총재의 소신입니다. 매일 아침 조깅하거나 자주 등산을 하는 것도 바로 이 같은 신념 때문이겠지요. 그런데 문제는 여기에 있습니다. 머리를 빌리는 것이 결코 쉬운 일이 아니기 때문입니다. 남의 뛰어난 머리를 올바르게 빌리려면 역시 뛰어난 머리가 필요합니다. 그러니 머리를 빌리기 위해서라도 뼈를 깎는 노력을 해야 합니다. 남들보다 더 깊이 사색하고, 더 많은 책을 읽고, 더 많이 토론하고, 더 신중하게 들어야 합니다. 특히 눈과 귀를 더 많이 활용해야 합니다. 신이 인간에게 두 눈과 두 귀를 주었으나 입은 하나만 주신 것은 눈과 귀를 입보다 두 배 이상 사용하라는 뜻이 있기 때문일 것입니다. 대변인은 둘 수 있으나 대청인代聽人이나 대시인代視人은 둘 수 없다는 김 총재의 평소 소신을 더욱 펼쳐서 남들의 좋은 점을 더 많이 보시고, 좋은 충고를 더 많이 들으셔야 합니다. 이런 것들이 다름 아닌 정신적 조깅이라 하겠습니다. 매일 육체적 조깅을 함과 동시에 이 같은 정신적 조깅에도 더 힘을 쏟아야 할 것입니다. ……

김 총재께서도 아시다시피 지난 대통령 선거에서 두 김 총재 간의 분열이 결과적으로 민족자주적 민주 정치를 갈망했던 국민들의 마음을 갈기갈기 찢어 놓았습니다. 4.26 총선 뒤 펼쳐진 야대 정국에 혹자는 만족하고 있을지 모르지만, 두 분이 분열되지 않았다면 그 55퍼센트로 민주 세력이 자랑스럽게 집권했을 것입니다. 민주적 집권이 오늘의 야대 현실과는 견줄 수 없이 더 낫지 않습니까? 이번 중간 평가는 명분 없이 분열된 야권을 통합하는 계기가 되어야 합니다. 그래야만 국민들이 야당의 수권 능력을 안심하며 믿고 현 정권을 불신임할 것입니다.

하지만 계속 분열되어 있을 경우 대다수 국민들이 비록 현 정권을 불신한다 하더라도 분열된 야권의 추한 모습에 등을 돌리고 현 정권에 가㈜ 표를 던질 것입니다.

그런데 만일 야권이 단합해 중간 평가를 치르는 과정에서 김 총재는 호남 지역을, 김대중 총재는 영남 지역을 돌면서 국민에게 호소한다면 부끄러운 정치 지역성 문제도 극복될 것입니다. 그렇게 되면 중간 평가는 일석삼조의 효과를 거두게 될 것입니다. 첫째가 야권 통합이요, 둘째는 정치의 지역성 극복이요, 셋째는 민주 세력의 집권 가능성 증대입니다. …… 다른 야당보다 지역성을 덜 갖고 있는 민주당이 앞장서서 이 땅의 정치 선진화를 위해 중간 평가를 알차게 활용해야 할 것입니다. 이 일에 김 총재의 역할이 크다 하겠습니다.

청문회 생방송 후 민주당의 주가와 김 총재의 인기가 크게 올라간 것은 사실입니다. 그러나 올라간 인기를 관리하는 일은 참으로 어렵습니다. 당내 신진들의 목소리를 키워 줘야 합니다. 저는 김 총재께서 일찍이 40대 기수론의 선두에 섰던 일을 생생하게 기억합니다. 이제 김 총재는 60대에 들어섰습니다. 오늘의 40대는 왜 침묵하고 있습니까? 이미 60대에 들어선 지난날의 40대 기수론자들의 독주와 독점이 오늘의 40대를 침묵하게 만드는 것 아닐까요? 그들의 침묵은 한국 야당 정치의 권위주의와 그 박토성을 그대로 반영하는 것이 아닐까요?

아직도 민주화와 통일의 지평이 확실히 보이지 않는 이 시점에서, 육체의 다리와 비전의 다리가 모두 튼튼한 후진들을 길러 주십시오. 민주화와 통일을 가로막는 정치적 장애물이 큰 산처

럼 우리 앞에 버티고 있는 터에 김 총재께서는 다른 야권 지도
자들, 후진들과 함께 손잡고 이 장애물의 산을 정복해 민주의
젖과 통일의 꿀이 흐르는 한국적 가나안으로 국민을 인도해야
할 것입니다. 이런 일을 감당 못할 때 현명한 국민들은 반드시
김 씨들 밖에서 한국의 '모세'를 찾을 것입니다 이미 찾고 있는
것 같기도 합니다.

YS에게 보내는 고언이 나간 뒤에도 여러 가지 격려와 비난,
질책을 동시에 받았습니다. 이제 JP에게 편지를 보낼 차례가
되었습니다. 그를 수신자로 하는 칼럼은 더 신랄할 수밖에 없
었습니다. 따지고 보면 5공 비리의 뿌리에 그가 있었으니까요.
저는 5공화국은 정통성 없는 오공誤共이요, 오염된 오공汚共임
을 지적하면서, 5공의 원죄에서 자유롭지 못한 JP에게 이렇게
고언을 했습니다.

오늘은 김종필 총재에게 한마디 말씀을 드리지 않을 수 없군요.
그것은 김 총재께서 5공 비리를 도려내는 일에 누구보다 분발
하셔야 한다고 믿기 때문입니다. 5공은 아예 정통성 없이 출발
했기에 잘못된 오공誤共이요, 부정부패의 추악함 때문에 더러운
오공汚共이 되고 말았습니다. 그런데 5공의 뿌리가 어디 있겠습
니까? 그것은 다섯 번째 공화국만의 범죄와 부정을 뜻하지 않
습니다. 해방된 뒤 오늘까지 내려오고 있는 다섯 공화국들의
누적된 비리의 토양 위에 핀 악의 꽃일 따름입니다. 특히 3공
이후 군사 통치에서 비롯된 온갖 비리와 모순이 바로 5공 비리

의 원죄라 하겠습니다.

그것들이 무엇입니까? 김 총재가 창설한 악명 높은 공포 기구, 중앙정보부를 통한 공작 정치가 그 첫째요, 정경 유착에 따른 부정부패가 그 둘째이며, 정통성 결핍증을 경제성장으로 치유한다면서 가혹한 노동 통제를 했던 것이 그 셋째입니다. 이런 비리 현실을 비판했던 성직자, 지식인과 학생을 탄압했고 그들의 인권을 짓밟았던 것이 그 네 번째 원죄입니다. 이것들은 한마디로 공권력의 범죄라 하겠습니다. 그때 김 총재는 자타가 공인했던 제2인자 아니었습니까. 빌라도처럼 대야의 물에 손을 씻을 수 있겠습니까. 게다가 유신 체제라는 사공死共에 와서는 그전의 비리가 확대 재생산되면서 삼권분립은 한낱 박물관의 유물처럼 퇴색해 버렸고 야당 당수가 국회에서 축출되는 지경에 이르렀습니다. 노동 통제는 극한에 닿아 마침내 YH의 비극이 발생했지요. 부마항쟁은 당연한 귀결이었습니다. 바로 그 같은 횡포와 공포의 시절, 5공 비리의 주역들은 4공 기득 이권의 단물을 빨아먹게 되었습니다.

부질없지만 아쉬운 회고를 하자면, 박정희 씨가 3선 개헌을 추진했을 때 김 총재는 마땅히 목숨을 걸고 반대했어야 했습니다. 그랬다면 박 씨도 살렸을 것이고, 지금쯤은 민주주의도 꽃피었을지 모릅니다. 원칙으로 반대해야 할 때 사사로운 인정으로 순응했고, 용기로 발언해야 할 때 인내로 침묵했기에 이 땅에서 민주주의가 훼손되었지요. 이 점 김 총재는 무한 책임을 져야 할 것입니다. 물론 김 총재께서도 짧은 '서울의 봄'이 끝나자마자 '유신 잔당'으로부터 수모와 고통을 받으셨지요. 하지만 그것은 '유신 본당'으로서 마땅히 감수해야 할 아픔입니다. 중앙정보부의 창설자로서 받아 마땅한 프랑켄슈타인의 역습이 아니겠습니까. ……

정국은 바야흐로 중간 평가 문제를 놓고 가파르게 돌아갈 조짐이 보입니다. 이 문제와 관련해서는 김 총재 노선의 비극적 한계를 다시 한 번 보게 됩니다. 대통령 임기 보장에 대한 김 총재의 재강조가 얼핏 보기에는 집권 경험에서 오는 어른스러운 온건 노선 같아 보이지만, 국민들은 그 속셈을 꿰뚫어 보고 있음을 유념해야 합니다. 현 정권이 불신임당할 때 신공화당은 집권당 못지않게 곤혹스러워지겠지요. 거기에는 까닭이 있습니다. 현 집권당이 그 인적 구성에 있어 구공화당의 연장에 가까우므로 집권당의 득세가 그만큼 편하기 때문입니다. 민정당 5역 중 4인이 유신 세력이니까요. 그러니 만일 불신임되어 민주 야당 세력이 집권할 경우 김 총재의 위상은 현재보다 크게 열악해지겠지요. 그러기에 3당 공조 체제를 어떻게든지 유지시키면서 한편으로 두 대야를 도와주는 척하면서 실제로는 견제하고, 다른 한편 소여를 견제하는 척하면서도 실제로 도와주는 길을 택하고 있는 것 같군요. …… 물론 김 총재의 집권 경험을, 그 인내를, 그 타협 능력을 인정합니다. 그러나 18년간의 장구한 집권 경험이 자랑스럽기보다는 부끄러운 일로 점철되었다는 사실을 우리는 잊지 않고 있습니다. 그 18년간 너무도 억울하게 고통을 겪었던 사람들이 여전히 두 눈을 부릅뜨고 지켜보고 있다는 사실도 김 총재는 잊지 말아야 합니다. …… 그렇기 때문에 김 총재는 무엇보다도 5공 비리의 뿌리에 내재된 반

역사성, 반민중성, 반민주성을 철저히 반성하면서 거듭 태어나
는 구체적 실증을 국민들에게 보여 줘야 합니다.

3

　　　세 김 씨를 대상으로 한 칼럼이 나가고 얼
마 지나지 않은 그해 2월 16일, 마침 기독교방송국이 주최하
는 축하 모임에 초청을 받아 63빌딩 국제회의장으로 갔습니
다. 언론사 주최 모임에는 정당 대표와 정치인들이 많이 참석
합니다. 6시 10분 전에 도착했는데 큰 홀에는 사람들이 벌써
반 정도 차있었죠. 안으로 들어가니 JP와 그의 비서실장이 눈
에 띄었습니다. 그곳으로 다가가 JP에게 정중하게 인사하면서
제가 먼저 칼럼으로 총재님을 지나치게 불편하게 해드린 건
아닌지 여쭈었습니다. 순간 저보다 6년 여 어린 대학 후배인
그의 비서실장이 증오에 찬 눈빛으로 대들 듯이 말문을 열려
했습니다. 그때 JP는 그를 제지하면서 아주 부드럽게 이렇게
말했습니다.

"항상 한 박사 글을 탐독하고 있어요. 이번 『한국일보』 칼
럼도 읽어 봤어요. 잘 썼기에 밑줄 치면서 읽었어요."

저는 말문이 막혔습니다. 그는 얼굴빛 하나 흐트리지 않고
특유의 바리톤 음색으로 저를 칭찬했습니다. 그 특유의 낮은
바리톤 음색으로 말입니다. 저는 뒤통수를 한 대 맞은 느낌이
들었습니다. 그는 결코 다투거나 논쟁하거나 비난하려 들지

않았습니다. 그 때문에 저는 더 두려웠습니다. 저 속을 과연 누가 헤아릴 수 있을까 싶더군요. 바로 그런 속성이 어떤 상황에서든 적어도 2인자 자리를 유지하는 비결이 아닐까 하는 생각이 들었습니다.

JP 주변 인사들이 불편해 하는 듯해서 황망히 자리를 옮기는데, 마침 회의장 입구에 YS가 서너 명의 국회의원들과 함께 나타났습니다. 그곳에 가서 꾸벅 인사를 했지요. 칼럼에서 제가 정신적 조깅을 하시라고 고언 했던 대목이 생각나서 악수를 나누는데 좀 어색했습니다. 그런데 그는 미소를 머금고 제 손을 잡더니 제 어깨를 잡아당기며 귓속말로 이렇게 말하는 것이었습니다.

"어이 한 박사 좀 살살 해줘요. 잘 좀 봐줘요."

그리고 그는 다시 제 어깨를 꽉 잡아 주었습니다. 위선도 거짓도 없는 인간미 넘치는 반응에 제가 오히려 민망해져서 "총재님 죄송합니다" 하고 지인들이 있는 곳으로 자리를 옮겼습니다.

이런저런 얘기를 하고 있는 동안 회의장 입구가 다소 소란스러워졌습니다. DJ가 10여 명의 측근들을 대동하고 회의장에 들어선 것이었죠. 금세 다른 정치인, 언론인 들이 모여들어 분주히 인사를 나누고 있었습니다. 저는 얼마 전에 중국을 다녀오셨다는 소식을 들었기에 "총재님, 중국 잘 다녀오셨습니까?" 하고 인사하면서 그의 손을 잡았지요. 저와 악수하면서도 그는 곁에 있는 다른 사람과 얘기를 하고 있었습니다. 제가 다시 인사를 하려 했더니 그제야 저를 알아보았습니다. 잠시 저를 빤히 쳐다보시더니 얼굴을 휙 돌려 다른 사람들과 악수를 나누시더군요. 저는 속으로 단단히 화가 났구나 싶었지요. 제가 죄송하다고 말할 틈도 주지 않고 시선을 다른 사람들한테로 옮기니 저는 무안했습니다.

불과 30분 만에 저는 당대 정치를 주름잡고 있는 3김 씨의 서로 다른 반응을 직접 접하면서 각각의 성격 차이뿐만 아니라 한국의 정당 문화의 차이를 경험하는 듯했습니다. 앞으로 이분들이 대통령이 된다면 우리나라가 어떤 모양이 될까를 잠시 그려 보았습니다.

4

그렇게 1노 3김을 중심으로 한 정치 세력들이 저마다의 이해관계와 정치적 구상에 따라 여소야대 정국을 역동적으로, 때론 혼란스럽게 몰고 가는 가운데 1989년이 저물고 새해가 밝았습니다. 총선 직후부터 줄곧 저를 엄습했던 암울한 예감은 1990년에 들어서자마자 바로 현실로 나타났습니다. 여소야대의 곤혹스러운 정치 상황을 타개하고자 하는 집권당과 다음 대권을 바라보며 날선 경쟁을 이어 가던 3김 세력의 미묘한 이해관계가 어지럽게 맞물리면서 한국 정치의 판도는 근본적으로 뒤흔들리게 되었습니다. 한국 정치사에서 특이한 사건으로 기록될 '3당 합당'이라는 이변이 바로 그것이었지요.

노태우 대통령은 '보수대연합'을 기치로 집권 민정당과 YS의 민주당, JP의 공화당 간에 통합을 이뤄 냈습니다. 그는 그것을 '구국의 결단'이라고 했지만, 실은 내각제 개헌을 미끼삼아 여소야대의 혼란을 한 방에 극복하려는 전술적 조치였습니다. YS는 DJ와의 연대로 군정을 종식시킬 수 없다고 판단한상황에서 '호랑이를 잡기 위해 호랑이 굴로 들어가는' 모험을선택한 셈이었지요. 절대 열세의 정치 세력으로 거대 민정당을 안에서부터 정복해 당권을 장악한 후 대통령 후보로 선출되면 대권의 길이 열릴 것으로 계산한 것이었습니다. 처음부터 의원내각제에 대해서는 생각이 없었습니다.

사실 초기에 노 대통령의 포섭 대상은 DJ였습니다. 노 대통령은 김원기 원내총무를 통해 5·18 문제 해결을 약속하고, 그해결을 위한 전권을 DJ에게 주겠다고 제안했습니다. 하지만DJ는 고심 끝에 노 대통령의 제안을 거부했지요. 이후 노 대통령은 YS에게 손을 내밀었고, YS는 DJ가 제외된 연합 제의를자기 나름대로의 정치 구상에 따라 덥석 받아들인 것이었습니다. 그만큼 YS는 DJ에 견주어 정치적 실용주의에 더 적극적이었습니다. 당시 민주당 내부에서도 반대하는 이들이 있었지만YS는 보수대연합 구성에 적극 참여하며 호랑이 굴로 성큼 들어갔습니다. 이때 이기택, 김정길, 박찬종, 홍사덕, 노무현, 이철 등은 민정당과의 합당을 거부하고 이른바 '꼬마 민주당'을결성했습니다.

과연 YS의 선택은 그저 대통령이 되기 위한 편법이었을까요? 아니면, 정말로 1961년 쿠데타 이후 깊이 뿌리내린 군정 종식을 위한 모험이었을까요? 이 질문에 답하기 위해서는, 그가 과연 박정희 정권에서부터 전두환 정권으로 이어져 온 군사 문화와 군사 통치 구조, 그리고 그것을 뒷받침해 온 친일 냉전 근본주의를 청산할 중장기적 정치 계획을 가지고 3당 통합에 참여했는가를 따져 보아야 할 것입니다.

저는 그가 어떤 비전과 프로그램을 가지고 호랑이 굴에 들어갔을지 몹시 궁금했습니다. 그 문제는 후일 제가 YS 정부에 입각하면서 제 스스로에게 던진 질문이기도 했습니다. 이른바 문민정부가 시간이 흐름에 따라 군사 권위주의 시대의 냉전 지향적 정책을 선호하는 분위기 속에서 저의 외로움과 괴로움은 깊어졌지요. 통일부총리로 일하는 동안 저는 그 질문을 계속 가슴속에 간직할 수밖에 없었습니다. 그 대답은 불행하게도 부정적인 것이었습니다.

한반도에도
봄이
찾아오나?

1

　　　　　88 서울올림픽이 끝나고 얼마 지나지 않아 세계 정치 판도를 흔들어 놓는 거센 변혁의 바람이 시베리아에서 불어왔습니다. 소련의 공산당 서기장 고르바초프가 1988년 9월 16일 시베리아의 크라스노야르스크에서 행한 연설은 지난 반세기 동안 이어져 온 냉전 체제의 해체를 예고하는 충격적 내용을 담고 있었습니다. 하기야 1986년 7월 블라디보스토크 선언에서 그는 이미 소련이 아시아태평양 국가임을 천명하고, 제3세계 혁명 세력 지원이라는 명분을 앞세웠던 베오그라드 선언을 사실상 폐기할 뜻을 밝힌 바 있었습니다. 그런데 이번 크라스노야르스크 연설은 그보다 훨씬 더 획기적인 소련 외교정책의 변화를 보여 주었습니다. 그것은 특정한 정책 제안이 아니라, 근본적으로 잘못된 소련 전체주의의 기초를 바로잡으려는 의지를 담은 용기 있는 연설이었습니다. 게다가 그저 추상적인 비전이 아니라 구체적인 정책 실천 방향을 제시하고 있었습니다. 망치로 머리를 내려치는 듯한 느낌이 들었지요.

　　첫째로, 아시아태평양 지역 7개 평화안을 제시하면서 이 지역 내 군사 활동의 축소와 군축을 촉구했습니다. 둘째로, 인도 양을 평화 지대로 만들기 위한 국제회의를 1990년 전에 개최 하자고 제안했습니다. 셋째로, 미국이 필리핀에 군사기지를 폐쇄하면, 소련도 베트남 정부의 동의를 얻어 캄차카 만에 설 치된 소련 함대 기지를 포기하겠다고 했습니다. 그리고 해군 군축을 위한 국제회의를 제안했지요. 넷째로, 아시아태평양 지역 안보 협의체 구축을 제안했습니다. 그러면서 그는 10월 초에 블라디보스토크에서 크라스노야르스크 선언을 실천하는 모임을 싱가포르 등 35개국이 참가하는 가운데 가질 것이라고 약속했습니다.

고르바초프의 이런 평화 정책은 세계를 놀라게 했습니다. 무엇보다 가장 놀란 건 미국이었지요. 이는 미국의 상상을 뛰 어넘는 근본적 변화를 시사한 것이었습니다. 그가 이끄는 소 련은 이제 인간을 계급보다 더 소중히 여기는 개방체제로 나 아가면서 국제적으로 냉전 체제 해체를 실천하는 대담한 외교 정책을 펼치기 시작했습니다.

그의 비전과 정책 노선에 입각해서 9월 29일에는 소련 외 상이 유엔 연설을 통해 국제 문제에 대한 발상의 대전환을 촉 구했습니다. 당시 소련 외상의 연설은 철의 장막 안에서부터 전개되고 있는 새로운 패러다임 전환을 강력히 시사했습니다.

첫째로, 국제 관계에서 평화공존을 보편적 원칙으로 삼는다 고 했습니다. 지난날처럼 군비경쟁이나 국가 안보 논리를 강 조하지 않았지요. 둘째로, 계급투쟁과 이데올로기 경쟁이 국 제 관계의 기본 원리가 아님을 천명했습니다. 한마디로 탈이데올로기로 가자는 것이었지요. 셋째로, 공산 세계에서는 인플레이션이 없어야 하는데 실제로 동구권 국가들은 서구보다 더 심각한 인플레이션을 겪고 있음을 시인했습니다. 또 실업과 노조 파업도 동구에서 더 심각하다는 것을 정직하게 인정했지요. 넷째로, 핵전쟁과 생태계 파괴가 초래하는 위협에 주목하며 이것을 극복해 나가자고 했습니다.

고르바초프의 페레스트로이카와 글라스노스트 정책에 힘입어 동구에는 민주화·개방화의 훈풍이 불기 시작했고, 1989년 11월에는 마침내 베를린장벽이 무너졌습니다. 그로부터 한 달후 미국의 부시 대통령과 소련의 고르바초프 서기장은 지중해 말타 항구에 정박해 있던 소련 순양함 막심 고리키 선상에서 만나 냉전 종식을 선언했습니다. 이 선상 정상회담에서 부시 대통령은 고르바초프의 페레스트로이카 개혁 조치를 비롯한 동구권 개혁 흐름에 지지를 표명했습니다. 이에 고르바초프는 이렇게 응답했지요.

"세계는 바야흐로 한 시대를 뒤로 보내고 새 시대로 진입하고 있습니다. 우리는 지속적인 평화 시대로 가는 대장정의 시발점에 서있습니다. 이제 강권과 불신의 심리, 이념적 투쟁의 위협은 모두 과거로 사라질 것입니다. …… 본인은 미국 대통령에게 확언합니다. 저는 미합중국에 대해 결단코 열전을 개시하지 않을 것입니다."

이 같은 소련 서기장의 확언에 부시 대통령도 화답했습니다.

"우리는 지속적인 평화를 이룩할 수 있고 동서 관계를 견고한 협력 관계로 전환시킬 수 있습니다. 고르바초프 의장님과 본인이 바로 이 말타에서 새로운 미래를 열고 있습니다."

두 지도자의 회담 소식을 들으며 저는 그들의 냉전 종식 선언의 효과가 언제 이 얼어붙은 한반도 땅에 미치게 될 것인지 조바심이 일었습니다. 한반도를 가로지르고 있는 냉전 빙벽이 녹아내리기 전에는 결단코 세계 냉전이 종식되었다고 주장할 수 없을 테니 말입니다.

1990년 초에 고르바초프는 『타임』이 선정한 1980년대의 인물로 뽑혔습니다. 『타임』은 이미 1987년에 그를 올해의 인물로 선정한 바 있었는데, 2년이 지난 1989년 다시 그를 올해의 인물로 선정하는 대신 1980년대를 대표하는 인물로 뽑은 것입니다. 지구 반쪽을 지배한 전체주의 체제를 해체시키고, 엄청난 국제적 파장과 적잖은 역사적 진보를 가져왔으니 그가 그런 평가를 받는 것은 당연했습니다.

다만 저는 그가 불러일으키는 전 지구적 변혁의 바람이 세계 냉전의 틈바구니에서 억울하게 분단된 우리 민족을 비껴가는 것 같아 안타까웠습니다. 1990년 10월 3일, 독일은 분단 41년 만에 드디어 통일을 이루었습니다. 1991년 새해를 맞으며, 저는 세계적 차원에서 전개되는 그런 해빙의 흐름이 마침내 한반도에도 당도하길 간절히 바랐습니다. 그러면서 과연 남북의 정부가 이 세계사적 변화 흐름에 제대로 조응할 수 있을지를 유심히 지켜보았지요. 특히 북한 지도층이 고르바초프의 개혁 정책을 어떻게 보고 있는지 염려스러웠습니다. 얼핏 생각하기에는, 그의 개혁 조치로 동독이 서독에 흡수통일되었고 또 거의 모든 동구 공산국가들이 격심한 변혁을 겪고 있었기 때문에 북한은 이를 매우 경계하고 있을 것 같았습니다. 그런데 1991년 5월에 그런 궁금증을 풀 수 있는 기회가 찾아왔습니다.

2

　　　　　　저는 1991년 5월 말 뉴욕 북쪽에 있는 스토니 포인트 미 장로교 수양관에서 열리는 남북 기독학자 회의에 남측 대표로 참여해 달라는 요청을 받았습니다. 10여 년 전 미국 망명 시절을 보냈던 바로 그곳에서 열리는 회의라 더더욱 기대가 컸습니다. 북쪽 대표로는 북한 최고 학자인 박승덕 주체사상연구소장을 위시해서 평양봉수교회 담임 목사와 전도자, 그리고 북한의 국책 연구소 책임자가 포함되어 있었습니다. 북측 대표 단장은 유엔에서 북한 대사로 8년간 활동했던 한시해 씨가 맡고 있었습니다. 그는 노태우 정부 때 대통령의 대북 밀사 역을 맡았던 박철언 씨의 협상 파트너이기도 했던 인물이었습니다. 우리 쪽에서는 저 외에 서남동 민중 신학자, 박순경 박사, 역사학자 노명식 교수와 이만열 교수, 언론인 송건호 선생 등이 참여했지요. 미국 현지에서는 안중식 목사를 비롯한 진보적 목회자들이 참여했습니다. 젊은 김민웅 목사와 김동수 교수 부부, 『한겨레』의 미국 특파원 정연주 씨도 참여했습니다. 모두 50명 정도가 화기애애한 분위기 속에서 며칠간 진지한 발표와 토론을 이어 갔습니다.

그 회의에서 저는 남한의 급변하는 냉전 의식 현황을 중심으로 발표했습니다. 서울대학교 인구문제연구소와 한국방송공사가 공동으로 실시한 "전환기의 한국 사회: 1989년 국민 의식조사" 결과 중, 국민들의 냉전 의식 변화를 보여 주는 부분을 요약해서 설명했지요.

1989년은 세계사적으로 의미심장한 변화가 일어난 해였습니다. 베를린장벽의 와해와 더불어 독일통일이 이뤄졌고, 고르바초프의 개혁 여파로 소련 체제가 해체 수순에 들어가게 되었으며, 마침내 미소 지도자가 공동으로 냉전 종식을 선언했습니다. 이런 역사적 소용돌이가 한국 국민의 냉전 반공 의식에도 영향을 끼쳤습니다. 특히 반反 북한 의식이 뚜렷하게 변화했지요. 물론 여기에는 국내적으로 1987년 6월 시민혁명의 영향도 작용했습니다.

당시 조사에서는 국민들의 냉전적 가치관의 변화 정도를 측정하기 위한 여러 질문들 중 하나로 미국과 북한이 축구 시합을 한다면 어느 팀을 응원하겠는가 하는 항목이 있었습니다. 1986년에는 응답자의 77퍼센트가 미국을, 21퍼센트만이 북한팀을 응원하겠다고 했습니다. 그런데 1988년도 조사 결과를 보면, 북한팀 응원 비율이 58퍼센트로 급격하게 올랐습니다. 미국팀 응원 비율은 39퍼센트였습니다. 2년 사이 국민의 냉전 의식, 반북 의식이 이렇게 괄목할 만큼 변화한 데는 87년 체제의 출범이 영향을 미쳤을 것입니다. 그런데 1989년 말 조사에서는 북한팀 응원 비율이 무려 71퍼센트로 껑충 뛰어올랐습니다. 미국팀을 응원하겠다는 답변은 28퍼센트에 불과했지요. 미국은 한국에게 우방 중의 우방으로 인식되고 있다는 점을 감안하면, 이 같은 변화는 놀라운 것이었습니다. 게다가 이 변화에서는 학력 수준이 높을수록, 연령이 낮을수록 탈냉전 의식이 더욱 강하게 나타나는 경향이 일관성 있게 나타났습니다. 매우 고무적이고 의미 있는 변화였습니다.

제가 이 같은 우리 국민의 반응을 객관적 수치로 소개하면서 탈냉전 흐름이 이어져 온 지난 3, 4년간 남한에서 반북 의식이 현저히 줄어들었다고 이야기하자 북한 대표들은 매우 흥미롭게 경청했습니다. 내심 기분이 좋아 보였지요. 하지만 겉으로는 여전히 미군 철수 문제가 더 중요하다고 주장했습니다. 특히 북한의 군축 문제 전문가인 김구식 박사는 탈냉전 흐름에 별로 기대를 걸지 않는다는 듯한 발언을 했습니다. 그는 이 시대 흐름의 근저에 탈식민화의 흐름이 있다고 보면서 그것이 주류라고 지적했습니다. 그러면서 이 흐름이 탈냉전 흐름과 겹칠 수는 있지만 탈냉전 흐름이 결코 주류 흐름은 아니라고 말했습니다. 소련 해체로 나타나는 변화도 소련 패권주의에서 주변 각 민족이 해방되는 것으로 해석했지요. 그러기에 그는 탈냉전 흐름에 환상을 갖지 않는다고 했습니다.

또 한반도 평화 없이 통일은 불가능하니 우선 남북 간의 군사 대치 상황을 극복하는 것이 시급하다고 주장했습니다. 분단 상황에서 평화란 무엇보다 전쟁 방지와 함께 통일을 추구하는 일이라면서, 이를 위해서는 남북 간에 신뢰 조성을 담보하는 평화가 중요하다고 강조했습니다. 그러면서 신뢰 조성은 상대방이 공격하지 않으리라는 믿음을 핵심으로 한다고 했습니다. 그러니 상대방을 군사적으로 공격하려는 훈련은 반드시 중단되어야 한다고 주장했습니다.

비무장지대를 민간인들이 평화지대로 이용하도록 해야 한다는 입장도 밝혔습니다. 궁극적으로 그는 상호 신뢰를 증진하기 위해 남북이 각각 10만 명 수준으로 군을 감축할 필요가 있다고 했습니다. 특히 한반도에서 외국군은 철수하도록 해야 비로소 남북 간 신뢰가 조성된다고 했습니다.

이런 주장은 전에도 흔히 듣던 내용이었지요. 결국 북한 당국이나 북한 지식인들은 여전히 미국의 패권주의적 영향력을 한반도에서 줄이는 일이 시급하다는 생각에 사로잡혀 있어 남한 내의 탈냉전 흐름을 별로 중요하게 보지 않는 것 같았습니다. 사실 북한 대표들은 고르바초프의 해빙 조치들이 북한 체제에는 불리하다고 판단하는 듯했는데, 그렇다고 그런 판단을 노골적으로 드러내지는 않았습니다. 물론 우리 국민들 사이에서 나타나던 냉전 의식의 변화가 한반도 평화를 이룩하는 데 도움이 되지 않는다는 식의 주장도 하지 않았습니다. 다만 동구권이 모두 개혁·개방의 길로 달려가는 데 대해 북한 엘리트들은 강한 불안감을 느끼고 있는 것 같았습니다. 그래서 저도 그들의 불안을 자극하는 발언은 하지 않았습니다.

하지만 주체사상연구소장 박승덕 박사가 기독교와 주체사상을 주제로 발표했을 때는 그 둘 사이에 유사점도 있지만 본질적으로 차이가 있다고 솔직히 지적했습니다. 박승덕 박사의 발표에 대해 민중 신학자인 서남동 교수나 박순경 박사는 정중하고 우호적인 반응을 보였습니다. 북측도 민중 신학에 대해 높은 관심을 표명했으며 주체사상과 민중 신학적 입장 간에 얼마든지 열린 토론이 가능하다고 보았습니다.

그날 회의가 끝난 후 『중앙일보』의 뉴욕 특파원이 저와 박승덕 박사의 대담을 주선하고 싶다기에 두 사람 모두 그러자고 했습니다. 다음 날 두 시간 이상 솔직한 의견을 나누었지요. 그 토론 내용은 후에 『월간 중앙』에 그대로 실렸고, 제 책 『우아한 패배』(김영사, 2009)에도 수록되었습니다. 그러니 여기서 다시 자세히 언급할 필요는 없겠습니다만, 토론 말미에 제가 했던 마무리 발언과 박 소장의 결론적 입장은 소개할 필요가 있을 듯합니다.

어제 박 선생의 발표를 듣고 어떤 이는 주체사상연구소장으로부터 직접 설명을 들은 것이 의미가 있었다는 얘기도 합디다. 이번 일로 우리도 기독교의 본질을 다시 한 번 생각하게 된 것 같습니다. 우리가 주체사상과 기독교의 차이와 공통점을 더 폭넓게 인식해야만 이 둘을 악마와 천사의 대결처럼 생각하는 편견도 극복할 수 있고, 동시에 이 둘이 같다고만 하여 낭만적으로나 환상적으로 동일시하는 잘못도 다 같이 극복할 수 있을 것입니다. 서로의 차이를 존중하면서 서로 배우려고 하는 성숙한 자세, 한쪽이 다른 쪽을 지배하려고 하기보다는 서로를 이해하면서 민족 단합을 위해 공헌할 수 있는 길이 무엇인가를 생각하는 열린 자세가 요청됩니다. 서로의 차이를 차별의 구실로 삼지 말고 오히려 이해의 계기로 삼아야 합니다. 차이와 차별 간의 차이를 이해 못하는 자들은 역사적으로 차별받게 될 것입니다.

이런 제 입장에 대해 박승덕 소장은 다음과 같이 화답했습니다.

전적으로 동감입니다. 우리는 기독교와의 관계에 있어서도 이론적으로 기독교 사상을 지배해서 주체사상과 똑같이 만들려는 목적을 갖고 있지 않습니다. 우리는 원래 기독교 신앙을 존중하는 만큼 주체사상과 기독교 사상의 차이점을 그대로 인정하고 그 차이를 전제로 하면서 공통점을 찾아 둘 다 발전해 가자, 사상적으로 둘 다 발전해 나가자, 이렇게 되면 더욱더 공통점도 많아질 것이고 실제 민족 통일이라는 투쟁에서 우리가 연대하고 합작하고 단합할 수 있는 기초로서 커갈 것이라는 입장입니다.

저는 그 토론을 마치면서 언젠가 남북 학자들끼리 서울과 평양을 자유롭게 왕래하면서 토론하고 강의할 수 있기를 바란다고 했습니다. 알고 보니 박 소장은 북한의 주체사상 대가인 황장엽 씨와 처남남매 간이 된다고 했습니다. 황장엽 씨가 주체사상을 창안했다면 박 박사는 그것을 체계화해 널리 알리는 역할을 하는 듯했지요. 저는 박 소장과 두 시간 동안 진지하게 토론하면서 그가 교조적 공산주의자나 전투적 주체사상 전파자란 인상은 전혀 받지 못했습니다. 진지한 탐구자요, 성실한 학자라는 생각이 들었죠. 앞으로 남북 지식인들 간에 수준 높은 대화와 토론이 자주 이뤄진다면 남북 간의 냉전적 불신도 상당히 줄어들지 않을까 생각하게 되었습니다.

　그렇게 회의가 무르익어 가던 중에 흥미로운 사건이 발생했습니다. 그해 가을쯤 남북이 동시에 유엔에 가입하기로 했다는 신문 보도가 나온 것입니다. 저는 기사를 보고 깜짝 놀랐습니다. 분단 이후 남한 정부는 여러 번 유엔 단독 가입을 추진했지만, 비토권을 가진 소련의 반대로 번번이 실패한 바 있었습니다. 그런데 1988년에 서울올림픽을 성공적으로 치른 뒤 노태우 정부는 1989년 2월 헝가리와의 수교를 시작으로 이른바 북방 정책에 시동을 걸었고, 마침내 1990년 10월 1일 소련과 외교를 맺었습니다. 소련이 와해된 직후에는 러시아와 재수교했지요. 이때 북한은 아마도 크게 놀랐을 것입니다. 한국 정부의 북방 정책 성공은 북한의 외교적 고립을 의미하기 때문입니다. 그때까지 북한이 남북의 유엔 동시 가입을 반대한 이유는 그것이 남북 분단을 제도적으로 합법화할 것이고, 그래서 민족 분단이 영속화될 것이라는 우려 때문이었습니다. 하지만 한국과 러시아 간의 국교 정상화가 이뤄지면서 러시아가 한국의 유엔 가입을 더 이상 거부할 수 없을 테고, 따라서 북한으로서는 남북한 유엔 공동 가입을 현실적으로 계속 반대할 수만은 없게 되었지요. 게다가 구 동구권 국가들도 북한을 유엔에 가입시켜야 한다고 주장하는 상황이었습니다.

　여하튼 남북의 유엔 동시 가입에 관한 기사를 읽고 저는 북측 단장으로 와있던 한시해 씨에게 그 소식을 아느냐고 물었습니다. 그는 무표정한 얼굴로 가타부타 아무런 언급도 하지 않았지만, 짐작컨대 평양에서부터 이미 알고 온 듯했습니다.

한시해 씨는 북한의 유엔통이기에 그 사실을 모를 리가 없었습니다.

그래서 제가 다시 북한의 기본 외교 원칙은 바로 '하나의 조선'인데 그 원칙을 포기하는 것이냐고 물었습니다. 만일 동시 가입이 현실화되면 한반도에서는 '1민족 2국가' 원칙이 국제적으로 공인될 터인데 그것은 축하해야 할 일이 아니냐고도 넌지시 물었습니다. 하지만 그는 여전히 딱 부러지는 대답을 하지 않았습니다. 제가 그의 입장을 알고 싶었던 이유는 동시 가입이 실현되면 남북 간에 보다 내실 있는 해빙 흐름이 전개되지 않을까 생각했기 때문입니다. 그렇게 되면 고르바초프가 작동시킨 냉전 해체의 바람이 한반도에도 상륙해 의미 있는 변화를 촉진시킬 수 있겠다고 생각했지요.

이번 회의에서 제가 남한의 냉전 의식 변화를 강조하면서 이런 변화 조짐이 한반도 냉전 구도의 해체로 이어지길 바란다는 소망을 밝혔을 때, 북쪽 참가자들이 탈냉전 흐름에 대해 매우 신중한 침묵을 지켰기에 사실 저는 다소 실망하고 있던 터였습니다. 그런데 마침 남북한 유엔 동시 가입 기사가 터져 나온 것이지요. 비록 북측 대표들로부터는 그에 관한 그 어떤 공식적 입장도 들을 수 없었지만, 저는 유엔 동시 가입이 한반도 평화 체제를 외교적으로 풀어 갈 수 있는 제도적 장치를 공고히 마련해 주기를 바랐습니다.

회의가 끝나 갈 즈음 한시해 씨가 송건호 선생과 저, 그리고 박승덕 소장 이렇게 네 사람이 따로 한번 만나 얘기를 나누자고 제의해 별도의 모임을 가졌습니다. 그 자리에서 제가 슬쩍 물었습니다. 북쪽에서는 남쪽을 향해 항상 국가보안법 철폐를 요구해 왔고, 이에 대응해 서울에서는 평양 쪽에 적화통일 의지부터 분명히 포기하라고 주장해 왔는데, 평양은 정말 적화통일 계획을 그대로 유지하고 있고 또 그렇게 할 수 있다고 보는지 말입니다.

한시해 씨는 적화통일 의지가 북한 정책 어디에서 나타나는지 잘 모르는 듯했습니다. 그래서 박승덕 씨에게 묻더군요. 박 소장은 노동당 규약에 나타난다고 답했습니다. 하지만 한시해 씨나 김구식 박사를 포함한 북한 대표들은 모두 연방제로 남북통일을 추진할 수 있다는 입장을 확고히 갖고 있는 듯했습니다. 그들은 2체제(또는 제도), 2정부(국가), 그리고 하나의 민족을 강조해 왔습니다. 북한이 연방제 통일을 끊임없이 주장하는 것은 한국 내 수구 냉전 세력이 주장하듯이, 적화통일을 관철하려는 것이 아닌 듯했습니다. 오히려 1970년대 이후 북한 경제가 남한 경제에 비해 낙후되어 가면서 군사력이나 경제력 같은 힘으로 남한을 제압할 수 없다는 현실적 상황 판단 아래 연방제안을 계속 강조하는 것으로 보였습니다. 한마디로, 북한이 연방제 통일안을 끈질기게 제기하는 까닭은 적화통일을 할 힘이 없음을 자인하는 것이었습니다.

그런데 남쪽의 반공 근본주의 세력은 연방제 주장이야말로 북한의 적화통일 전략이라고 현실성 없는 주장을 계속하면서, 연방제 주장에 동조하는 듯한 발언만 해도 국가보안법을 위반하는 범죄행위인 양 호들갑을 떨고 있었습니다. 그러면서 색깔론적 정치 탄압을 일삼았지요. 이제는 북한이 오히려 남한에 의해 흡수통일을 당할까 두려워하고 있는데도 말입니다. 저는 북쪽 대표들과의 대화에서 적화통일 같은 냉전적 공세의 낌새는 전혀 느끼지 못했습니다. 오히려 세계적 해빙 흐름 속에서 불안해하고 두려워하는 듯한 인상을 받았습니다. 물론 그들이 그런 불안함과 두려움을 겉으로 표명하지는 않았지만 말입니다.

당시 남북 기독학자 회의를 마치면서 저는 북측 참가자들과의 대화를 통해 북한 상황과 관련해 몇 가지 의미 있는 사실에 주목하게 되었습니다. 우선 김정일의 권력 기반이 매우 단단하다는 점을 확인할 수 있었습니다. 권력 승계가 이미 90퍼센트 정도까지 완료되었다고 했지요. 김정일 체제가 들어선다해도 북한의 통일 정책은 큰 변화 없이 연방제에 의한 통일 노력을 더욱 강화할 듯했습니다. 그것은 북이 일방적으로 남을 흡수할 능력이 없을 뿐만 아니라, 오히려 남에 의해 흡수당할 것을 두려워하기 때문인 듯했습니다. 남한 정부는 이 점을 고려해 보다 합리적이고 포용적인 대북 정책과 통일 정책을 제시해야 하리라는 생각이 들었습니다.

둘째로, 제가 북측 대표들에게 앞으로 남한의 중산층에게 먹힐 수 있는 통일 정책을 다듬어 내야 할 필요가 있다고 말했을 때 그들은 애써 묵묵부답이었으나 속으로는 적잖이 당황하는 듯했습니다. 남쪽에서 점차 영향력이 커가고 있는 시민과 중산층 세력의 냉전 의식 약화가 한반도 평화와 민주화에 도움이 되는 만큼 북에서도 이에 상응하는 변화가 있어야 한다는 제 발언에 대해 그들은 매우 조심스럽게 반응하면서도 속으로 불편해 하는 듯했지요. 동구권의 변화 속에서 구체제가 몰락하는 현실을 목도하고 있었기 때문이겠죠. 그러면서도 그 같은 공산권의 체제 변화 속에서도 북한은 현재 잘 견디고 있고 또 앞으로도 견뎌 낼 수 있다고 자신하는 듯했습니다. 그리고 그런 자신감의 근저에 바로 주체사상의 힘이 작동한다고 주장하고 싶어 했습니다.

셋째로, 북한 대표들은 노태우 정부를 사대주의 정부라고 비판하면서도 북방 외교, 특히 교차승인 정책에 대해서는 미묘한 반응을 보였습니다. 겉으로는 북한에 대한 포위 전략이라고 비판했지만, 북한이 미국이나 일본과 관계를 정상화하는 것은 꼭 필요하다고 생각하고 있었습니다. 이미 소련(러시아)과 외교 관계를 맺은 한국이 중국과도 곧 국교 정상화를 이룰 것으로 그들은 내다보았습니다. 이 같은 변화가 만에 하나 북한과 미국, 북한과 일본 간의 국교 정상화로도 이어진다면, 한반도 냉전 구도 해체가 촉진될 것이고 그만큼 한반도 평화 문제도 외교적으로 풀릴 계기가 생겨날 수 있겠다는 생각이 들었지요.

그런데 과연 우리 정부가 미국 정부와 일본 정부에 북한과의 수교를 위해 적극 노력하자고 권고할 것인가에 대해 저는 자신이 없었습니다. 그간 한반도를 둘러싼 두 개의 냉전 국제 동맹은 한반도 냉전 체제를 꾸준히 뒷받침해 온 국제 공조 체제였기에, 노태우 정부의 북방 정책이 이 냉전 동맹을 해체시키는 실질적인 효과를 낼지에 대해서는 회의적이었지요.

북한도 이 문제에 대해 결코 낙관하지 않는 것 같았습니다.

한국이 러시아와의 국교 정상화 이후 중국과도 빠른 시일 안에 국교 정상화가 예상되는 상황에서(실제로 그다음 해인 1991년 한중 수교가 이뤄졌지요) 미국과 일본이 계속 북한에 대해 적대적 냉전 관계를 유지하고 강화하려 한다고 평양이 판단하는 한 한반도 정세는 결코 나아지지 않을 것이었습니다. 그러나 남북한 유엔 동시 가입 후 그것을 계기로 러시아와 중국이 우리에게 더 우호적인 태도를 보이게 된다면, 미국과 일본 역시 북한에 우호적인 대응을 보여야 할 텐데 과연 그렇게 될 것인지 가늠하기 쉽지 않았습니다. 그리고 그렇지 않을 때 고립이 심화된 북한이 어떤 반응을 보일지는 모르는 일이었지요.

저는 남북한 유엔 동시 가입이라는 역사적 계기를 한반도 주변 강대국들이 적극 활용해 한반도의 안정과 평화에 획기적으로 공헌하는 화해 조치를 취해 주기를 간절히 바랐습니다. 그런 기대 속에서, 노태우 정부가 북한과의 관계 개선을 위해 더욱 용기 있는 조치를 취해 주었으면 했지요. 우리 정부는 이미 1988년 7·7 선언을 통해 남방 삼각동맹과 북방 삼각동맹 모두를 해체하겠다는 의지를 공표한 바 있었습니다. 이제 그 선언을 외교적으로 완성하기 위해서는 미국을 설득하는 일이 시급한데 과연 이 일을 우리 정부가 관철해 낼 수 있을지 걱정스러웠습니다. 다행히 부시 대통령은 전임 레이건 대통과 달리 보다 합리적인 해빙 정책을 활용할 수도 있겠다는 생각이 들었습니다. 다만 그곳 집권당인 공화당 내의 냉전 수구 세력이 워낙 만만치 않았기 때문에 마냥 낙관적일 수는 없었습니다.

3

그해 10월 초, 이번에는 워싱턴에서 따뜻한 바람이 불어왔습니다. 부시 대통령이 핵무기 감축을 발표했지요. 곧이어 고르바초프도 모든 단거리 전술 핵탄두를 폐기하고 핵무기도 감축하겠다고 했습니다. 또 핵실험을 1년간 중단하고 군도 70만 명을 감축하겠다고 했습니다. 냉전 시대에 지겹게 보아 왔던 증오의 악순환이 이제 우호 협력의 선순환으로 돌아서는 것처럼 보였습니다. 비록 고르바초프의 그 같은 감군 조치, 군사적 긴장 완화 조치가 러시아의 경제난에 따른 고육지책이라 하더라도, 저는 그의 결단에 박수를 보내고 싶었습니다. 그러면서 동시에 왜 그런 과감한 탈냉전 조치가 남북 당국자들 사이에서는 이뤄지지 않는지 안타까웠습니다.

당시 미·러 간 협정에서 두 정상이 서명할 때 쓴 펜의 내력이 흥미롭습니다. 19년 전, 그러니까 1972년에 닉슨과 브레즈네프 간에 제1단계 전략무기감축협정Strategic Arms Reduction Talks, START이 있었습니다. 이 회담 결과 미국의 퍼싱II 미사일과 소련의 SS20 미사일이 각각 폐기되면서 그 탄두를 녹여 펜을 만들었습니다. 바로 그때 만든 펜으로 1991년의 협정에서 부시와 고르바초프가 서명을 한 것입니다. 이제 두 나라에서 폐기되는 무기들로 작은 펜만 만들 것이 아니라, 인류 공동의 평화와 번영에 필요한 갖가지 기계와 도구, 과학적 탐구용 장비 등도 만들어 낸다면 더 뜻깊을 것 같았습니다. 그리하여 장차 다시는 전쟁이 없고 군사훈련도 없는 세상이 온다면 얼마나 좋겠습니까.

저는 노태우 정부가 어떤 점에서는 매우 운이 좋은 정부라고 생각했습니다. 미국과 소련 두 강대국 간에 군사적 긴장 완화 정책이 제시되고 있고, 특히 우방인 미국의 대통령이 냉전 종식을 최대 외교 과제로 삼아 추진하고 있으니 말입니다. 이런 국제 정세를 활용해 노태우 정부가 좀 더 과감한 탈냉전 평화 정책을 펼칠 수 있지 않을까 기대했습니다. 노 대통령은 외교안보 수석으로 합리적인 전문가를 발탁했습니다. 김종휘 박사라면 노 대통령의 평화 외교정책을 잘 실행시킬 수 있으리라고 생각했습니다. 또한 대통령은 남북 관계 개선을 과감하게 추진할 일꾼으로 박철언을 특별보좌관으로 곁에 두고 있었습니다. 그는 황태자로 인식될 만큼 대통령의 신임을 받는 참모였지요.

게다가 1989년 가을에 부임한 주한미국대사 도널드 그레그가 부시 대통령의 전폭적인 지지를 등에 업고 노 대통령의 북방 정책에 힘을 실어 줄 수 있을 것으로 보였습니다. 그레그 대사는 부시 대통령이 부통령일 때 부통령의 외교안보 수석을 역임하면서 두터운 신임을 쌓았습니다. 또한 1970년대 수년간 미국 CIA 한국 책임자로 일하면서 김대중 납치 사건 해결에 관여하기도 했고 한국에서 반미 감정이 어떻게 작동하는지도 직접 체험한 이력이 있는 인물이었습니다. 미국 대사로서 그는 당시 한국 대통령이 유연한 대북 정책을 펼치는 데 상당한 도움을 줄 수 있는 적임자였습니다. 그러니 노 대통령이 단단히 결심만 한다면, 세계적 평화 흐름을 한반도로 끌어들이는 일을 해낼 수 있을 것으로 저는 기대했습니다.

주한미국대사 가운데 한국의 민주화에 적지 않은 영향력을 끼친 분은 그레그 대사의 후임으로 온 제임스 레이니 대사라고 할 수 있지만, 그레그 대사 역시 한국 민주화에 깊은 관심을 갖고 있었습니다. 그는 한국에 부임한 뒤 미국 대사로서는 몹시 껄끄러운 도시인 광주를 용기 있게 찾아갔지요. 그곳에서 그는, 미국이 광주에서 저지른 잘못에 대해 사과하러 온 것 아니냐는 난처한 질문을 받았습니다. 그는 담백하게 그렇다고 대답했지요. 그리고 이렇게 얘기했습니다.

"나는 여러분에게 분명 사과할 일이 있습니다. 그건 우리가 너무 오래 침묵을 지켰다는 것입니다."

광주 시민들에게 발포 명령을 내린 것이 누구냐고 다그치며 이어진 질문에는, 모른다고 답했습니다. 광주 시민들뿐만 아니라 한국 민주화 세력 대부분이 그런 그레그의 대답에 반발했습니다. 미국 인공위성이 지상의 신문까지도 읽을 수 있는 능력을 갖고 있는데 모른다는 건 말이 안 된다고 했지요. 그때 그는 이렇게 대답했습니다.

"우리가 강력한 인공위성을 갖고 있는 것은 맞아요. 하지만 그것이 사람들의 마음까지 들여다볼 수 있게 해주진 않지요."

비록 광주 시민들이 그의 대답에 만족하지는 못했겠지만, 적어도 서로 역지사지 하는 데는 성공한 것으로 저는 보았습니다. 그는 민주화 운동과 평화 인권 운동에 헌신한 한국인들의 한恨을 이해할 수 있는 드문 미국 대사였습니다.

그레그 대사가 노태우 정부의 북방 정책뿐만 아니라 화해 지향적 대북 정책에 도움을 준 부분 가운데 이것 하나는 꼭 지적해야 할 것 같습니다. 그가 미8군사령관을 설득해 팀스피리트 군사훈련을 1992년에는 하지 않도록 한 것입니다. 이 일은 결코 쉽지 않았습니다. 미국 국방부 안에서나 의회의 보수 정치인들 사이에서도 이 훈련을 적극 지지하는 세력이 버티고 있었고, 한국 정부는 물론 냉전 근본주의자들이 이 훈련은 꼭 필요하다고 확신하고 있었습니다. 그래서 그레그 대사는 리스키시 8군사령관과 함께 펜타콘과 한국 국방부를 동시에 설득했습니다. 하기야 부시 대통령과 노태우 대통령이 뒤에서 병풍이 되어 주지 않았다면 불가능했겠지요. 여하튼 1992년에는 팀스피리트 군사훈련을 중단하겠다는 결정이 발표되었습니다. 이는 평양의 강경 군부를 매우 고무시켰을 것입니다.

그 결과 1991년 12월 13일 남북 고위 회담에서 남북 기본 합의서 서명이 이루어졌습니다. 그리고 닷새 후인 12월 18일, 노태우 대통령은 한국 내에 미 핵무기가 없다고 선언했습니다. 그리고 그해 마지막 날인 12월 31일에 남북한이 한반도 비핵화 요구와 국제원자력기구IAEA의 핵사찰을 허용한다고 선언했습니다. 이때는 정말 한반도에도 해빙의 조짐이 현실로 다가오는 것처럼 보였습니다.

그즈음 저는 세계 냉전 체제라는 반反인간적인 거대한 20세기 패권적 우상이 무너진다고 느꼈습니다. 마치 고대 바빌로니아에 포로로 잡혀갔던 유대인 청년 다니엘이 꿈에서 왕의 동상이 무너지는 것을 보듯 말입니다. 하지만 그 기쁨은 이듬해 가을 일장춘몽으로 끝이 났습니다.

1992년은 대통령 선거의 해였습니다. 그때 저는 YS의 요청으로 정책을 개발하는 팀을 맡게 되었지요. 학교 일과 한국 사회학회 일까지 동시에 여러 몫을 감당하느라 정신없이 바쁘게 지냈습니다. 대통령 선거가 막바지로 치닫기 시작한 1992년 10월 8일, 미국 펜타곤에서 열린 한미 간 연례 안보참모회의에서 팀스피리트 훈련을 1993년 3월에 재개한다는 결정이 내려졌습니다. 당시 저는 6개월 후 제가 통일부 장관 겸 부총리 직책에 오를 것을 전혀 예상할 수 없었기에, 그런 펜타곤의 결정을 언짢게 여기긴 했으나 이 결정이 저에게 어떤 영향을 미칠지 그때는 알 수 없었습니다.

후일 저는 그레그 대사로부터 그 당시 이야기를 직접 듣고 정말 놀랐습니다. 그레그 대사도 팀스피리트 훈련이 재개된다는 얘기를 듣고 망연자실했다고 했습니다. 그의 회고록 『역사의 파편들』에서 그는 완전히 기습당한 꼴이었다고 썼습니다.• 2013년 초 서울에서 열린 한 세미나에 참석한 그는 당시를 회상하면서, 현지 대사인 자신과 전혀 의논도 없이 워싱턴이 일방적으로 내린 결정이라고 비판했습니다. 그때 바로 그의 곁에 앉았던 저는 조용히 물었습니다.

"그러면 누가 당신도 모르게 그런 결정을 내리게 한 거요?"

그는 당시 부시 정부의 국방 장관이었던 딕 체니가 그따위 결정을 내리게 했다고 대답했습니다. 그 대답을 듣고 저는 깜짝 놀랐습니다. 그때 제 왼편에는 그레그 대사와 호흡을 맞추

• 도널드 P. 그레그, 『역사의 파편들: 도널드 그레그 회고록』, 차미례 옮김, 창비, 2015.

었던 그 당시 청와대 외교안보 수석 김종휘 씨가 앉아 있었는데, 그는 그 사실을 전혀 모르고 있는 듯했습니다. 그러니까 1992년 가을 부시 미국 대통령 밑에는 부시의 뜻과는 다른 이른바 네오콘 세력이 은밀하게 냉전 대결식의 정책을 펼치고 있었던 것이지요. 당시 미국 대통령 비서실장은 럼스펠드였고 그가 네오콘의 좌장 역할을 했습니다. 이들이 부시 대통령의 지극한 신임을 받고 있던 주한미국대사를 무시하고, 남북 관계에 다시 찬물 끼얹는 결정을 내린 것이었습니다. 그 결정이 다음 해 출범하는 YS 정부에 엄청난 부담을 줄 것이라는 사실을 당시 아무도 제대로 파악하지 못했습니다. 팀스피리트 군사훈련 재개 결정으로 가장 큰 힘을 얻은 것은 북한의 강경 군부 세력이었습니다. 그리고 그 세력 뒤에는 이미 권력을 장악한 김정일이 있었습니다.

주한미국대사
레이니

1

그레그 주한미국대사는 자신의 임무를 마치고 떠나면서 한반도 긴장 완화와 평화를 위해 팀스피리트 군사훈련 중지를 지속시키지 못한 것을 못내 아쉬워했습니다. 그는 회고록에서 이렇게 회상했습니다.

"내 의견은 묻지 않았지만, 만약 내게 자문을 구했다면 나는 강력히 반대했을 것이다. 나는 여전히 이 일이 내 대사 임기 동안 미국이 저지른 가장 큰 실수라고 믿고 있다."●

그는 노태우 정부의 북방 외교를 보다 적극적으로 도와서 한반도에 세계적 해빙 흐름을 끌어들이고자 했으나 그러지 못한 데 대해 못내 아쉬워했습니다. 미국에서도 정권이 바뀌었고, 한국에서도 노태우 정부가 김영삼 정부로 교체되었기 때문에 그는 어쩔 수 없이 한국을 떠나며 깊은 회한을 품었던 듯합니다. 후일 그는 자신의 후임자 제임스 레이니 대사가 팀스피리트 훈련 재개로 북한 핵 문제가 터져 나온 곤혹스러운 상황에 잘 대처했다고 회고했습니다.

● 한미경제연구소 엮음, 『대사관 순간의 기록: 한미 외교 비사의 현장들』, 최경은 옮김, 매일경제신문사, 2010, 89-90쪽.

제임스 레이니는 주한미국대사로서는 아주 이례적인 인물이었습니다. 저와는 끈끈하고 오랜 친분을 가진 분이기도 하지요. 그를 개인적으로 알게 된 것은 제가 서울대 사회학과 교수로 봉직하던 1970년대 초였습니다. 그는 에모리 대학 신학대 학장으로 있다가 총장으로 발탁된 기독교 윤리학자였습니다. 일찍이 그는 열아홉 살 때 주한미군 방첩대에 근무한 적이 있었습니다. 1947년, 해방 직후 한국 정치 상황이 매우 혼란스럽던 시절이었습니다. 한국 정치 거물들이 연이어 저격당하던 때 그는 미군 방첩대에서 정치 테러범을 조사하는 업무에 종사했습니다. 이때 이미 그는 그 혼란 속에서도 꿋꿋하게 살아가려 애쓰는 한국인들의 모습을 보고 깨달은 바가 있어, 한국을 위해 헌신하는 성직자가 되기로 결심했습니다. 제대 후 그는 곧 예일대학교 신학대에서 기독교 윤리로 석사 학위를 받았습니다. 그리고 그의 결심대로, 1960년대 초 연세대학교 신학부에서 기독교 윤리를 가르치며 당시 한국 기독학생운동을 통합시켜 한 단계 높은 수준으로 끌어올려 놓는 일을 했습니다. 이때 그를 도왔던 헌신적인 젊은 한국인들이 많았지요. 오재식 씨가 그중 한 분이었습니다.

그 후 그는 다시 예일대 신학부로 돌아가 기독교 윤리학 박사 학위를 받았습니다. 최단기간에 학위를 받는 기록도 남겼지요. 박사 학위 취득 후 미국 남부 테네시 주의 밴더빌트 대학 신학부 교수로 봉직했습니다. 제가 에모리 대학교에서 박사 학위를 끝낼 무렵 그는 밴더빌트 대학에 있었습니다. 나중에 그는 에모리 대학 신학대 학장으로 부임했습니다. 거기서 그는 탁월한 지도력을 발휘했지요. 그는 신학대학과 지역 교회 간에 소통의 길을 열었습니다. 신학교에서 배우고 깨달은 지식과 지혜를 목회 일선에서 활용할 수 있는 일에 그의 지도력을 발휘했고 크게 인정받았습니다. 그리고 에모리 대학교 총장으로 발탁되어 이 대학을 수준 높은 연구 중심 대학으로 키우는 데 헌신했습니다.

그는 에모리 대학교 총장으로 있으면서 자주 한국을 찾았습니다. 그때 서울대 교수로 있던 저는 그를 서울에서 만나 알게 되었습니다. 그는 해외에 있는 에모리 동창들을 마치 교회 목회자가 교인들을 돌보듯 보살폈습니다. 한국 교회 지도자들 가운데는 에모리 대학 신학부 출신이 적지 않았죠. 에모리 대학이 감리교 계통의 대학이라 특히 감리교 지도자 중에 그의 친구들이 많았습니다.

그는 내내 사목적司牧的 총장 역할을 충실히 수행했습니다. 제가 민주화 운동으로 서울대에서 추방돼 재야 활동을 할 때도 한국을 방문한 그와 여러 차례 만났습니다. 제가 김대중 내란음모 사건에 연루되어 옥에 갇혔을 때도 그는 교도소에 찾아와 저를 면회하고자 했으나, 당국이 허락하지 않아 만나지 못했습니다. 그는 어디서든 꾸준히 한국 민주화 운동에 성원을 보냈습니다.

2

그는 1993년 2월, 에모리 대학 이사직을 겸직하고 있던 샘 넌 상원의원으로부터 주한미국대사를 맡을 의향이 있는지 묻는 전화를 받게 됩니다. 당시 넌 의원은 미국 상원의 국방위원장이었는데, 레이니가 의향이 있다면 자신이 추천하겠다고 했습니다. 그때 그는 대사직 자체에는 그다지 관심이 없지만, 한국을 위해서 일하는 것은 매우 매력적이라고 대답했습니다. 그는 미국 대사로 다시 한국에 간다면, 한국의 인권, 민주화, 그리고 평화를 위해 헌신하기로 결심했습니다. 하기야 40여 년 전 주한미군 방첩대에서 근무할 때부터 한국을 위해 가치 있는 일을 하고 싶어 했으니, 주한미국대사직은 그의 평생 소명일 수도 있지요. 마침 그때 저는 서울대 교수에서 문민정부의 통일부총리로 부름을 받았습니다. 레이니가 주한미국대사로 올 것 같다는 얘기를 들은 저는, 드디어 그가 평화 선교사로 한국에 오는구나 싶었습니다.

그간 주한미국대사는 한국의 정치·경제·문화·교육 영역에 막강한 영향력을 행사해 왔습니다. 마치 '총독' 같은 힘을 가졌었지요. 특히 남북 관계에서 그랬습니다. 미국 정부는 점증하는 소련의 영향력을 동북아시아에서 견제하는 역할을 일본과 한국에 분담시켰습니다. 그러기에 자연히 주한미국대사에게 반소·반공 정책이 이 지역에서 관철되도록 하는 임무를 맡겨 왔습니다. 그리고 한국 지배 엘리트가 친일 성향에 더해 반공·냉전 성향을 갖게 되기를 노골적으로 바랐지요.

따라서 역대 주한미국대사는 예외 없이 반공 이데올로기의 이름으로 민주주의를 훼손하는 한국 정부와 정당 세력을 지원해 왔습니다. 그 결과 불행하게도 민주주의, 인권, 평화, 정의의에 헌신했던 한국인들에게 미국이라는 나라는 항상 '반민주적 독재 권력을 지지하는 종주국'으로 인식되었습니다. 그리하여 지식인과 학생들의 반미 정서가 깊어졌지요. 기독교 진보 세력 역시 독재 정권에 맞서 민주화 운동을 전개하는 동안 미국을 강하게 비판해 왔습니다.

이런 배경에서 보면 레이니 박사의 부임은 한국 기독교 민주 세력에게 새로운 기대를 안겨 주었습니다. 그런 만큼 보수적 냉전 근본주의자들은 그의 부임이 불안했을 것입니다. 한편 비판적 한국 지식인들에게는 그의 부임이 일종의 '인지적 불일치'cognitive dissonance, 인식의 착종 현상을 초래할 수 있을 것 같았습니다.

그는 분명히 평화주의자입니다. 북한 궤멸이나, 흡수통일 같은 정책보다는 대화와 외교로 남북 관계 개선을 도모하는 대사였습니다. 군사적 억지력은 필요하지만, 인도주의적 상호 협력과 경제적 상생으로 남북 관계를 풀어 가는 것도 중요하다고 믿었습니다. 북핵 문제가 터져 나왔을 때도, 김영삼 정부 안에서 한미 공조로 북한을 압박해야 한다는 강경파의 목소리를 레이니 대사는 불편하게 여겼습니다. 그는 클린턴 대통령과 뜻을 같이해, 북한 핵 문제를 일괄 타결하는 것이 보다 온당하다고 보았습니다. 그러기에 북한 당국과 핵 문제를 끈질기게 대화로 풀어 가되 일괄 타결식으로 해결하려 했습니다. 바로 이 점에서 당시 강경 노선을 선호했던 YS와 자주 부딪혔습니다. 실은 YS를 가까이서 보좌했던 청와대 비서실장 등이 레이니 대사의 입장을 곤혹스럽게 한 것이었지요. 여하튼 그는 대사로 부임한 1993년 10월 말부터 3년 후 대사직을 떠날 때까지 청와대와 미묘한 긴장 관계를 계속 유지해야 했습니다.

그런 어려움을 그는 부임할 당시에는 전혀 예측하지 못했습니다. 에모리 대학 총장으로 있을 때부터 한국 민주화를 돕고자 했던 친한파 인사였던 그는 DJ와 YS를 매우 가까운 동지로 생각했습니다. 그래서 두 김 씨를 모두 에모리 대학에 특별 초청해 한국 민주화를 촉구하는 강연을 하게 하기도 했습니다.

그런데 막상 대사로 한국에 와서 보니까 YS의 대접이 매우 미묘함을 알게 되었습니다. 그 조짐은 부임 직후부터 드러났습니다. 한국에서 레이니 박사를 좋아하는 지인들이 그의 대사 부임을 환영하는 잔치를 마련하면서, 제가 에모리 대학교 출신이니 저도 초청인 중 한 사람이 되어 달라고 요청했습니다. 너무나 당연하다고 저는 생각해서 기꺼이 초청인이 되었지요. 그런데 이 환영 만찬 날이 가까워질 즈음 저는 청와대 정무수석으로부터 참으로 괴이한 전화를 받았습니다.

처음에 그는 레이니 대사 환영식에 제가 참석하느냐고 물었습니다. 그렇다고 했더니, 정무수석은 주저주저하면서 제가 그곳에 가는 것을 대통령께서 불편해 한다고 말했습니다. 도무지 이해할 수 없는 일이었습니다. 그런데 그 후 또 한 번 그가 제게 전화를 해서는, 이번에는 대통령 뜻이라고 분명히 밝혔습니다. 제가 그곳에 가지 않기를 대통령께서 바란다고 했지요. 한국 민주화를 위해 헌신했던 동지가 대사로 부임해 왔는데, 그 환영 잔치에 친구인 제가 참석하는 것까지 민주화 투쟁을 했던 대통령께서 불편해 하신다니 도무지 상식적으로 이해할 수 없어서 저는 매우 언짢았습니다.

제가 왜 가서는 안 되느냐, 도대체 대통령의 뜻이 무엇이냐고 물었더니, 정무수석 왈, "일국의 차관급인 미국 대사 환영식에 한국 정부의 부총리가 가는 것은 격에 맞지 않는 일이다"라고 대통령께서 말씀하셨답니다. 저는 기가 막혔습니다. 레이니 대사의 부임을 축하하는 일은 제게 격을 따질 문제가 아니라 우정과 신뢰의 문제였기 때문입니다. 왜 대통령이 굳이 제가 그 환영식에 가면 안 된다고 판단하셨는지 그때는 까닭을 알 수 없었습니다.

레이니 대사는 한국에 부임 후 북한 핵 문제로 김 대통령과 이견이 생길 때마다 매우 불편해 했습니다. 민주화 동지가 대통령이 되었는데 왜 북한 핵 문제에 대해 서로 협조하지 못하는지 안타까워했습니다. 그것도 미국이 북한을 강경하게 옥죄려 하는 일에 한국 정부를 일방적으로 끌어들이려는 게 아니라 오히려 그 반대 상황인데 주한미국대사와 청와대 간의 대화가 껄끄러우니 레이니는 매우 당혹스러워 했습니다. 그는 청와대를 방문해 심기가 매우 불편할 때면 제게 전화해서 만나자고 했습니다. 저는 대사 집무실에는 가고 싶지 않아 대사 관저에서 간단히 점심을 하거나 차를 마시며 그와 소통했지요.

어느 날 청와대에 다녀온 그와 그의 관저에서 만나 스낵으로 점심을 먹는데, 그가 농담으로 이렇게 말했습니다.

"한 박사, 북한은 당신의 동족 아니요. 어떻게 해서 한국 대통령이 북한과 일괄 타결로 핵 문제를 풀려는 미국을 이해 못하는지 답답하오. 어떻게 그런 분을 대통령으로 뽑는 일에 한 박사가 힘을 보탰소?"

저는 이렇게 대답했지요.

"레이니 박사, 당신은 두 김 씨를 모두 에모리 대학에 초청해서 시국 강연을 하도록 했는데, 왜 그중 DJ에게만 에모리 대학 명예박사 학위를 수여했소? 왜 YS에게는 그런 명예를 주지 않았소?"

제가 그렇게 대꾸한 것은 순간의 기지였지만, 그것이 결코 터무니없는 소리는 아니었습니다. 그렇게 말하고 나니 그것이 진실처럼 여겨졌습니다. 제 대답을 듣고 레이니 대사도 YS의 태도 저변에 깔린 자신에 대한 서운함을 그제야 이해하는 듯했습니다. YS와 DJ 간의 미묘한 경쟁의식에서 비롯된 민감한 정서를 그때 비로소 그도 깨달았던 것 같습니다.

3

　　　　　　레이니가 미국 대사로서 서울에 있는 동안 가장 마음고생을 많이 했던 시기는 1994년 봄이었습니다. 그가 대사로 취임한 1993년 10월 이후 북한은 핵무기 개발에 더욱 열을 올렸습니다. 이에 대해 미국 정부도 선제적으로 강경 대응할 방침을 세우기 시작했습니다. 1994년 초 남북 차관 회의에서 북한 대표의 이른바 '불바다' 발언이 나오자 이것을 빌미로 남쪽 수구 세력은 남북 간 긴장을 더욱 고조시키면서 예의 적대적 공생 관계를 강화하고 있었습니다. 미국의 강경 보수 세력도 비슷한 방식으로 접근하며 북핵 관련 시설 폭파를 부추겼습니다.

이때 레이니 대사는 적대적 공생 관계의 악화를 막아야 한다고 판단했습니다. 그래서 게리 럭 주한미군사령관과 매주 조찬을 함께 하며 남북 관계가 악화되는 것을 막으려 노력했습니다. 당시 미국 내 대북 강경파의 압력을 끊임없이 받고 있던 클린턴 정부는 유엔의 대북 제재를 고려하고 있었습니다. 그런데 김일성 주석은 대북 제재가 곧 전쟁을 뜻한다고 엄포를 놓았습니다. 이때 레이니는 무력 충돌이 한반도에서 발생하지 않도록 하기 위해서는 한반도 문제를 책임 있게 해결할 무게 있는 미국 정부 고위급 인사가 필요하다고 판단했습니다. 김일성의 자존심을 어느 정도 살려 주면서 북한 정부와 대화로 한반도 핵 위기를 풀어 갈 수 있는 강력한 조정관이 필요하다고 판단한 것이지요. 그는 이 뜻을 워싱턴에 전했습니다.

그런데 1994년 봄이 지나면서 미국 정부의 북폭 가능성이 높아졌습니다. 이를 감지한 레이니는 친밀한 관계에 있던 카터 전 대통령과 샘 넌 상원 군사위원장을 만나러 급히 미국으로 갔습니다. 그는 국무성의 관료적 분위기가 한반도 위기에 둔감하다고 판단했기에, 바로 넌 위원장을 만나 설득하기로 결심했습니다. 또한 토머스 맥라티 대통령 비서실장과 데이비드 거겐 정책고문도 만났지요. 그래서 맥라티 비서실장은 크리스토퍼 국무장관에게 직접 전화를 걸어 한반도 정책 책임 조정관을 지명해 달라고 요청했다고 합니다. 그 결과 국무장관은 군사 전문가인 로버트 갈루치를 지명하게 되었습니다. 갈루치가 정무적 판단에 있어 한계가 있다고 생각한 레이니는 넌 위원장과 리처드 루거 상원의원이 적극 나서서 북을 설득할 필요가 있다고 생각했습니다. 그래서 두 상원의원이 4월에 방북할 생각이 있으나 북한은 그들의 방북을 거절했습니다. 이것은 북한의 전술적 오판인 것 같았습니다.

그즈음 레이니는 카터를 에모리 대학 졸업식에서 만났습니다. 마침 그때 애틀랜타에 본사를 둔 CNN의 세계 포럼에 참석한 클린턴 대통령도 에모리 대학 부설 카터 센터에서 만나 고위급 조정관의 적극적인 개입이 없으면 한반도에서 군사 충돌 가능성을 배제할 수 없다고 알렸습니다. 당시 카터 전 대통령은 매우 적극적으로 한반도 긴장 완화를 위해 평화적 개입을 할 생각이 있다고 말했습니다. 레이니와 카터는 김일성 주석의 체면을 손상시키지 않는 방법이 필요하다는 데 의견 일치를 보았지요. 이때부터 카터는 갈루치의 보좌를 받으며 방북을 치밀하게 준비했습니다.

마침내 카터 전 대통령은 레이니 대사에게 6월 13일 서울에 도착한다고 알려 왔습니다. 이때 레이니 대사는 카터 일행이 DMZ를 지나 평양으로 가기 전 YS와 회담을 갖도록 일정을 잡아 놓았습니다. 레이니의 전언에 따르면, 당시 YS는 김일성 주석이 미국 전 대통령을 초청했다는 점을 언짢아했으며, 그의 평양 방문에 별 기대를 하지 않았다고 합니다. 사실 그때 청와대 외교안보 수석은 그의 대학 동창인 박한식 조지아 대학 정치학과 교수에게 전화해 카터 방북을 반대했다고 합니다. YS의 심기를 잘 드러내는 일이지요.

그런데 김일성과 카터 회담은 예상외로 큰 성과를 냈습니다. 미국의 대북 제재 중단과 경수로 제공, 국제원자력기구 감시 수락과 북핵 동결, 그리고 남북한 정상회담 등에 합의를 본 것입니다. 레이니에 따르면, 김일성과 카터가 회담하는 중에도 미국 정부 내 강경 세력은 재를 뿌리는 짓을 계속했습니다. 이를테면 주한미군 병력 증강, 대북 제재 강화 등을 결정했지요. 게리 럭 주한미군 사령관은 이 소식을 듣고 급히 레이니 대사에게 전화해 두 사람이 공동 명의로 이 시점에 미군 증강을 결정하는 것은 심각한 긴장을 초래하게 될 것이라는 의견을 워싱턴에 보내자고 했습니다. 레이니가 접촉한 워싱턴 관료들은 김일성과 카터 간의 합의가 일종의 권한 남용이라고 언짢아했답니다. 그래서 카터가 귀국하면 워싱턴으로 오지 말고 조지아 주의 자택으로 바로 내려가라는 지시를 내렸다고 합니다.

이 지시를 전달해야 하는 레이니는 퍽 곤혹스러웠을 것입니다. 그 이야기를 들은 카터는 격노했고, 곧바로 고어 부통령과 전화로 열띤 논쟁을 벌였다고 합니다. 그 결과 일단 카터가 워싱턴으로 가기는 했는데, 백악관도 냉담했습니다. 흥미롭게도 김일성 주석은 카터 전 대통령과의 비공식적인 구두 합의 내용을 마치 공식적 회담 합의문처럼 형식을 갖춘 서면 보고문에 담아 백악관에 직접 보냈답니다. 이 서면을 받고서야 백악관은 안심했다고 합니다. 더 흥미로운 사실은, 카터 방북에 부정적이었던 YS가 김 주석이 정상회담을 제안했다는 소식을 듣고 너무도 기뻐했다는 것입니다. 레이니는 YS가 이 소식을 듣고 그의 턱이 떨어질 정도로 놀랐다고 전했습니다. YS는 당장 정상회담 준비를 시작했지요.

이렇게 레이니 대사는 1994년 봄의 위기를 일단 잘 넘겼습니다. 클린턴 대통령이 연변 핵 시설을 정밀 폭격하지 않도록 럭 사령관과 공조해 워싱턴의 적절한 대응을 이끌어 냈습니다. 또 카터 전 대통령을 활용해 김일성 주석과 허심탄회한 대화를 하도록 주선함으로써 남북 정상회담 제안을 이끌어 내고 북미 간 일괄 타결로 핵 문제를 해결할 길도 열었습니다. 덕분에 미국은 순조롭게 1994년 10월에 있을 제네바 합의 준비에 힘을 쏟을 수 있었지요.

그런데 그해 7월, 김 주석이 돌연 사망했습니다. 그의 갑작스러운 죽음으로 해빙 분위기는 눈 깜짝할 사이에 얼어붙어 버렸지요. 이때 철학 없는 YS의 단점이 다시금 드러났습니다. 그는 반공 투사적인 민낯을 보여 주기 시작했고, 그만큼 일괄 타결 방식의 해결 가능성도 줄어들게 되었습니다. 레이니의 운신의 폭도 좁아졌고 다시 YS와의 관계도 불편해졌죠.

하지만 그는 초인적인 노력으로 YS를 설득해 제네바 합의로 가는 길이 닫히지 않게 했습니다. 이 일에 당시 한승주 외무부 장관도 애를 많이 썼습니다. 레이니 대사는 이때 한 장관을 몹시 신뢰했지요. 우여곡절 끝에 1994년 10월 21일, 북한과 미국은 북핵 문제를 일괄 타결식으로 해결한다는 합의에 도달했습니다. 만시지탄이긴 하나 저에게는 참으로 반가운 소식이었습니다. 그 까닭이 있습니다.

사실 그로부터 거의 1년 전 제가 통일원을 맡고 있을 때 북핵 문제의 일괄 타결에 대해 대통령과 함께 논의한 일이 있었습니다. 1993년 10월 9일, 김영삼 대통령은 토요일인데도 청와대에서 통일안보장관회의를 소집했습니다. 마침 중국이 핵실험을 했기에 이것이 북핵 문제를 더욱 복잡하게 만들 수도 있다고 생각해 특별히 소집한 것이었습니다. 게다가 하루 전날 국정감사에서 김시중 과학기술처 장관이 관련 부처와 상의도 하지 않고 평화 목적이라면 우리도 핵 재처리 시설이 필요하다는 뜻밖의 발언을 했습니다. 이 발언으로 우리 정부가 '한반도 비핵화 선언'을 스스로 뒤집는다는 인상을 국제사회에 심어 줄 수도 있어 당장 회의가 필요했습니다. 저는 이 회의에서 작심하고 대통령께 북핵 문제를 일괄 타결 방식으로 해결하는 방안을 이제는 우리도 진지하게 검토해 볼 필요가 있다고 제안했습니다. 미국은 이미 그렇게 해결할 뜻을 굳힌 것 같았습니다. 그런 미국 정부의 의지도 중요하지만, 저는 우리 정부가 먼저 북미 간 일괄 타결책을 적극 권장함으로써 한반도 평화에 기여하는 것이 더 중요하다고 생각했습니다.

그날 제 발언에 대통령께서는 다소 불편한 표정으로 다른 참석자들의 의견을 구했습니다. 모두 너무 애매모호하게 둘러대기만 해서 저는 짜증이 날 지경이었습니다. 참석자들 대부분이 미국 정부의 일괄 타결 의지를 직간접적으로 들어서 알고 있는데, 대통령은 이런 미국 정부의 의지를 탐탁하게 생각하지 않는다는 것도 알고 있으니 그런 것이지요. 회의를 주재

한 대통령도 갈피를 잡을 수 없었던 것 같습니다. 마지막으로 외교안보 수석인 정종욱 박사에게 의견을 물었지요. 그러자 그는 종잡을 수 없이 한동안 오락가락하다가 끄트머리에 가서 "일괄 타결은 시기상조"라고 말했습니다. 시기상조라는 말이 나오기가 무섭게 대통령은 강한 동의를 표하면서 회의를 끝내 버렸지요.

북핵 문제의 일괄 타결이 이런 식으로 거부되는 분위기를 안보회의에서 목도하면서 저는 한미 관계가 앞으로 순탄치 않으리라 예상했습니다. 그때는 아직 레이니 대사가 본격적으로 집무를 시작하기 전이라 저는 은근히 걱정이 됐지요.

사실 그즈음 영국 런던에서 휴식을 취하고 있던 DJ가 북미 간 일괄 타결책을 강조한 사실이 우리 언론에서도 보도되었습니다. 그 일이 YS의 심기를 불편하게 했을 것이 분명하기 때문에 저는 그날 안보회의에서 일괄 타결 문제를 제의하면서도 마음이 찜찜했습니다. 두 분 간의 미묘한 경쟁 관계를 누구보다 잘 알고 있어 어느 정도 예상한 일이었지만 그래도 회의 결과가 아쉬운 것은 어쩔 수 없었습니다. 특히 레이니 박사와 DJ 간의 관계가 매우 돈독하다는 것을 잘 아는 저로서는 레이니가 대사로 취임해 어려움을 겪을 것이 분명해 보였지요. 인간적 여백이 풍부한 YS가 자기 친구이기도 한 레이니를 따뜻하게 포용해 줄 수 있기만을 바랐습니다. 하지만 현실은 그렇지 못했습니다.

1996년 4월 미일 정상회담에 즈음하여 레이니는 한반도 평화를 위한 4자 회담을 구상했습니다. 마침 4월에 클린턴 대통령이 일본을 공식 방문하게 되었는데, 이때 김 대통령은 미국 대통령이 일본을 방문하면서 한국에는 들리지 않는 것을 언짢게 생각했습니다. 한국을 무시한다고 생각했지요. 레이니는 이 문제를 토니 레이크 안보 보좌관과 의논해, 일본을 방문하는 클린턴 대통령이 서울이 아닌 곳에서 김 대통령과 비공식 대화를 할 수 있도록 주선했습니다. 이 비공식 회담은 제주도에서 열렸는데, 여기서 두 정상은 남북한과 미국, 중국이 모여 한반도 문제를 논의해 보자는 매우 중요한 의제에 대해 의견을 나눴습니다. 이 네 나라는 한국전쟁의 주요 당사자들이기에 핵 문제뿐만 아니라 평화협정 문제에 이르기까지 한반도 안정과 평화 그리고 통일에 관련된 중요 현안을 책임 있게 다룰 수 있을 것으로 두 대통령은 판단한 듯합니다. 그런데 안타깝게도 이 4자 회담은 성사되지 못했습니다. 김 대통령과 클린턴 대통령은 찬성했으나 북한과 중국이 반대했기 때문이었습니다. 만약 이 4자 회담이 성사되어 성공적으로 진행되었다면, 후일 추진된 6자 회담 체제가 처음부터 생겨나지 않아도 무방했을 것입니다. 사실 6자 회담 체제는 지금까지 열리지 않고 있지요. 한국전쟁 당사자인 네 나라가 집중적으로 논의하고 협력한다면 핵 문제뿐만 아니라 평화 협정 문제도 더 실효성 있는 해결의 길을 찾을 수 있었을 터인데, 이것이 불발되고 말았습니다. 레이니 대사도 이 일을 퍽 아쉽다고 생각한 것 같습니다.

4

　　　　　역사에는 가정이 불필요하지만, 그래도 안타까운 마음에 가정을 해보게 됩니다. 만일 1994년에 김일성 주석이 죽지 않고 김영삼 대통령과 정상회담을 치렀다면 한반도의 운명은 매우 달라졌을 것입니다. 미국이 직접 주선해 이루어진 남북 정상회담이니만큼 그 결과를 미국이 존중해 주었을 테니까요. 레이니는 평화 선교사로 한국에 와서 한반도 평화를 이룩하는 것을 자신의 소명으로 확신했던 분이었습니다. 게다가 북한도 어떻게 하든지 미국과 직접 협상해 체제의 안전을 보장받으면서 절박한 경제문제를 해결하고자 했습니다. 이런 북한의 입장은 지금도 변치 않고 있습니다. 이 점을 이미 잘 알고 있던 레이니에게는 김 주석 사망으로 남북 정상회담이 이뤄지지 못한 것이 못내 아쉬움으로 남았습니다.

　　또한 1996년 4월에 레이니가 구상하고 한미 두 대통령이 흔쾌히 수용한 4자 회담의 틀이 만일 작동하게 되었더라면, 한반도 문제는 보다 포괄적으로 논의되면서 남북 관계 개선만이 아니라 북미 관계 개선에서도 괄목할 만한 성과를 기대할 수 있었을 것입니다. 그렇게 되었더라면 오늘 우리가 가슴 아프게 목도하고 있는 미중 간의 긴장과 마찰, 북미 간의 위험한 갈등, 그리고 남북 간의 긴장 고조 등도 원천적으로 해소될 수 있었을지 모릅니다. 그만큼 4자 회담이 그때 시작도 되지 못했던 것이 못내 아쉽습니다.

　　레이니 대사는 고단했던 3년간의 임무를 마치고 귀국했습니다. 귀국 직전 그를 아끼고 존경했던 한국 교회 지도자들이 환송 오찬을 마련했습니다. 저도 그 자리에 참석했지요. 3년 전 그의 환영식에 참석하지 못했던 아쉬움에 환송식에는 꼭 참석하고 싶었습니다. 재임 기간 전쟁 위기를 넘겼던 그의 대사 직무 수행에 저는 진심으로 감사했습니다. 환송식이 끝나고 참석자 모두가 기념사진을 찍었습니다.

그런데 사진을 찍고 난 직후 그가 제게 귓속말로 재임 기간 중 가장 불편하고 불쾌했던 경험 한 가지를 이야기해 주었습니다. 어느 날 대통령의 요구로 청와대에 가게 되었는데, 청와대에서 대사 전용차에 성조기를 달지 말고 오라는 연락을 했다는 것입니다. 저는 믿을 수가 없었습니다. 대사는 자기 나라를 대표하며, 자기 나라 대통령을 대신해서 부임지 국가수반을 만나러 가는 것은 공무 행위입니다. 마땅히 국기를 단 전용차로 가는 것이 외교 관례요, 예절이지요. 그런데 어떻게 미국 대사에게 그런 무리한 요구를 했는지 저로서는 도무지 이해할 수가 없었습니다. 게다가 과거 반공의 명분을 앞세워 한국 민주화를 외면했던 미국 대사들과 달리 한반도 평화와 민주화를 위해 헌신했던 레이니 대사에게 그런 결례를 저질렀다는 게 민망하고 부끄러웠습니다. 추측컨대, 미국 대사가 자주 청와대에 들락거리는 것으로 알려지게 되면, 대통령으로서 자존심이 상할 수 있다고 판단한 것인지, 아니면 미국의 영향력이 과대평가될 것을 염려한 것인지 모르겠지만 말입니다.

세월이 제법 흐른 1999년, 저는 에모리 대학에서 모교를 빛낸 해외 동창상을 받고 연설을 하게 되었습니다. 그 자리에는 에모리 대학 부설 카터 센터에서 일하는 전직 외교관들뿐만 아니라 레이니 대사가 참석했지요. 그 연설에서 저는 한반도 분단이 1945년 8월 초 미국 정부의 사려 깊지 못한 결정으로 이뤄졌음을 상기시키고 분단의 제도화가 초래한 비극, 특히 남북 집권 세력 간의 '적대적 공생 관계'라는 기막힌 역설에 대해 이야기했습니다. 남쪽의 수구 냉전 세력은 반공의 기치를 높이 들고 북쪽의 강경 군부 세력을 명시적으로는 증오하지만 북의 강경 세력이 남쪽을 향해 군사 도발 같은 강경 대응을 할수록, 남쪽 지배 세력은 그것을 마치 기다렸다는 식으로 받아치면서 결과적으로는 자기들의 정치적 기득권을 강화해 왔습니다. 이 같은 적대적 공생의 메커니즘은 항상 양쪽 지배 세력의 의도와는 달리 서로를 도와주는 결과를 낳았지요. 이 메커니즘이 작동하면 남북 관계 악화는 말할 것도 없고 체제 내 민주화도 구조적으로 훼손되게 마련입니다. 이 점을 역설한 그날 제 강연을 레이니 명예총장은 조용히 경청해 주었습니다. 아마도 그의 마음속에서는 만감이 교차했을 것입니다.

나중에 『한반도는 아프다』라는 책을 출간하게 되었을 때 저는 레이니에게 간단한 추천사를 써 달라고 부탁했습니다. 당시 그는 심장 수술을 받은 뒤 몸이 몹시 불편한 상태였음에도 불구하고 다음과 같은 추천사를 보내 주었습니다.

한완상 박사의 특출한 삶은 평화와 인권 실현을 위한 불굴의 헌신으로 표상되어 온 삶이었습니다. 이런 삶을 위해 그는 거침없이 두려움 없이 정열적으로 일해 왔습니다. 지금은 친구요 지난날에는 동역자로서 나는 한완상 박사를 최고로 높이 평가하기에, 튼튼한 한반도 평화를 통해 모든 한국인들이 존엄하고 자유롭게 살 수 있는 그날을 갈망하는 모든 분들에게 이 비망록을 추천합니다.

이 추천사를 받고 문득 오래전 제가 그에게 격려 전화를 걸었던 날이 새삼 떠올랐습니다. 1996년 가을이었던 것 같은데, 날로 대북 강경 대응에 몰두했던 김 대통령과 날로 공격적인 대남 도발을 강행하는 북한 권력 사이에서 미국 대사 레이니는 대화와 협상의 끈을 놓지 않으려 애쓰고 있었습니다. 그런 그를 위로하기 위해 저는 전화로 다음과 같은 성서 구절을 읽어 주었습니다.

우리는 사방으로 죄어들어도 움츠러들지 않으며 답답한 일을 당해도 낙심하지 않으며, 박해를 당해도 버림받지 않으며, 거꾸러뜨림을 당해도 망하지 않습니다.(고린도후서 4장 8~9절)

그리고 어려운 상황에서도 좌절하지 말고 굳게 서서 평화를 꿋꿋하게 지켜 나가라고 덧붙였습니다. 성서 구절이라는 말을 하지 않았음에도 그는 즉각 이 격려 메시지가 사도 바울의 말씀이 아니냐고 물었습니다. 역시 성서를 삶 속에서 실천하며 사는 그였지요.

그는 제게 진정한 벗이자 동역자입니다. 그것도 평화와 인권의 가치를 함께 추구하는 동지입니다. 이제 그는 90이 넘어 약해져 가는 심장을 품고 육체적으로는 힘겹게 살아가고 있습니다. 하지만 오늘도 예수그리스도의 따뜻한 가슴으로 사랑과 공의와 평화의 가치를 위해 살고 있음을 저는 알고 있습니다. 부디 건강하여 지금 최악의 상태에 놓여 있는 한반도 긴장이 풀리는 날 함께 평화 순례로 북한을 방문할 수 있다면 얼마나 좋겠습니까.

DJ와
학벌 타파

1

        2001년 1월 중순 저는 상지대 총장으로 일하면서, 대학을 개인의 소유물로 착각해 온갖 비리와 부패의 마당으로 전락시킨 김문기 씨의 흔적을 청소하느라 바빴습니다. 그리고 교수들에게는 민주 대학으로서의 표본을 만들어 가자고 호소했습니다. 학생들에게는 암기 능력보다는 창의력과 인간 동고同苦 능력을 키우도록 했습니다.

  그런데 1월 중순 어느 날 청와대 한광옥 비서실장으로부터 한번 만나 보고 싶다는 전화를 받았습니다. 저는 직감으로 대통령의 뜻을 전달하려는 것임을 알았습니다. 그래서 며칠 뒤 서울 한 호텔에서 한 실장을 만났습니다.

  그는 김대중 대통령이 교육부 직제를 부총리격으로 올리면서 교육부에 국가와 시장, 특히 시장이 요구하는 인재를 길러내는 일을 저에게 맡기려 한다고 했습니다. IMF 경제 위기를 넘기면서 시장이 필요로 하는 인재 육성, 인적 자원 개발을 총괄하는 정부 중심 부서가 필요하다고 판단한 것 같았습니다. 교육부를 인적 자원 개발의 엔진으로 삼기 위해서는 교육부가 인적 개발 문제와 연관된 여러 경제 부처들을 총괄적으로 관리하는 부총리 부서로 승격되어야 한다고 했습니다. 김 대통령은 이런 자리에 저를 임명하려 한다고 했습니다.

설명을 듣고 저는 놀랐습니다. 대북 정책이나 통일 정책에서는 YS보다 DJ의 입장을 지지했지만, 미국 망명 시절 DJ와 여러 번 갈등을 겪었던 적이 있었고, 6·29선언 이후 4자 필승론을 강력히 주장했던 동교동계의 비판적 지지자들과도 일정한 거리를 두고 있었으니까요.

저는 한번 해볼 만하다고 느꼈습니다. 허나 DJ가 IMF 위기를 극복하는 과정에서 보여 준 신자유주의 경제·노동정책이 교육정책으로까지 확대되는 것이 아닌가 하는 생각과 염려도 떨쳐 버릴 수 없었습니다. 그러던 1월 28일, 장모님의 상중에 임명 소식을 접하게 되었습니다. 상중이라 경황없이 동생한테 넥타이를 빌려 메고 청와대로 가 임명장을 받았지요. 마침 그 넥타이 색깔이 주황색이었습니다. 그런데 다음 날 아침 『조선일보』 일면에 제 넥타이 색깔을 두고 색깔론 시비를 걸어온 기사가 실렸습니다. 정말 어이가 없었지요. 이런 시비가 저의 교육부총리직 수행에 대한 냉전 수구 언론의 집요한 비난과 공격을 예고한 것임을 저는 직감했습니다. 하기야 8년 전 제가 통일원 수장으로 발령받았을 때도 『조선일보』는 저에게 터무니없는 색깔론적 공격을 가했기에 새삼스럽지는 않았습니다. 2001년 내내 저는 조중동의 이념적 공세에서 자유롭지 못했습니다.

2

　　　　　실은 수구 언론만이 아니었습니다. 2001년 1월 22일, 국무회의에서 저는 이상한 공격을 받았습니다. 이 이야기는 제가 통일원 수장으로 임명되어 첫 국무회의에 참석했을 당시로까지 거슬러 올라갑니다.

　1993년 2월 말, 통일원 수장으로 임명되어 첫 국무회의에 참석하면서 저는 놀라운 사실을 발견했습니다. 대통령이 직접 주재한 각료 회의에는 24명의 국무위원들이 참여했는데, 이중 과반이 한 대학, 바로 서울대 출신이었습니다. 국민들도 언론 보도를 통해 국무위원들이 무슨 대학, 무슨 과를 나왔는지 알고 있었지요. 이런 현실을 접하면서 국민들, 특히 학부형들은 어떤 생각을 하게 될까요? 특정 일류 대학을 나와야 자녀들을 출세시킬 수 있다고 판단하지 않겠습니까?

　저는 그때부터 한 대학이 한국의 최고 지배 엘리트들을 특출하게 많이 배출하는 이 현실은 반드시 혁파되어야 한다고 생각했습니다. 이것은 다른 나라에서도 볼 수 없는 한국적 기현상이지요. 이를테면 미국은 국가 최상층 엘리트의 50퍼센트 이상을 하버드 출신이 차지하지 않습니다. 영국의 옥스퍼드나 케임브리지도 그렇지 않기는 마찬가지죠. 서울대 헤게모니는 한국만의 독특한 현상입니다. 이 지배력이 계급 차이를 악화시키기도 합니다. 이때 저는 교육부와는 거리가 먼 통일원을 맡았기에 그저 이 현실을 안타까워했을 뿐이었습니다.

　그래서 저는 교육부총리로 임명받게 되자 바로 이 같은 일개 대학의 과도한 지배력을 고쳐야겠다고 마음먹었습니다. 저는 부총리 겸 교육인적자원부 장관에 취임하면서 정부는 국가와 시장과 시민사회 모두가 절박하게 요구하는 인재를 가르치고 길러 내야 한다는 확실한 신념을 갖고 있었습니다. 그런 인재를 저는 세 가지 자질을 갖춘 인물, 곧 공익적 인간, 창의적 인재, 온정적 인간으로 정리했지요. 사사로운 이익보다 공공의 이익을 우선하는 인물이 필요하며, 암기력보다 창의력으로 끊임없이 새로운 것을 추구하고 창조해 내는 인재를 길러 내야 한다고 확신했습니다. 그리고 세 번째로는 힘껏 노력해도 출발선상의 불평등으로 인해 불이익을 받는 사회경제적 약자들과 동고, 공감할 수 있는 지도자들을 많이 배출해야 한다고 판단했습니다. 이런 자질이 결핍된 인간들이 국가와 시장과 시민사회를 이끌게 되면, 민주적 공공질서는 세워질 수 없다고 생각했습니다.

이 같은 인물과 인재를 가르치고 길러 내려면 무엇보다 일류 대학에 입학해야만 출세할 수 있다는 잘못된 문화 풍토를 과감하게 혁파하는 것이 중요했습니다. 특히 서울대 같은 일류 대학 입학을 위해서 한국 학부모들이 유치원에서부터 자녀들을 경쟁으로 내모는 교육 풍토부터 근본적으로 손질해야 한다고 생각했습다.

현실을 보면, 일류 대학 입학을 위해서는 사교육을 받아야 한다는 것이 당연한 일로 인식되고 있었습니다. 사교육 열풍은 결국 껍데기만 남아 있는 공교육 체제를 더욱 부실하게 만들고 있었지요. 그래서 비록 대학 교육은 초중고 교육보다 더 경쟁적이 될 필요가 있다 하더라도, 교육의 본래 목적은 공적·

창의적·온정적 지도력을 갖춘 인재를 길러 내는 것임을 저는 강조하고 싶었습니다.

이렇게 오랫동안 품어 온 생각을 바탕으로 저는 2002년 1월 22일 국무회의에서 학벌 문화 타파를 위한 교육부 계획을 보고했습니다. 김대중 대통령이 주재한 국무회의였습니다. 이날 저는 사교육비에 신음하고 있는 학부모들의 고통을 덜어 주기 위해서도 학벌 타파는 필요하다고 했습니다. 저는 취임 이후 여러 번 이 문제를 제기한 바 있었기에 이제는 대통령 주재 아래 교육부안으로 내놓을 때가 되었다고 판단했습니다.

그런데 이날 각의에서 제 제안에 대해 경제관계 국무위원 두 분이 비판적 발언을 했지요. 그런 발언을 한 사람들은 모두 서울대 출신의 장관들이었습니다. 예산처 장관은 교육부 제안을 대학 평준화 정책으로 대번에 오인해 반박했고, 재경부 장관은 제 제안이 시장 질서에 대한 도전이라고 비판했습니다. 학벌 타파의 수단으로 취업 원서에 학력란을 폐지할 것을 제안했기 때문이었습니다. 그리고 이들은 하나같이 서울대 같이 뛰어난 일류 대학이 있어야만 한국 사회와 시장과 정부가 계속 발전할 수 있다고 확신하고 있었습니다.

이날 각의에서 저는 이들의 반론에 일일이 반응하지 않았습니다. 매우 관료적인 국무회의 분위기에서 이런 문제를 토론한다는 것이 저에게는 매우 생소하게 느껴져 가만히 있었지요. 하지만 대통령께서 평소 학벌 타파에 대한 소신이 있다고 저는 믿었기에 국무회의를 주재하시면서 학벌 타파의 필요성을 강조해 주시리라 기대했습니다. 그 자신이 학벌주의 풍토로 인해 불이익을 본 적이 많았기에 저는 그렇게 기대할 만하다고 생각했습니다. 그런데 대통령은 이날 제가 소집하는 인적자원개발회의에서 이 문제를 다시 논의하라고 지시했습니다. 어정쩡하게 국무회의가 끝났기에 저는 찜찜했습니다. 보수 언론들이 제 제안을 대학 평준화 시도 또는 서울대 폐지론으로 각색해 선정적으로 몰고 갈 것이 뻔해 보였지요. 또 색깔론을 들고 나올 것 같았습니다.

다음 날 아니나 다를까, 국무총리실 기자들이 이를 부정적으로 크게 보도했습니다. 특히 『조선일보』는 악의적인 편집을 거쳐 이를 일면 기사로 다루었지요. 그들의 비판은 대체로 두 갈래였습니다. 하나는 제가 즉흥적으로 학벌 타파안을 각의에 제출했다는 비판이었습니다. 하지만 저는 취임 직후부터 교육이 길러 낼 참된 인재들은 지금과 같은 학벌 구조에서는 살려 낼 수 없음을 여러 번 주장해 왔기 때문에 사실이 아니었습니다. 전해 5월 『연합뉴스』에도 "공교육 부실화를 막기 위해서는 학벌주의 교육 풍토 혁파가 최우선 과제다"라는 제 주장이 보도된 바 있었지요. 게다가 학력란 폐지 주장에 대해, 정부가 기업 채용을 부당하게 간섭하는 일로, 시장경제에 도전하는 것이라는 식으로 해석하는 것은 일종의 색깔론적 비난이었습니다.

1월 24일자 『조선일보』 사설은 저의 학벌 타파 제안을 "위헌적"이고 "관권에 의한 획일적 수평주의 발상"이라고 비판했습니다. 같은 날 『조선일보』 데스크 칼럼은 대기업 간부의 반응을 짐짓 크게 부각시켜, 제 제안을 "빈부 격차가 심하다고 부자를 몽땅 없애 버리자는" "사회주의적 발상"이라고 몰아붙였습니다. 나아가 『조선일보』는 교육부가 시민단체들을 앞세워 "홍위병식 학벌 평준화"를 밀어붙인다고까지 비난했지요.

진보적 자유주의자로 살아온 저를 좌파 운동가로 색칠하는 그들의 행태에 저는 그만 어이가 없어 속으로 웃고 말았지요. 오히려 측은한 마음이 들었습니다. 저는 바로 이 시점에서 왜 학벌 타파가 한국 교육개혁의 중심 과제가 되어야 하는지를 정리해 보고 싶었습니다. 그래서 국장, 실장 들에게 역대 정부 각료들의 출신 대학 분포와 관련된 통계자료를 뽑아 보라고 했습니다. 며칠 후 결과를 받아 보니 역시 예상대로였습니다.

박정희 정부(1963년 12월~1979년 10월)하의 총 165명의 각료 가운데 55퍼센트는 사관학교 출신이었습니다. 군사 쿠데타로 집권했으니 당연한 결과였지요. 165명 중 91명이 사관학교 출신인데 이 숫자를 빼고 나면 74명의 민간인 중 40명, 즉 57퍼센트가 서울대 출신이었습니다. 최규하 정부(1979년 10월~1980년 8월)에서는 30명의 각료 중 53퍼센트인 16명이 여전히 사관학교 출신이었고, 민간인 각료 14명 중 절반인 7명이 서울대 출신이었습니다.

전두환 정부에서는 110명의 각료 중 58명, 58퍼센트가 서울대 출신이었습니다. 특이하게도 전두환 시기에 사관학교 출신 각료는 19명, 17퍼센트에 불과했습니다. 서울대 출신이 군부 통치에 테크노크라트로 적지 않게 공헌했음을 확인할 수 있었습니다. 과연 이들이 공적 가치를 실현한 엘리트였는지는 각자가 판단할 일입니다만, 이에 대해 긍정적으로 말할 수 있는 사람은 별로 없을 것입니다.

노태우 정부에서는 모두 112명이 각료로 임명되었는데, 이 중 63명(56퍼센트)이 서울대 출신, 21퍼센트인 24명이 사관학교 출신이었습니다. 여기서도 서울대 출신이 과반수였지요. 김영삼 정부 5년간 모두 119명이 국무위원으로 봉직했는데, 이중 81명이 서울대 출신이었습니다(사관학교 출신은 17퍼센트인 20명). 비율로는 무려 68퍼센트였지요. 1993년 첫 국무회의에서 제가 과반이라고 생각했던 비율보다 더 높은 수치였습니다. 김대중 정부에 와서는 80명이 국무위원으로 봉직했는데 서울대 출신은 36명, 45퍼센트로 과반에 이르지 못했지만, 사관학교 출신은 여전히 21퍼센트에 이르렀습니다.

결론적으로 박정희 시대에서 김대중 시대까지 근 40년간 총 616명의 각료 중 285명이 서울대 출신이었습니다. 비율로는 46퍼센트이지요. 사실 군부 권위주의 시대에 사관학교 출신이 이례적으로 많이 발탁된 점을 고려한다면 서울대 비율은 더 올라갈 수밖에 없습니다. 한마디로 200여 개 대학들 중 서울대라는 하나의 대학 출신이 한국의 최고 국가 엘리트의 거반을 차지한다는 것이지요. 연대와 고대의 비율은 각각 3퍼센트, 7퍼센트에 불과했습니다. 정말 개탄스러운 현실이지요. 미국의 아이비리그 대학군에서 하버드 비중이 상대적으로 크지만, 한국의 서울대, 고려대, 연세대에서 서울대의 비중처럼 압도적이지는 않습니다. 이러니 학부모들에게 "서울대 입학 = 출세"라는 등식이 먹혀들 수밖에 없지요.

이 같은 등식은 사교육비를 올리는 요인으로 작용합니다. 그래서 경제력이 뒷받침되지 않으면 출세하기 어려워지는 것

또한 현실이 되는 것이지요. 이런 현실은 '개천에서 용이 날' 가능성을 더욱 축소시킬 것이며 계층적 사회이동의 폭은 더욱 줄어들게 되지요. 열린사회는 그만큼 힘들어지고 계층 간 격차는 더욱 커질 수밖에 없습니다. 그러기에 학벌 타파를 통한 교육개혁에 성공해야만 그것이 정치·사회 개혁, 국가 개혁과 시장 개혁으로 이어질 수 있습니다. 그리고 시민사회도 더욱 활력을 띨 수 있습니다.

흥미로운 점은 전두환·노태우 정부에서나 군부 통치를 반대했던 YS·DJ 정부에서나 서울대 지배력은 변함이 없다는 사실입니다. 그것은 한국의 학벌주의 풍토의 뿌리가 그만큼 깊다는 점을 의미합니다. 그러기에 50, 60만 명의 고등학교 졸업생들이 서울대 앞에 한 줄로 길게 서게 되는 기이한 현상이 나타납니다. 이렇게 되면 고등학교도 서열화될 수밖에 없지요. 또 학생들도 서열화됩니다. 이런 서열화는 보편 가치 수용 정도에 따른 서열화가 아니라 주로 보통교육 수준에서 나타나는 암기력에 의한 서열화이기에 사회구조적 진보에 도움이 되지 않습니다.

서울대의 전일적 지배 현상을 타파하기 위한 방안으로는 여러 가지가 가능합니다. 각 도에 하나씩 있는 거점 국립대학을 특성화하는 것도 그중 하나가 되겠죠. 특성화된 분야에서는 지방 국립대학이 서울대와 겨룰 수 있고 서울대를 뛰어넘을 수 있도록 해야 합니다. 열 개의 지방 국립대학을 국가가 각기 그 환경에 따라 특성화한다면 고3 학생이 어느 지역에 살든 자기가 가고 싶은 분야가 있는 대학 앞으로 가서 줄을 설 것입니다. 그러면 서울대라는 한 대학 앞에 모두 한 줄을 서는 게 아니라 열 개의 지방대 앞에 열 줄로 줄을 서게 되겠지요.

미국에서는 이런 일이 자연스럽습니다. 분야마다 대학 서열이 달라집니다. 하버드 대학이 모든 학문 분야에서 전일적으로 제일 우수하지는 않습니다. 서울대식 일류 의식이 미국에서는 있을 수 없습니다. 그렇게 되어야만 고3들이 수십 개 대학 앞에 줄을 서게 되지요. 그래서 학벌이 특정 대학 중심으로 이뤄지지 않습니다.

그런데 각 거점 대학에서 서울대 못지않게 우수한 분야를 특화하는 문제가 그렇게 쉽지 않습니다. 그러기에 한국에서 교육개혁을 과감하게 추진하려면, 대통령 선거 때부터 후보로서 국민에게 교육개혁 공약을 약속하고, 당선된 후에는 교육부장관을 앞세워 그 공약을 직접 추진해야 합니다. 대통령과 임기를 함께하는 교육부장관을 적극 활용해야 합니다. 교육문제는 이해 당사자들이 너무 많고, 이들이 치열하게 경쟁하기에 대통령이 직접 챙겨야만 주어진 짧은 임기 안에 개혁을 효과적으로 추진할 수 있습니다. 그래야 교육입국敎育立國이 이뤄질 수 있습니다.

3

　　　　국무회의에서의 학벌 타파 제안은 사회 여러 분야에도 큰 반향을 일으켰습니다. 터무니없는 비판을 했던 보수 언론들도 있었으나 대체로 호의적으로 보도한 언론도 있었습니다. 『대한매일』(현 『서울신문』 2002/01/24)은 다음과 같이 1면에서 크게 이 문제를 다뤘습니다.

시민 교육 단체들이 학벌 타파 운동에 적극 호응하고 나섰다. 서울 서초, 강남 교육시민연대와 학벌없는사회만들기(학사만)는 23일 고질적인 학벌 문화를 조장하는 학력란 폐지를 위한 시민 운동을 펼쳐 나가기로 합의했다. 전교조도 성명을 통해 '정부는 학벌 문화 타파를 위해 한완상 부총리겸 교육인적자원부 장관이 제안한 신입사원 채용시 학력 기재 폐지를 적극 수용해 시행하라'고 촉구했다. …… 서초, 강남 교육시민연대 대표 김정명신(46) 씨는 '상당수의 기업들이 지원자의 서류 등은 아예 검토조차 하지 않는 현실'이라면서 '빠른 시일 안에 기업체에 학력란 폐지를 위한 제안서를 보내는 등 학벌 기재 폐지 운동을 시민단체들과 연대해 실천할 것'이라고 강조했다. …… 시민연대는 기초, 광역단체장 선거나 대통령 선거에서도 유인물 등에 후보자의 학력 기재를 없애는 캠페인을 벌이기로 했다. 유권자들이 학력보다도 경력을 보고 투표하도록 해야 한다는 것이다. 학사만의 김동훈 사무처장(국민대 교수)은 학력란 폐지는 학벌 타파의 상징이라면서 당장은 혼란스럽겠지만 현재 본적을 기재하지 않는 것처럼 자연스러워질 것이라고 말했다. 김 처장은 기업도 학력에 의존하는 채용 관행에서 벗어나 유능한 인재를 발굴하기 위한 다양한 방법을 개발하는 것이 궁극적으로 생산성 향상을 가져온다고 덧붙였다.

전교조도 제 제안을 적극 지지하면서 특히 재경부 등 경제 부처들이 먼저 나서서 기업들에 학력란 폐지 운동에 동참할 수 있도록 설득해야 한다고 주문했습니다.

이런 분위기 속에서 기업도 이 같은 시민단체 요구를 수용하려는 조짐이 보였지요. 삼성은 학벌 아닌 실적을 임원 인사의 제1원칙으로 삼겠다고 했습니다. 320명의 임원 중 서울대, 연세대, 고려대 출신은 1백 명에 불과하다고 했지요. 과거에는 50, 60퍼센트를 차지했습니다. 현대자동차도 빅3 대학 출신 임원은 2백 명 중 78명에 불과하다고 했습니다.

이런 시민사회의 우호적 반응과 달리 매우 격정적으로 비난하는 인사들도 있었지요. 김용갑 의원은 제가 학력란 폐지안을 내놓는 것은 '사회주의병' 때문이라고 했습니다. 그는 성명서까지 냈지요. 제 사회주의 병이 또다시 도져서 개인 간의 경쟁을 존중하는 자본주의 논리를 무시하고 국가 통치의 근본이념마저 무시하고 있다고 비난했습니다. 이것은 일종의 색깔론적 조건반사였지요. 그래서 그저 웃을 수밖에 없었습니다.

또 다른 반대 의견은 학벌 타파가 대학의 하향평준화를 불러온다는 판단에서 나오는 것이었습니다. 진념 당시 재경부 장관과 『중앙일보』는 시장 제일주의자의 논리를 펼쳤습니다. 교육에서도 정글의 경쟁이 도입되어야 우수한 인재가 나온다는 논리지요. 강자와 약자, 적자와 비적자 간의 차이는 능력의 차이이므로 정당하다는 주장이었습니다.

교육이 이 같은 정글의 논리에 매여 있다면 교육은 마침내 비정하고 잔인한 승자만을 축복해 주는 기능을 담당하게 될 것이고, 결국 교육은 짐승 같이 잔인한 인간을 국가, 시장의 지배자로 만들어 주는 역할을 하게 됩니다. 그렇게 되면 인간 공동체는 사라지게 될 것입니다. 국가와 사회에서는 살벌한 약육강식의 세계가 펼쳐지게 될 것입니다. 어쩌면 짐승의 세상보다 더 못한 세상이 될지도 모르지요. 짐승은 배가 부르면 맛있는 사슴이 지나가도 잡아먹지 않지만, 인간 정글의 강자들은 아무리 배가 불러도 계속 약자들을 착취하고 약탈하기 때문입니다. 동물의 욕구는 생물학적으로 자동 조절되지만 인간의 탐욕은 그렇게 조절되기 힘듭니다. 가질수록 더 가지려 하기 때문입니다.

그래서 교육이 이 같은 욕구 조절 기능을 담당해야 합니다. 시장 제일주의자들은 교육이 시장의 갑들로 하여금 더욱 추악한 갑질을 하도록 부추겨야 한다고 생각하는 듯했습니다. 교육이 인간의 공감 능력, 동고 능력을 신장시키는 공공적·공익적 기능을 담당해야 함을 그들은 인식하지 못했지요.

학벌 타파 문제로 교육계와 사회가 술렁이고 있는 와중에 저는 교육인적자원부를 떠나게 되었습니다. 이 자리를 맡은 지 꼭 1년 하루 만이었습니다. 바로 전날에 청와대 비서실장으로 있는 이상주 박사가 찾아왔습니다. 내일 내각 개편이 있다고 하면서 자신이 교육부를 맡게 되었다고 했습니다. 그는 제가 추천해 온 교육개혁을 계속 추진해 나가겠다고 하면서 학벌 문화 타파도 지속적으로 추진하겠다고 했습니다.

고마운 말이었지만, DJP 체제로 정부를 관리하게 된 DJ가 학벌 타파의 소용돌이 속에서 저를 내보내게 되면, 학벌 타파를 근본적으로 반대하는 보수 세력의 장악력에서 벗어나기가 더욱 힘들 것이라고 저는 생각했습니다. 초기 2년간 DJP 체제에서 남북 관계를 개선하지 못했던 DJ가 이제 임기를 얼마 남기지 않고 교육이나 경제 영역에서 수구 냉전 세력과 시장 제일주의자들에 의해 더욱 포위당하게 된다면 레임덕이 더욱 빨리 올 것 같았습니다. 그리고 그에 대한 역사적 평가도 좋을 수 없다고 생각했습니다.

다음 날 저는 담담하고 홀가분한 마음으로 출근했습니다. 1년 하루라는 짧고도 긴 시간, 비서들과 주무실 국장들과 정이 들었기에 인간적으로는 섭섭했습니다. 이들은 처음에는 저를 경계하고 두려워했으나 외압으로부터 제가 그들을 어느 정도 보호해 주었다고 생각하게 되면서 퍽 가까워졌습니다.

외압은 주로 청와대에서 오는 압력이었지요. 이른바 '로열 패밀리'에 연관된 부탁을 저는 매섭게 거절했습니다. 그리고 대통령 주변의 이른바 실세들의 청탁도 단호하게 거절했습니다. 이는 대통령께 후일 폐가 되지 않게 하기 위해서이기도 했지요. 그런 것들을 비서실에서는 자세히 알고 있었습니다. 때로는 제게 "그렇게 해도 부총리님 괜찮겠습니까?" 하고 걱정해 주기도 했습니다. 그럴 때마다 걱정하지 말라면서 대통령을 역사의 관점에서 보필하고 있다고 했지요.

사실이 그랬습니다. 2001년 1월 28일 빙모 상가로 DJ가 전화해서 축하해 주실 때 저는 분명히 이렇게 말씀 드렸습니다. "대통령을 역사의 시각에서 모시겠습니다." 이것은 이른바 심기心氣 보필은 안하겠다는 뜻이었습니다. 당장 불편한 일이라도 후일 다시 깊이 생각해 볼 때 참으로 유익한 일이라고 판단하실 수 있도록 하려고 노력했습니다.

　이런 제 뜻을 비서진들은 잘 이해하고 있었습니다. 사실 제가 교육부를 떠난 후 오늘까지 오랜 세월이 지났지만, 이들은 1년에 두 번 이상, 추석과 구정 때는 꼭 찾아와 회포를 풀며 즐거운 시간을 갖고 있습니다. 이런 각박한 세상에서 인간의 신뢰가 이토록 지속되는 일은 흔치 않습니다. 특히 공무원은 혼이 없는 인간이라고 하는데, 저에게는 이들이 너무나 따뜻한 혼과 가슴을 가진 소중한 분들입니다. 관료 속 깊이 숨 쉬고 있는 혼들을 살려 내는 지도력이 필요할 따름이지요.

김대중과
노무현
사이에서

1

　　2003년 들어 저는 심한 공허감과 불안감을 떨쳐 버릴 수 없었습니다. 가까스로이긴 하지만 민주 정부가 지속될 텐데 왜 이 같은 불안감을 떨쳐 버릴 수 없었을까요? 무엇보다 군사 통치 시대 민주화에 앞장섰던 두 걸출한 야당 지도자가 각기 대통령으로 당선되었고 대통령 임기를 마쳤는데도 해방 이후 오늘까지 정치 지배 세력의 헤게모니는 꿈쩍 않고 버티고 있었습니다. 그 지배력의 본질은 친일 냉전 수구 세력에서 뚜렷하게 드러납니다. 그들은 분단 체제를 국제적으로나 국내적으로 확고하게 다지는 일에는 심혈을 기울였지만 남북 관계 개선이나 한반도 평화 체제 구축에는 별로 관심이 없는 세력입니다. 오히려 이 평화가 위태로워질 만큼 남북 관계가 악화되어야만 비로소 그들의 지배력은 강고해졌습니다. 남북 관계 악화는 바로 민주화를 결과적으로나 원천적으로 어렵게 합니다. 자유권적 기본권의 신장도 생존권적 기본권의 확충도 어려워집니다. 그러니 인권과 정치적 자유와 함께 경제민주화도 훼손되지요.

　　바로 이 같은 메커니즘을 통해 정치경제적 기득권을 재생산해 온 세력이 YS와 DJ 정부 10년간 여전히 시퍼렇게 살아 있었습니다. YS는 시간이 흐를수록 냉전적 대북 정책을 추진하게 되면서 친일 냉전 수구 세력에 의해 포위되고 흡수되고 말았습니다. 가슴 아픈 것은 대통령 자신이 이 사실을 제대로 인식하지 못했다는 점입니다. 즉 남북 대결 고조가 정치경제적 민주화의 훼손과 직결된다는 진실을 깨닫지 못했습니다. 하기야 아직도 정치적 민주화 세력 안에서조차 남북 관계 악화와 민주주의 후퇴 간에 작동하는 인과관계를 이해 못하는 분들이 적지 않습니다.

김대중 정부 들어서도 친일 냉전 세력의 지배력은 지속되었습니다. 하기야 이런 보수 세력과의 연합으로 탄생된 정부가 바로 국민의정부였지요. 집권 과정에서부터 정치철학과 정치적 정체성이 전혀 다른 두 정당이 결탁했습니다. 이런 결탁으로 DJ는 가까스로 집권할 수 있었지요. DJP 체제는 그러기에 김대중 대통령의 외교 비전, 한반도 평화 정책 그리고 통일 전략을 추구하는 데 장애를 조성했습니다. 통일·국방·외교 분야에서 DJ는 자신의 정치철학과 비전을 처음부터 실현하기 어려웠습니다. 초기 2년간 남북 간의 신뢰는 그전보다 나아진 것이 없었습니다. 그것은 JP계가 이 분야를 장악하고 있었기 때문이지요. 그래서 초기 2년간 북한 당국은 DJ의 햇볕 정책에 대해 매우 냉소적이었습니다. 웃으면서 흡수하려는 간특한 대북 정책이라며 불신했습니다. 저는 1998년 8월 베이징에서 북한의 당국자(전금철)와 만나 여섯 시간에 걸친 대화를 통해 DJ 정부에 대한 북한 당국의 불신을 직접 확인할 수 있었습니다. DJ의 끈질긴 노력으로 2000년 6월 남북 정상회담이 성사되면서 이후 불신이 누그러들긴 했지만 수구 냉전 언론과 정치 세력은 국민의정부의 햇볕 정책과 평화 전략에 끊임없이 제동을 가하려 했습니다.

통일·국방·외교 분야에서뿐만 아니라 경제·교육·문화 분야에서도 냉전 수구 세력의 지배력은 끄떡도 하지 않았습니다. 문민정부의 경제정책 실패로 IMF 사태가 쓰나미처럼 한국 경제를 할퀴었습니다. 다급해진 문민정부는 이 경제 위기를 고스란히 국민의정부로 이월시킬 수밖에 없었습니다. DJ는 이 위기를 수습하기 위해 IMF의 처방을 그대로 따를 수밖에 없었지요. 그런데 이 처방이 철저한 신자유주의적 처방이었기에 시장의 갑들에게는 매우 유리했지만, 노동자들에게는 가혹했습니다. 이른바 작은 정부와 큰 시장의 보수적 이념이 더욱 거칠게 작동했지요. 정부가 시장의 공정 거래를 엄격하게 관리 감독해야 하는데, 시장에 대한 국가의 관리는 약화되고 오히려 정당한 시장규제 책임마저 소홀히 하게 되었습니다. 시장의 적자 세력의 갑질은 더욱 거칠어지게 되었죠.

민주화 투쟁의 지도자였던 DJ가 대통령이 되었으나 노동조합은 대통령의 경제정책을 지지하지 않았습니다. DJ가 전교조를 합법화시켜 주었으나 전교조는 사사건건 국민의정부의 교육정책을 견제하려 했습니다. 말로는 정부가 서민과 중산층의 이익을 도모한다고 했으나 국민의정부는 친시장적 경제정책을 추진했습니다. 시장의 갑들은 구조적으로 보수 세력입니다. 그러나 외교·안보 분야나 경제·교육 분야에서나 DJ도 수구 냉전 세력에 의해 포위되고 부분 흡수되었다는 평가에서 자유로울 수가 없었습니다.

특히 2016년 현재 한국 정치의 지배 지형을 보며 저는 기가 막힌 현실을 확인하게 되었습니다. YS의 충실한 문하생들이 이명박·박근혜 정부에서 권력의 정점을 차지하고 있었죠. 새누리당(현 자유한국당) 안에서 친박의 좌장도 YS 문하생이고, 친이의 좌장도 YS 문하생입니다. 이들은 YS의 정치적 아들로 자처하면서도 YS가 치열하게 반대했던 유신 체제의 정책을 되살려 내는 데 앞장서고 있었습니다. 국정교과서를 채택하려는 수구 세력에서 이들의 지도력이 눈에 띄더군요. 그런가 하면 DJ가 유신 체제에서 목숨을 잃을 뻔했으며, 엄혹한 정치 탄압을 받았을 때 그 주변에서 고통을 함께 나누며 지켜보았던 동교동 충신들 거의 대부분이 DJ가 창설한 정당을 박차고 나갔습니다. 그리고 지금 새누리당 권력 핵심이나 국민의 당에서 주요 요직을 누리고 있습니다. 이런 현실을 보면서 저는 문민정부와 함께 국민의정부마저도 친일 냉전 수구 지배력에 의해 흡수되거나 포위당했다고 생각합니다.

여하튼 DJ의 대통령 임기가 끝나려는 그 시점에 저는 몹시 우울했습니다. 비록 노무현 후보가 민주 정부의 바통을 이어받게 되었다고는 하지만, 반세기 이상 한국 정치를 요리해 온 친일 냉전 수구 지배 세력이 노무현을 대통령으로 대접해 줄지에 대해서는 안심할 수 없었습니다. 그래서 노무현 대통령의 취임에 즈음해 참여정부도 앞의 두 정부와 같은 대접과 평가를 받게 된다면, 한국식 파시즘이 새로운 가면을 쓰고 등장하게 되지는 않을까 염려하지 않을 수 없었습니다.

2
　　　　　일찍이 저는 1998년 4월 한국방송통신대
학 총장으로 있을 때, 문부식 씨와의 대화에서● 개혁은 혁명보
다 어렵다고 강조하면서 수구 냉전 세력에 대한 저항을 정당
화하고 효과적으로 그들을 극복해 내려면 민주 개혁 세력이
개혁 기지를 단단히 구축해야 한다고 강조했습니다. 혁명은
어렵지만 개혁은 쉽다고 생각하는 것이 일반 통념인데, 이것
이 얼마나 잘못인가를 조목조목 따지면서 저는 개혁 몸통이
튼튼해야만 비로소 개혁 세력의 외연을 좌우로 확장시킬 수
있다고 주장했지요. 새는 좌우의 날개로 나는 것이지만, 몸통
이 허약하면 날개를 제대로 써보지도 못한 채 멀리 날아가지
도 못하고 떨어지고 마는 것과 같은 이치지요.
　이때는 YS 정부가 IMF로 처참하게 실패한 정부로 지탄받
고 있을 때였지요. 바로 이런 위기 한가운데서 출범한 정부가
바로 DJ의 국민의정부였습니다. 그래서 저는 DJ 정부는 반드
시 성공해야 한다고 강조했습니다. DJ마저 YS처럼 실패한다
면 한국적 파시즘 세력은 그 실패를 빌미 삼아 무섭게 한국 정

　　　● "혁명보다 어려운 개혁, 지금은 그 전진기지를 구축할 때", 『당대
비평』 통권 제4호(1998년 6월), 144-174쪽.

치를 좌지우지할 것이기 때문이었습니다. 저는 YS의 실패에 이어 DJ 정부마저 실패한다면, 제1차 세계대전 후 독일 바이마르공화국의 비극이 한국에서도 반복될 것이라고 경고했습니다. 바이마르공화국의 실패를 빌미 삼아 히틀러 나치 세력이 집권했듯이 말입니다.

잠시 20세기 초 독일의 상황을 둘러볼 필요가 있습니다. 독일은 장기간 비스마르크 권위주의 체제 아래 있다가 제1차 세계대전에 참전하며 참패하게 됩니다. 그때 독일의 민족적 자긍심은 크게 손상되었지요. 패전에 따른 경제적 궁핍은 극에 달했습니다. 이런 위기 속에서 독일 국민들이 일찍이 경험하지 못했던 민주주의 체제인 바이마르공화국 체제는 그 무능을 드러냈습니다. 위기는 극복되지 못했고 민족적 자긍심은 깨지고 경제적 불안은 가중되었지요. 정치적 백가쟁명은 이 같은 고통과 불안을 책임 있게 해소해 주지 못했습니다. 이런 상황에서 독일 중산층과 지식인마저 바이마르공화국의 자유를 부담으로 느끼기 시작했고 이 자유를 반납하거나 이 자유로부터 도피하고 싶어 했습니다. 경제적 인정과 번영, 그리고 민족적 자긍심을 확실하게 회복시켜 주겠다는 정치 세력에게 자유를 반납하려는 분위기가 조성되었습니다. 자유의 혼란보다 통제와 압제가 주는 안정을 선택하고 싶어 했던 것입니다. 독일의 사회철학자요 정신분석학자인 에리히 프롬은 이런 독일 국민의 심리를 『자유로부터의 도피』에서 잘 밝혀냈지요. 이 같은 독일 국민의 마음밭에 히틀러는 나치 전체주의의 씨앗을 뿌렸습니다. 그 씨앗이 무자비한 정치 괴물로 자라게 되었지요. 이

괴수는 6백만 명의 유대인을 포함해 1천1백만에 달하는 민간인과 전쟁 포로들을 학살했지요. 이는 인류 역사에서 가장 끔찍한 반인륜적 범죄였습니다.

20세기 초 독일의 비극적 역사에서 우리가 배워야 할 역사적 교훈은 명백합니다. 민주 세력이 집권하더라도 심각한 구조적 위기를 극복하지 못하면 실패한 정치 세력으로 몰리게 되고, 이후에는 안정과 번영의 허위의식에 기반한 반민주 정치가 펼쳐지게 된다는 사실입니다. 독일의 경우 제1차 세계대전에 참패한 상황에서 이 같은 반동적 극우 전체주의가 태동했다면, 분단된 한반도 상황에서는 한국전쟁을 통해 극우적 냉전 정치 기반을 꾸준히 확장시켜 온 정치 집단이 한국 민주 정치 세력을 끊임없이 색깔론으로 통제하면서 그들의 집권 기회를 배제하려 했습니다. 설령 국민의 민주 열망이 분출해 민주 세력이 집권하게 되더라도 국가 폭력을 독점하면서 이데올로기적 제도 장치를 장악한 수구 세력이 시장의 갑들과 카르텔을 형성해 민주 집권 세력의 성공을 끈질기게 방해하려 하지요. 보수 언론을 총동원해 민주 세력의 집권을 어렵게 하고 집권한 민주 세력을 지속적으로 실패한 정부로 몰아붙이려 합니다. 이 같은 현실을 YS 정부의 실패에서 이미 확인한 저로서는 DJ 정부가 IMF 위기 한가운데서 출범할 때 반드시 이 위기를 슬기롭고 확실하게 극복해 성공하기를 바랐습니다.

그런데 이제 노무현 정부가 들어서게 되었습니다. 제 마음은 5년 전보다 더 초조해졌습니다. 왜냐하면 냉전 수구 세력이 참여정부를 그전의 문민정부와 국민의정부보다 더 무시하고 더 혐오하는 듯했기 때문입니다. 그래도 두 김 씨는 한국 정치사에서 굵직한 역사적 투쟁의 족적을 남긴 카리스마적 지도자였기에 수구 세력이 만만히 볼 수 없었습니다. 그런데 인권 변호사 출신으로 정치 경력이 넓지 못한 노무현 대통령을 그들이 결코 정중하게 대접할 것 같지 않았습니다. 그의 개인적·인간적 스타일도 이런 그들의 심리를 더욱 자극하는 듯했습니다. 그들은 참여정부의 개혁 몸통이 매우 허약하다고 본 것 같습니다. 혁명보다 어려운 개혁에는 더욱 세련되고 더욱 강고한 개혁 몸통이 있어야 하는데, 이것이 없다고 수구 세력은 간파한 듯합니다.

저의 이 같은 염려가 한낱 기우가 아닌 것은 노 대통령 집권 초기에 여기저기서 드러났습니다. 대통령이 젊은 검사들과 얼굴을 마주하고 논쟁하는 장면을 보면서 권위주의적 권력에 비겁하리만큼 약했던 이들 검사들이 오만하리만큼 방자해지는 모습을 보았지요. 저는 왜 이런 자리를 대통령이 법무부 장관과 함께 마련했는지 도무지 이해가 되지 않았습니다. 그 후 탄핵 정국 때, 탄핵 사유도 참으로 한심했습니다만, 냉전 수구 세력만이 아니라 DJ의 정치 문하생들이 탄핵에 앞장선 것을 보고 저는 경악했습니다. 얼마나 대통령을 무시했기에 이렇듯 모든 국회의원들이 달려들어 마치 맹수들이 들소를 물어뜯듯 하는지 저는 비감했습니다. 2017년 현재, 이때를 다시 조명해 보면 더더욱 대통령 탄핵에 열을 올린 정치인들이 한심하게 여겨집니다. 어느 정신과 의사가 적절하게 진단한 대로, 그들은 광기의 정치인들이었지요.

그런데 한 가지 위안이 되는 사실이 있었습니다. 생각하는 국민들은 노 대통령의 서툰 듯한 말씨와 태도 속에 서려 있는 인간적 정직함과 진술한 인간성을 꿰뚫어 보았습니다. 얕은 이익을 위해 의義를 가볍게 여기는 통속적 정치인들과 달리 옳음을 소중히 여기기에 이로움을 가볍게 여기는 그의 본질을 생각하는 국민들은 꿰뚫어 본 것 같습니다. 그래서 가장 비정치적인 대통령인 그를 인간적으로 좋아하게 된 것 같았습니다. 그러기에 모든 여론조사에서 역대 대통령들 중 호감도에서 항상 제일 앞서가는 대통령이 바로 노무현 대통령입니다.

　수구 냉전 지배 세력은 이 같은 노무현을 좋아하는 국민들이 만만치 않다고 생각되자 이들의 영향력을 축소시키기 위해 또 하나의 프레임을 제조해 냈습니다. 색깔론보다 더 효과적으로 써먹을 수 있는 프레임이 바로 '노빠'라는 정치 낙인이었지요. 그리고 이 낙인을 마치 색깔론처럼 이용하기 위해 거기에 '패권주의'라는 딱지를 붙였습니다. 참으로 희한한 것은 친일 수구 냉전 세력만이 패권주의란 낙인을 찍는 것이 아니라 그 대통령 밑에서 국정에 참여했던 분들께서 이 같은 낙인을 의식적으로나 무의식적으로 사용하는 데 주저하지 않습니다. 특히 DJ의 문하생들이 더욱 그랬던 것 같습니다. 평생 정치 패권과 관계없이 살아온 인권 변호사 출신 대통령, 대통령이 되어도 '국민이 바로 대통령'이라고 외쳤던 노무현 대통령에게, 정치적 패권 세력이라고 낙인찍는 일은 참으로 비정상적인 일이지요. 친노 패권주의라는 허구적 이데올로기로 포장하기보다 친노 패거리주의라고 표현했다면 일리 있는 지적이라고 평가받을 수 있었을 것입니다.

인간 노무현은 정말 가슴이 따뜻한 분이었습니다. 대통령이라는 거대한 국가 조직의 최고 정점에서 아래를 내려다보며 호령하며 즐기기에는 너무나 인간적인 분이었지요. 어떤 의미에서 그는 대통령이 되기엔 너무나 인간적인 존재였습니다. 게다가 그는 자기에게 가혹할 정도로 순결을 요구하는 도덕적 민감성을 갖고 있었지요. 그래서 대통령 임기가 끝나자 곧 어릴 적의 온갖 기쁨과 슬픔이 서려 있는 봉하 마을로 내려가 자연인으로서의 자유, 평범한 시민으로서의 자유를 마음껏 누리려 했습니다. 그 막중한 대통령 직무에서 해방된 기쁨을 누리려고 했던 것이지요.

그런데 이런 그의 순결주의적 소망은 냉전 근본주의적 패권 세력에 의해 산산이 부서지게 되었습니다. 그의 주변에서 그를 따랐던 사람들이 하나하나씩 패권적 통제망에 걸려 고통을 당하는 것을 가슴 아프게 지켜보던 그는 2009년 5월 말, 뒷동산의 큰 부엉바위에서 자기 몸을 던지고 말았습니다. 그 주변의 모든 억울한 고통의 종식을 위해서 말입니다.

이때 저는 『르몽드 디플로마티크』의 요청으로 노무현 전 대통령의 죽음과 연관해 현 정부의 성격, 바람직한 지식인의 역할 등에 대해 제 의견을 간명하게 피력했습니다. 노무현 전 대통령의 죽음에 대한 지식인의 판단을 알기 위해서 질문자는 먼저 지식계급의 정체성과 권력과의 관계가 무엇인지를 물었습니다. 저는 이렇게 대답했지요.

이른바 지식계급이란 표현이 불편하다. 지식인은 자기 계급의 이해관계를 초월하는 능력을 갖춰야 한다. 자신의 협소한 계급적 이해를 반영하는 게 아니라 다른 계급의 편에 서서 지배계급의 이데올로기를 날카롭게 비판해야 한다. 엄격한 자기 성찰을 통해 씨알과 동고하려는 자세를 갖는 게 참 지식인이다. 부도덕한 정부일수록 정의나 성장 따위의 화려한 수사가 발달한다. 그 뒤에 있는 허위의식을 폭로하는 것이 지식인의 사명이다. 물론 지금은 비판과 대안을 함께 제시할 수 있어야 한다.

질문자는 제가 비판적 지식인상을 강조하다가 현실 권력에 참여했다는 일부 비판에 대해서 어떻게 생각하는지 물었습니다.

권력 정당성에 문제가 없다면 참여할 수 있다고 본다. 물론 참여한 뒤에 (정부의) 정책적 오류가 드러나면 단호하게 비판해야 한다. 김영삼 정부의 통일부총리로 있을 때 비전향 장기수 이인모 노인을 인도적 차원에서 조건 없이 북으로 보냈다. 의원들이 그때 저를 현실을 모르는 이상주의자라고 몰아붙였다. 하지만 현실을 이상 수준으로 끌어올리는 것이 지식인의 당연한 책무다. 국회뿐만 아니라 대통령 주변에 냉전 수구 세력들이 똬리를 틀고 있어 더 이상의 현실 참여를 포기했다. 김대중 정부의 교육부총리로 재임했을 때는 경제 각료들과 종종 부딪혔다. 학벌주의와 사교육비 문제 등이 주요 갈등 요인이었다.

질문자는 제가 어느 강연에서 토플러의 코그니타리아트cognitariat를 인용했는데, 그것의 한국적 의미가 궁금하다고 물었습니다.

1987년 6월 항쟁에 대한 사회학적 해석을 시도하면서 프롤레타리아트와의 차이를 나타내는 개념으로 사용했다. 코그니타리아트는 계급적 동질성을 전제하지 않으면서 더 큰 영향력을 발휘하는 21세기 민중이다. 21세기 정보화 시대에는 줄안(온라인)에서 자유롭게 접속하고 소통하고 공론화할 수 있어 시공간을 초월한 새로운 사회 세력이 등장했다. 『뉴욕타임스』는 이런 세력을 풀뿌리 민중grass-root 대신 넷루트net-root라고 표현하던데 나는 이것을 '줄씨알'이라고 부른다. 줄씨알은 권력의 조종 대상이 아니라는 점에서 대중사회의 대중mass과는 전혀 다르다. 언론 조작에 속지 않고 누구의 지시도 받지 않으면서 스스로 이해하고 행동하는 씨알이다. 줄안on-line과 줄밖off-line을 자유롭게 왕래하며 세계를 인식하는 능력을 갖게 됐다.
미네르바 같은 젊은이가 바로 줄씨알이다. 노무현 대통령이 당선되었을 때 인터넷에 '정치인 살생부'를 올렸던 철공소 직원도 마찬가지다. 학자나 전문가 못지않은 이런 유기적 지식인들의 활약이 한국을 세계 선진 강국으로 만들 것이다. 줄씨알은 하향식의 조직 운영을 거부한다. 상향식의 민주적 조직 운영을 요구한다. 이들의 노력으로 우리의 참여 민주주의는 서구보다 앞서갈 수 있다. 나는 예전 나의 책에서 대자적 민중과 지식인이 연대해야 한다고 주장했는데 이젠 지식인이 주도하는 의식화 같은 건 필요 없게 됐다. 지식인이 줄씨알과 연대해 지식을 지혜로 재창조하면 된다.

질문자는 비판적 학자나 문인들이 어느 순간 자기들의 삶의 궤적과 모순되는 발언을 한 뒤 다른 길을 가는 것과, 확 돌아서지는 않으나 성향이 상반된 복수의 매체들에 맞춤형 기고를 하는 '미디어 지식인'에 대해 제 견해를 물었습니다. 일종의 변절된 지식인들에 대한 질문이었습니다.

특정인을 지목해 언급하기는 곤란하다. 지식인 일반의 관점에서 말하겠다. 상황이 변하면 지식인의 상황 인식이나 태도도 변할 수 있다. 근본적인 변질이 아닌 성숙해진 변화는 이해해야 한다. 하지만 아무개 명예교수에게는 지식인이라는 단어를 붙이는 것 자체가 사치스러울 정도다. 노 전 대통령의 죽음을 읽어 내는 그의 방식을 보면 과연 그가 체계적인 역사 인식을 갖고 박정희 군사독재에 저항했던 것인지 의심스럽다. 한때 저항 시인으로 유명했던 분도 최근 어느 언론에 '한국 마르크시스트에게는 가슴이 없다'는 내용의 칼럼을 쓴 걸 보고 놀랐다.

질문자는 짓궂게 이명박 대통령과 동행했던 황석영 작가의 발언에 대해서도 물었습니다. 곤혹스러웠으나 이렇게 대답했지요.

안타깝다. 그의 작품은 아름다웠다. 민중과 함께하는 참 지식인의 모습이 담겨 있었다. 그런데 그 아름다운 작가의 인식이 한

꺼번에 증발해 버린 듯했다. 작품이 작가에 의해 배신당하지 않기를 바란다.

질문자는 명망 있는 지식인들이 변질하는 이유가 무엇인가 물었지요.

메시아 의식 때문이다. 메시아적 의식은 광기로 변하기 쉽다. 나치와 파시스트 지도자들이 그랬다. 지식인은 자신을 비우고 독선적 선구자 의식에 대해 항상 두려움을 가져야 한다.

질문자는 드디어 노무현 전 대통령의 비극적 서거를 지식인으로 어떻게 보는가를 물었습니다.

착잡하다. 지식인들도 그들의 글로 죽였다. 나도 서울대 교수에 TK 출신으로 기득권층에 속한다. 학벌과 지역주의로 강고하게 결합한 기득권 세력이 리버럴한 정치인을 소멸시킨 게 아니겠나? 분단 고착 세력과 수구 언론 권력이 그의 재임 기간에 끊임없이 그를 괴롭혔고 퇴임 이후에는 조직적으로 괴롭혔다. 노 전 대통령의 미덕이면서 가장 약한 고리가 도덕적 순결주의다. 결벽증에 가깝다. 이런 그에게 '꿋꿋하게' 살아남았어야 한다고 말하는 것은 그렇게 말하는 사람처럼 '뻔뻔하게' 살아가란 말로 들린다. 형식적으로 그의 죽음은 자살이지만, 본질은 자살이 아니다. 기득권 세력의 집단 따돌림이 그를 죽였다는 말이 맞다.

질문자는 노 대통령의 서거 이틀 후 있었던 북한 핵실험의
의미를 물었습니다.

남북 두 체제의 강경 세력은 의도하지는 않지만 역설적으로 서
로 도움을 주고받는다. 북한 군부가 남한 수구 세력을 도와주는
형국이다. 북한의 대미 협상력을 높이기 위한 수단으로 보이지
만 왜 하필 지금이냐? 일부러 이명박 정부를 도우려 한 건 아니
겠지만 이게 바로 '적대적 공생 관계'다. 결국 이명박 정부가 미
국의 대량살상무기확산방지구상PSI에 전면 참여하게 해 군사적
긴장을 결과적으로 고조시켰다. PSI는 미국의 보수 강경파인 존
볼턴이 시도했고, 부시 대통령에게 준 아이디어다. 처음부터 네
오콘이 북한을 딱 찍어서 겨냥한 정책이었다. 이런 배경을 알고
보면 북한의 분노를 짐작할 수 있다. 김영삼 정부 때, 이인모 노
인을 북송한다고 발표한 다음 날 안타깝게도 북한 당국은 핵확
산금지조약NPT을 탈퇴한다고 발표했다. 바로 그때도 적대적 공
생 관계가 작동했다. 이 같은 적대적 공생 관계라는 악순환의
고리를 끊어 내는 대안을 지식인들이 제시해야 한다.

질문자는 노무현 정부가 실패한다고 판단되면 파시즘이 온
다고 제가 경고했는데 그렇다면 지금의 이명박 정부의 성격은
어떤가를 물었습니다. 날카로운 질문이었습니다.

그런 이야기는 김대중 정부 때부터 내가 말했다. 계간지 『당대
비평』과 대담하면서도 지적했지만, 개혁은 혁명보다 어려운데

DJ 정부 초기의 총리, 통일부 장관, 외무부 장관 등 인선을 보고 경악했다. 혁명은 피아가 선명히 구분되므로 추진하기가 간단한 편이다. 하지만 개혁은 법 테두리 안에서 진척시켜야 하므로 더 어렵다. 그러기에 무엇보다 개혁 중심 세력(몸통)을 단단하게 형성해야 하는데, 반개혁적 인사들을 기용하거나 어설픈 탕평책에 힘쓴다면, 참새 몸통에 독수리 날개를 다는 꼴이 된다고 경고한 것이다. 바이마르공화국도 느슨하게 나가다 개혁에 실패해 히틀러 나치에 정권을 넘겨주지 않았는가! YS 정부의 실패를 목도했던 사람으로서 김대중, 노무현 두 정부에 조언한 것이다. 이명박 정부가 반동의 방향으로 가지 않기를 바랐지만 지금 1년이 지난 상황에서 보면 제 예상이 적중한 것 아니냐는 불안을 떨쳐 내기 어렵다. 중도 실용 정부라는 가치는 허상임이 확실해졌다. 성급한 업적주의에 매달리다 보니 '토목공사 정부'로 나아가고 있다. 나치나 파시스트들이 원래 거대한 건축 공사를 즐긴다. '비즈니스 프렌들리'란 용어 자체가 파시즘적이다. 정치권력이 재벌의 금권력과 밀착되어 국정을 함께 운영하겠다는 것 아닌가. 인사에서도 적이냐 친구냐라는 흑백논리에 빠져 있다.

끝으로 질문자는 언론인들에게 하고 싶은 말을 해달라고 했습니다.

미디어법으로 종이 신문 권력이 방송과 통신까지 움켜쥐고 거대한 권력으로 나아가고 있다. 하지만 줄씨알은 통제할 수 없다. 개혁 언론이 이런 줄씨알과 연대하는 운동을 펼친다면 좋겠다. 이런 연대를 가장 두려워하는 세력이 21세기 파시스트 권력이다. 목말을 탄 어린이의 촛불마저 두려워하는 정권이다. 다만 우리 줄씨알도 조심할 게 있다. 언어 사용이 세련됐으면 한다. 외국의 댓글을 보면, 날카롭지만 점잖다. 도덕적 표현력이 부족하면 전파력도 떨어진다. 노무현 전 대통령의 죽음을 보라. 그가 남긴 메시지를 보라. 우아하게 지기로 결심할 때 진짜 이긴다. "미안해하지 마라. 누구도 원망하지 마라"라는 유서 내용은 그를 욕했던 많은 사람들까지 울렸다. 십자가에 못 박힌 예수가 죽으면서 용서를 말한 것처럼 멋진 패배를 감당해 낸 자는 반드시 이기게 되고 악순환의 고리를 끊어 낸다.

노무현 전 대통령의 장례식에 불편한 몸을 이끌고 참여했던 김대중 전 대통령은 가슴 깊은 곳에서 끓어오르는 슬픔과 의분을 참지 못하고, 소리 내어 울고 말았습니다. 원래 대통령 장례식은 매우 공적인 행사입니다. 국내외 인사들이 참석했고 국내외 언론 매체가 생중계했는데, 김 전 대통령은 자신의 감정과 의지를 숨기지 못했습니다. 저는 이 모습을 TV를 통해 지켜보면서 1982년 12월 말 구사일생으로 미국 땅을 밟았던 그의 모습이 떠올랐습니다. 전두환 신군부의 사법 칼날에 목숨을 잃을 뻔했던 그는 레이건 대통령의 개입으로 무사히 미국에 도착한 다음 날, 워싱턴 시내 가톨릭 성당에서 미사를 드리면서 목 놓아 우셨지요. 그랬던 김 전 대통령도 노 전 대통령 장례식 후 몇 달 되지 않아 세상을 떠났습니다. *

● 김대중 전 대통령 서거와 관련된 소회는 "또 한 명의 김구 선생을 잃었다", 〈프레시안〉(2009/08/21) 참조. 노무현, 김대중 두 전직 대통령의 서거에 즈음해서 언론과 인터뷰한 내용들은 한완상, 『우아한 패배』(2009, 김영사) 참조.

에필로그

1

　　　　　　　이 책에서 충분히 담아내지 못한 이야기가 한두 가지가 아닙니다. 제 가슴속 깊은 곳에서 아직도 따뜻하게 살아 움직이는 이야기들이 영상처럼 남아 있습니다. 그것들은 단순한 영상이 아니라 저에게 계속 도전해 오는 살아 있는 메시지이기도 하기에 마지막 에필로그에 담아 보고 싶습니다.

　첫 번째 영상은 1993년 2월 25일 김영삼 대통령께서 그의 취임사에서 김일성 주석에게 던진 메시지와 관련되어 있습니다. 김 대통령은 "어느 동맹국도 민족보다 나을 수 없다"면서 남북 당사자 간의 대화를 제안했습니다.

　우리는 진심으로 서로 협력할 자세를 갖추지 않으면 안 됩니다. 세계는 대결이 아니라 평화와 협력의 시대로 나아가고 있습니다. 다른 민족과 국가 사이에도 다양한 협력이 이뤄지고 있습니다. 그러나 어느 동맹국도 민족보다 나을 수 없습니다. 어느 이념이나 어떤 사상도 민족보다 더 큰 행복을 가져다주지 못합니다. 김 주석이 참으로 민족을 더 중요하게 생각한다면 그리고 남북한 동포의 진정한 화해와 통일을 원한다면, 이를 논의하기 위해 우리는 언제 어디서나 만날 수 있습니다. 따뜻한 봄날 한라산 기슭에서도 좋고, 여름날 백두산 연못가에서도 좋습니다. 거기서 가슴을 터놓고 민족의 장래를 의논해 봅시다.

이 같은 김 대통령의 제의는 김 주석에게 큰 감동을 주었습니다. 그런데 이 감동의 울림은 안타깝게도 문민정부 5년간 한반도 평화 실현에 실제로 도움을 주지 못했습니다. 1993년 당시, 김일성 주석은 이미 실세가 아니었습니다. 그 전해인 1992년 가을 미국 국방부 장관 체니의 주도 아래 팀스피리트 군사훈련 재개가 결정됐을 때 북한의 강경 군부는 매우 격노한 적이 있었죠. 당시 북한 군부는 이미 김정일이 장악하고 있었습니다. 그래서 강경 군부는 한미 군사훈련 재개 결정에 대한 보복 대응으로 미국이 매우 소중히 여기는 핵확산금지조약 NPT에서 탈퇴하기로 결정합니다.

북한이 NPT 탈퇴를 공포한 그날은 하필 김영삼 문민정부가 출범해 남북 관계 개선을 위해 이인모 노인을 송환한다고 발표한 바로 다음날이었습니다. 저는 벼락을 맞는 기분이었습니다. 그간 숨죽이고 있던 냉전 수구 세력이 마치 기다렸다는 듯 문민정부의 통일 정책을 비판하기 시작했습니다. 김영삼 대통령의 취임사에 감동받았던 김 주석이 왜 북한 강경 군부 주도의 NPT 탈퇴 결정을 관리하지 못했는지 저는 언뜻 이해할 수 없었지요. 그러나 이미 북한 정부의 실권은 김일성에서 김정일에게로 넘어갔음을 곧 실감할 수 있었습니다. 김 대통령의 "어느 동맹국도 민족보다 나을 수 없다"라는 메시지는 한낱 헛된 꿈으로 남게 되었지요.

문민정부 5년 내내 남북 관계는 롤러코스터를 타다가 핵 문제로 더욱 후퇴하게 되었습니다. 지금은 금강산 관광도 중단되고 개성 공단마저 폐쇄되어 남북 간의 모든 교류·협력이 중단되고 말았지요. 대통령 탄핵과 이로 인한 '장미 대선'을 맞고 있는 오늘까지 평화 부재의 현실은 지속되고 있습니다.

2

또 다른 영상은 2000년 12월 노르웨이 오슬로에서 열린 노벨평화상 시상식에서 겪었던 경험과 연관됩니다. 김대중 대통령께서 한국인 최초로 노벨평화상을 받게 되었습니다. 식장은 온통 해바라기 꽃으로 가득했습니다. 원래 식장에는 장미꽃이 가득했다고 합니다. 그런데 이번에는 김대중 대통령의 햇볕 정책 때문에 해바라기를 채운 것이었지요. 저는 그의 대북 평화 정책이 세계적 공인과 찬사를 받게 되는 축제에 참가한다는 것이 너무 기뻤습니다.

이 시상식을 주관했던 군나르 베르예 위원장의 연설도 제 가슴을 뭉클하게 했습니다. 그는 비록 북한의 최고 지도자가 이 영광스러운 식장에 참석하지는 않았으나, 그에게 간접적으로나마 격려의 메시지를 보냈습니다. "북한 지도자들도 남북한 화해를 향한 첫 발을 내딛게 한 공로를 인정받을 자격이 있습니다." 위원장의 포용의 메시지에 저는 잠시 이런 상상을 해

보았습니다. 만일 이날 김대중, 김정일 두 사람이 노벨평화상을 나란히 함께 받았다면 한반도의 앞날은 과연 어떠할까를 말이지요.

해바라기 꽃밭 속에서 제가 잠시 꾸었던 꿈이 허무하지만은 않았습니다. 김대중 대통령은 이어진 수락 연설에서 앞으로 서방 국가들도 북한과의 교류·협력에 나서 주기를 촉구했습니다. 저는 오래전부터 한반도 주변에 아직도 강고하게 남아 있는 냉전 동맹이 녹아내릴 수 있기를 열망해 왔기에 북미 관계와 북일 관계가 앞으로 착실하게 향상된다면, 한·미·일 간 냉전 동맹 관계도 한·중·러 간 전략적 우호 관계와 발맞추어 발전해 갈 것이라는 기대를 품어도 좋겠다는 생각을 했습니다. 그리고 대통령께서 세계적 평화의 사도로 인정받으면서 햇볕 정책을 한반도를 넘어 세계적 차원으로 확대해 나갈 수 있기를 기도했습니다.

그런데 2017년 오늘의 한반도 현실은 어떻습니까. 두 거대 대륙 세력인 중국·러시아가 두 거대 해양 세력인 미국·일본과 사드THAAD 배치 문제로 대결하고 있습니다. 한국은 거대한 네 마리 고래들 간의 다툼에서 한 세기 전처럼 또다시 등 터지는 새우 신세로 전락하지 않을까 염려됩니다.

3

　　　　　또 다른 영상은 이런 것입니다. 2003년 정월, 노무현 대통령 당선자께서 『타임』지와 인터뷰를 했습니다. 거기서 그가 던진 말 한마디가 저를 전율케 했습니다. 앞으로 미국 앞에서 그저 굽신거리지 않겠다는 메시지였습니다. 그간 한국의 어느 대통령 입에서도 그런 소리가 나온 적은 없었습니다. 한국 대통령 당선자가 취임하기 전에 던진 이 같은 당찬 메시지에 저는 한편으로는 염려가 되면서도 다른 한편으로는 새로운 역사의 바람, 자존과 자주를 향한 변혁의 바람이 불고 있음을 느낄 수 있었습니다. 또 노 당선자는 취임 여드레 전, 6백 명의 서방 경제 지도자들 앞에서 북한에 대한 새로운 인식을 촉구하면서 북한이 미국과 대화하고 협상하려는 것은 단순한 전술이 아니라 진지한 의지임을 일깨웠습니다. 북한 당국은 경제 개혁을 통해 체제 생존을 도모하고 있다고 했지요. 북한의 경제개발 노력을 냉전의 안경을 벗고 관찰해 보라고 한 것이었습니다. 이 같은 그의 인식은 마침 미국 대통령으로 얼마 전에 당선된 부시 대통령의 심기를 건드리는 메시지이기도 했습니다. 부시 대통령은 과거 김대중 대통령이 미국을 공식 방문했을 때 김 대통령의 햇볕 정책을 마땅찮게 여겨 홀대한 적이 있었기 때문에 저는 노 당선자의 그 같은 발언이 매우 용기 있는 발언이라고 생각했습니다.

　　마침 영국의 『가디언』도 노무현 대통령 취임을 이렇게 칭찬했지요. "세계 최초의 인터넷 대통령으로 로그온하다." 『가디언』은 노 대통령을 21세기 디지털 시대에 걸맞은 최초의 대

통령으로 부각시켰습니다. 지난날 산업화에는 뒤졌으나 정보
화에는 선진 서방국가보다 앞서갈 수 있는 정치 선진국이 바
로 대한민국임을 인정해 준 것이지요. 노무현을 대통령으로
당선시킨 국민은 20세기의 아날로그 시민이 아니라 21세기
디지털 시민임을 선포해 준 것이지요. 저는 한국이 노무현 대
통령 당선으로 대번에 선진 정보 강국으로 발돋움했다는 생각
에 짜릿한 자긍심을 느꼈습니다. 그의 당선으로 세계는 한국
이 앞으로 성숙한 디지털 시민 참여 민주주의 국가로 나갈 수
있음을 예고해 주었습니다.

2016년 말 겨울부터 2017년 봄에 걸쳐 광화문 광장을 가
득 메운 시민들의 감동적 모습은 이 『가디언』의 예언을 현실
화한 듯했습니다. 그런데 저는 지금 사드 배치 문제로 한반도
에 긴장이 고조됨에 따라 우리의 촛불 시민 명예혁명의 빛이
바랄까 염려되기도 합니다.

4

이제 기억 영상 하나만을 더 소개하고 싶습
니다. 저는 2004년 11월 말, 노무현 대통령의 뜻으로 적십자
인도주의 사업과 평화 구현 사명을 받게 되었습니다. YS 정부
의 초대 통일원 부총리로서 남북 관계 개선에 이바지하지 못
했다고 생각했기에, 이는 제가 사력을 다해야 할 새로운 소명
이라 확신했습니다. 이 소명을 수행하면서 저는 적십자 인도

주의 정신으로 남북 간의 고질적 냉전 불신을 극복하는 일에 열과 성을 다하기로 다짐했습니다. 그간 자주 중단되었던, 남북 이산가족 상봉을 적극 추진했습니다. 제 재임 기간에 다섯 차례 이산가족 상봉 행사를 치렀고, 특히 새로운 가족 상봉 방식으로 화상 상봉을 네 차례나 성공시켰습니다. 또 2005년 8월 31일에는 남북 적십자 간 행사가 있었습니다. 남북 이산가족들이 금강산에서 상시로 만날 수 있는 상봉 마당을 마련했습니다. 면회소 착공식이 열렸습니다. 이날은 유난히 날씨가 맑고 밝았습니다. 북한 적십자 위원장 장재인 선생의 착공사는 매우 감동적이었습니다.

"곧 터지게 될 착공의 발파 소리는 갈라진 혈육을 서로 찾고 부르며 응어리졌던 흩어진 가족과 친척들의 가슴을 후련하게 풀어 주면서 온 겨레의 자주 통일 염원을 담아 삼천리강산에 메아리 되어 울려 퍼질 것입니다."

장 위원장과 저는 삽을 들고 나란히 함께 모래를 가득 담아 세 번 던졌습니다. 저는 이때 조용히 세 번 외쳤습니다.

"냉전 시대여, 이제 잘 가라."

"평화여, 빨리 오라."

"적십자 인도주의 정신이여, 활짝 꽃피어라."

저는 장 위원장과 따로 만난 자리에서 이렇게 저의 소회를 말씀 드렸습니다.

"장 위원장, 깊은 강물은 소리 없이 흐르지요. 얕은 개울물은 언제나 시끄럽게 소리 내며 흐르지요. 신뢰가 서로 깊을수록 서로 소리 내지 않더라도 깊은 소통을 할 수 있습니다. 우리의 깊은 신뢰의 소통은 누구도, 어느 밖의 세력도 멈출 수 없지요. 우리는 한민족이니까요."

그와 따뜻한 악수를 하면서 무언의 신뢰를 느낄 수 있었습니다. 지금 2017년의 한반도 정세를 보면 정말 가슴이 답답해집니다. 오래전에 금강산 관광은 끊어졌습니다. 개성 공단도 폐쇄되었습니다. 남북 적십자 간의 모든 인도주의 교류·협력도 증발되고 말았습니다. 금강산에 우뚝 세워진 12층 면회소 건물은 단 한 번 사용조차 못해 본 채, 낡은 건물이 되어 버렸습니다. 태어나자마자 죽어 버린 사산아의 신세가 된 듯합니다. 12년 전 착공식 때 남북이 함께 품었던 평화의 꿈은 지금 산산이 부서지고 있습니다.

이제 2017년 현실로 돌아오게 되면, 희망과 절망이 거칠게 교차되고 있음을 저는 매일 목도합니다. 그러나 절망 중에서도 우리는 희망의 빛줄기를 더 확실하게 보게 됩니다. 그 까닭은 지금 우리는 촛불 시민의 명예혁명을 겪고 있기 때문입니다. 지난 3개월 동안 1천7백만 명이 박근혜 대통령 탄핵을 평화적으로 촉구했습니다. 단 한 건의 폭력 행위도 없었습니다. 광화문 광장에서는 계급의 벽도, 이념의 벽도, 지역의 장벽도, 세대와 성의 장벽도 없었습니다. 비폭력을 몸소 실천한 평화의 줄씨알들이었습니다. 이들이야말로 21세기를 이끌어 갈 새로운 세대입니다. 그 많은 시민들이 밤늦게 시위를 마칠 때면 어김없이 자발적으로 온 광장을 깨끗이 청소했습니다. 이 모습을 보고 세계 언론들이 찬탄했습니다. 촛불 시민은 스스로 촛불처럼 자기 존재를 태워 남에게 빛과 따뜻함을 주었습니다.

그런데 태극기, 성조기, 십자가 군중은 촛불 시민과 달랐습니다. 거친 저주와 욕설이 난무했습니다. 심지어 폭력을 부추기기도 했습니다. 단순한 폭력이 아니라 쿠데타를 선동하기까지 했습니다. 『뉴욕타임스』는 이 같은 탄핵 반대 태극기 군중을 '광신도' 같다고 혹평했습니다. 태극기와 성조기는 촛불을 거칠게 '종북 좌파'로 몰아갔습니다. 어떻게 부모의 손을 잡고 노래 부르며 즐거워하는 아이들을, 유모차를 끌고 나온 엄마를 좌파 극단주의 세력으로 몰아붙일 수 있겠습니까. 정말 광신도가 아니라면 말입니다.

이들은 태극기와 십자가의 고귀한 상징적 동력을 스스로 파괴하고 말았습니다. 참으로 딱하고 슬픈 현실이지요. 그러나 이 현실은 이제 소수가 된 이 땅의 친일 냉전 수구 세력이 빚어내는 현실이기에 그 비극적 현상 넘어 저는 생동하는 희망이 보입니다. 저는 올해 한국의 촛불 시민들이 노벨 평화상을 받을 수도 있겠다고 기대해 봅니다.

저는 헌법재판소가 탄핵 심판을 내리기 30분 전, 그러니까 3월 10일 오전 10시 반경 문재인 후보에게 전화를 했습니다. 헌재 심판은 저는 걱정하지 않는다고 했습니다. 문 후보도 동의하면서 8대 0으로 탄핵을 인용할 것이라 예상했습니다. 제가 그때 그에게 전해 주고 싶은 메시지는 헌재 판결이 아니었습니다. 걸출한 두 카리스마적 지도자였던 YS와 DJ보다 지금 문 후보가 더 튼실한 지지를 받고 있고, 특히 촛불 명예시민들의 뜨거운 지지를 받고 있으므로 값싼 통합의 유혹에 빠지지 말기를 바란다고 했습니다. 만일 YS가 1990년 지금 문 후보와 같은 국민적 지지를 받았다면, 결코 3당 합당이라는 편법을 선택하지는 않았을 것이라 했습니다. 마찬가지로 DJ도 1997년, 지금의 문 후보와 같은 지지를 받고 있었다면, DJP 연합이라는 기괴한 연합 정부를 선택하지 않았겠지요. 지금 문 후보는 광장 시민들이 밀어주는 힘으로 새로운 역사, 새로운 정치, 새로운 체제, 새로운 질서를 세울 수 있기 때문에, 그 어떤 정치 공작적 연정 제의에 휘둘리지 않기를 바란다고 했습니다. 촛불 열망을 정치권이 제대로 수용해 새 역사를 만들어야 하는데, 이를 위해선 무엇보다 지난 70년간의 구조적 적폐를 청산하는 일이 중요하다고 했습니다. 그는 제 말에 전적으로 찬성했고, 또 그렇게 할 것이라 다짐했지요.

적폐 청산은, 진실 규명을 통한 국민 화해와 통합을 뜻합니다. 적폐 청산과 화해 통합은 결코 별개의 과제가 아닙니다. 청산해야만 바람직한 통합이 가능합니다. 청산 없는 통합이란 꼼수이거나 정치공학적 편법일 수밖에 없습니다. 청산이 먼저입니다. 그런데 묵은 적폐를 과감하게 청산하는 과정에서 반드시 새로운 대안이 나오게 된다는 점을 기억해야 합니다. 진실 규명과 청산이 함께 이뤄지면서 나타나는 화해와 통합은 오래오래 지속되며 진보합니다. 청산 없는 통합은 마치 냄새나는 쓰레기와 배설물을 껴안고 사는 것과 같이 참으로 어리석은 짓입니다. 아무리 좋은 집으로 이사를 간들 쓰레기를 안고 가면 뭐하겠습니까. 1994년 만델라가 남아프리카공화국의 대통령이 되면서 추진했던 사회 통합과 국민 화합이 바로 진실 규명을 통해서 이뤄진 결과였습니다. 노벨 평화상을 만델라보다 먼저 수상했던 투투 대주교가 바로 '진실·화해 위원회'의 위원장이 되어 적폐 청산을 통한 국민 화해를 추진했습니다. 마침 저는 1994년 5월에 김영삼 대통령의 뜻에 따라 만델라 취임식에 대통령 특사로 참석했습니다. 그때 저는 만델라 대통령과 더 클레르크 부통령을 만났지요. 그리고 투투 대주교도 그의 자택에서 만나 진실 규명과 국민 화해에 대한 의견을 나누었습니다. 저는 투투 대주교와의 대화를 통한 적폐 청산만이 참된 화해와 통합의 문을 열어 주는 열쇠임을 다시 확인할 수 있었습니다.

5

　　　　　　이제 이 책의 제목 "사자가 소처럼 여물을 먹고"에 대한 해설을 한마디 보태고 싶습니다. 사자는 정글의 제왕입니다. 최강의 갑질을 마음 놓고 하는 잔인한 적자適者입니다. 이런 정글 상황에서는 모든 동물, 특히 채식 동물은 사자 같은 갑의 먹잇감이 되고 말지요. 채식 동물은 을이 되어 갑의 먹거리가 되면서 피 흘리며 죽어야 합니다. 그래서 육식 동물 갑과 채식 동물 을 간에는 구조적으로, 운명적으로 먹고 먹히는 처절한 관계가 일상화됩니다. 두 집단 간에는 아예 소통과 평화가 들어설 수 없습니다. 바로 약육강식의 비극적 현실이지요.

동물의 세계에서도 이 같은 질서가 잔인한 질서라고 한다면, 인간 세계에서 먹고 먹히는 질서가 현실이 된다면 이것은 진실로 잔인한 질서요, 악의 현실이 아닐 수 없습니다. 이것은 반드시 극복되어야 합니다. 거기는 평화도 없고 정의도 없습니다. 그래서 밖으로 강대국들에 의해 끊임없이 침략을 당하며 시달려 온 약소국들은 강대국의 횡포를 잔인한 괴수의 폭행으로 해석했습니다. 구약성서를 읽어 보면 대번에 이런 비극적 현실을 확인하게 됩니다. 그리고 안으로 국가 폭력에 시달려 온 백성들도 정치적 강자들을 잔인한 짐승으로 비판했습니다.

기원전 8세기 유대 왕국에 살았던 이사야는 역사학자요, 예언자로서 당시 강대국에 시달렸던 조국 유다 왕국을 사자 같은 잔인한 강대국들의 침략으로 고통받는 초식동물에 비유했습니다. 국제적으로나 국내적으로 약육강식이 자행되는 현실에서는 진정한 평화도 따뜻한 정의도 구현될 수 없음을 이사야는 절박하게 인식했지요. 그래서 적자만이 생존할 수 있는 정글 같은 상황에서 정의와 평화를 이룩하려면, 적자요 강자요 표준으로 군림하는 갑들이 비적자요 약자요 비표준으로 억압당하고 수탈당하고 죽임까지 당하는 을들과 소통해야 한다고 했습니다.

소통에는 세 가지 수준이 있습니다. 첫째는 갑이 을의 입장에서 상황을 생각하고 해석하는 역지사지易地思之의 단계입니다. 강자가 약자의 처지에서 머리로 상황을 파악하는 단계죠. 둘째로는 갑이 을의 가슴으로 상황을 파악하는 단계입니다. 이것이 역지감지易地感之입니다. 셋째로 가장 높고 깊은 소통은 갑이 을의 주식을 먹으며 자기의 체질을 을의 체질로 바꾸는 소통입니다. 이것은 최강의 갑인 사자가 소와 양처럼 풀이나 여물을 먹는 수준의 소통입니다. 이것은 갑이 스스로를 비워 을이 되는 것과 같습니다. 갑이 자기 탐욕과 권력을 내려놓고 을의 벗이 되어 함께 먹고 함께 일하고 함께 공동체를 세워 가는 일입니다. 바로 이 수준에서 참된 평화, 따뜻한 정의가 이뤄집니다. 기원전 8세기 유다 왕국의 창조적 지식인이요, 예언자적 실천가였던 이사야는 참된 평화와 정의를 꿈꾸며 시를 지었습니다. 이 시에서 그는 최강 갑인 사자가 소처럼 여물을 먹는 장면을 그렸습니다. 또 모든 을들인 채식 동물이 각종 갑들인 육식 동물과 애인처럼 놀고 기뻐하는 이상향을 그렸습니다. 현실이 잔인하고 비극적일수록 이사야의 꿈은 이상향으로 흠모되기 마련입니다.

우리의 역사 현실을 보면 국가의 갑들이 공적 임무를 헌신 짝처럼 버리고 을들을 괴롭혀 왔습니다. 국가의 일꾼은 마땅히 공익을 위해 헌신하는 공무원이요, 공복인데도 실제로는 사익을 탐하는 시장의 갑들과 결탁해 백성을 혹사시키고 차별하고 억압하며 착취해 왔지요. 옛날 왕조 시대뿐만 아니라 현대 민주주의 시대에도 이는 마찬가지였습니다. 이번 탄핵 정국도 따지고 보면 바로 이 같은 국가의 공적 가치를 국가 최고 지도자가 짓밟고 비선 실세와 함께 사익을 탐하다 벌어진 비극적 상황입니다. 공익을 모범적으로 추구해야 할 최고 지도자가 시장의 갑들과 결탁해 사익을 추구하다 적발된 비극이 바로 이번 박근혜-최순실의 국기 문란 일탈입니다.

바로 이런 비극을 극복하기 위해 국가의 사자들은 사회의 약자인 을들의 먹거리를 먹음으로써 사자의 육식 체질을 바꿔야 합니다. 사자들이 소처럼 여물을 먹어 그들의 체질을, 그들의 문화를 바꾸고, 그들의 적폐를 스스로 청산하려 할 때 비로소 황무지 같은 곳이 장미꽃밭으로 변화할 것이며, 사막 같이 마른 땅에 샘물이 터져 나올 수 있습니다. 저는 오래전부터 사자가 소처럼 여물을 먹는 새로운 질서를 꿈꾸며 살아 왔습니다. 그 흔적을 이 책에서 증언하려 했지요.

제가 서울대 교수로 있을 때, 그러니까 30여 년 전 당시 미대 전임강사였던 김병종 서울대 미대 교수에게 사자가 소처럼 여물을 먹는 이사야의 시적 비전을 그림으로 표현해 달라고 한 적이 있습니다. 30호 정도의 자그마한 그림을 부탁한 것이었는데, 그는 고맙게도 100호짜리 그림을 그려 주었지요. 너무 커서 옮기는 것조차 힘들 지경이었습니다. 저는 이 그림을 집에 걸어 놓고 매일매일 쳐다보면서 항상 제 자신을 되돌아봅니다. 혹 제 스스로가 사자처럼 갑질하는 강자가 되고 싶어하지 않았는지 자문하면서 말입니다. 그래서 제 자신의 삶을 되돌아보는 이 책의 이름을 이사야의 꿈에서 따왔습니다. 독자들도 이사야의 꿈으로 우리의 비극적 현실을 바꾸는 일에 모두 함께할 수 있기를 바랍니다. 이제 여든 고비를 넘은 저도 따라가겠습니다.

늑대가 새끼 양과 어울리고
표범이 숫염소와 함께 뒹굴며
새끼 사자와 송아지가 함께 풀을 뜯으리니

어린 아이가 그들을 몰고 다니리라.

암소와 곰이 친구가 되어 그 새끼들이 함께 뒹굴고

사자가 소처럼 여물을 먹으리라.

젖먹이가 살모사의 굴에서 장난하고

젖 뗀 어린 아기가 독사의 굴에 겁 없이 손을 넣으리라.

나의 거룩한 산 어디를 가나

서로 해치거나 죽이는 일이 다시는 없으리라.

바다에 물이 넘실거리듯

땅에는 야훼를 아는 지식이 차고 넘치리라.*

* 개신교, 가톨릭 양측이 모두 번역에 참여해 1977년, 합동 출간한
『공동 번역 성서』 중에서 이사야 11장 6~9절.